노자의 수사학

성인의 리더십과 인성론

노자의 수사학

성인의 리더십과 인성론

안성재 지음

어문학사

| 들어가면서

중국의 고전(古典)들을 읽을 때 유념해야 할 것 하나를 꼽으라면, 상당수가 연역법으로 구성되어 있다는 점이다. 주지하다시피 연역법은 개별적인 사실이나 원리를 기반으로 나열해가면서 최종 결론을 내리는 논리적 귀납법과는 달리, 이미 증명된 또는 알고 있는 명제를 결론으로 먼저 제시한 후에 특수한 사실이나 원리들을 나열해 가는 사유법이다.

따라서 그것이 [논어(論語)]가 되었건 혹은 [도덕경(道德經)]이 되었건 간에, 이러한 중국의 고전들은 먼저 1장 심지어 그 첫 구절의 의미가 무엇인지 함부로 유추해서는 안 된다. 다시 말해서, 그 다음 구절 혹은 2장부터 마지막 장의 끝 구절까지 정독한 후에야, 비로소 1장 혹은 첫 구절에 녹아있는 공통적 결론이 무엇인지를 도출시킬 수 있는 것이다.

또한 먼저 작가가 누구이고 그가 처해있던 시대적 배경은 어떠했는지 나아가 작가가 염두에 둔 사건이나 상황 등등을 파악한 연후에 그의 저작을 이해하는 것이 보통의 방법이다. 그러므로 [논어]를 말할 때는, 당연히 우선적으로 공자(孔子)의 이러한 3요소를 먼저 파악해야 한다.

하지만 노자(老子)의 경우는 어떨까? 인구에 회자되는 것처럼, 주(周)나라를 떠나 200살이 넘도록 세상을 유유자적하다가 떠난 인물일까? 아니면 일찌감치 신선이 되어 하늘로 승천한 인물일까? 심지어 일부 학자들은 [도덕경]의 내용이 일관되지 않으므로, 노자란 인물은 일개인이 아닌 시대와 공간을 초월한 다수 인물들의 공통된 명칭이라고까지 주장한다. 말 그대로 학자들마다 주장이 다르고, 또한 생졸연대와 주나라를 떠난 후의 행적들까지 철저하게 베일에 쌓여있는 것이 사실이다.

따라서 필자는 이제 노자가 아닌 [도덕경]부터 말해보고자 한다. 1장부터 81장까지 순서대로 설명하는 것이 아니라, 주제별로 분류하여 접근하고자 한다. 아마도 이러한 방법을 통해서 [도덕경]에 접근한다면, 노자가 말하고자 한 진의(眞義)에 한 발짝 더 다가가 참된 의미를 맛볼 수 있으리라. 또한 노자가 누구였는지, 일개인이었는지 아니면 시공을 초월한 다수의 공통된 명칭이었는지도 가늠할 수 있으리라.

다만 주지하다시피 [도덕경]은 5,000여 자의 지극히 짧고도 정제된 표현으로 이뤄져 있고, 그 짧은 표현 속에 다양한 의미가 복합적으로 얽혀 있다. 따라서 [도덕경]의 진의를 증명하는 과정에서 인용하는 [도덕경]의 구절들은, 부득이하게 중복적으로 인용될 수 밖에 없음을 미리 토로하고자 한다.

아울러 필자는 노자의 수사학을 정리하면서, 필자의 기존 저서인 [노자의 재구성]과 [노자, 정치를 깨우다] 그리고 [공자의 수사학]에서 서술한 내용들을 일부 다시 사용했음을 미리 밝혀둔다.

차례

• 들어가면서 … 4

1. 수사(修辭)란 무엇인가?　　　　　　　… 9

2. 도(道): 하늘이 내려준 지도자가 걸어야 할 길　　… 27

3. 대동(大同): 노자가 꿈꾸던 이상사회　　… 44

4. 무명(無名): 도(道)의 다른 이름　　… 70

5. 무위자연(無爲自然): 통제하지 않고 천성을 누리도록 하는 것　… 89

6. 성인(聖人): 대동사회를 이끈 참 지도자　　… 130

7. 솔선수범(率先垂範): 본을 보이지 않으면 따르지 않는다　… 141

8. 박(樸): 순일(純一)한 덕(德)　… 153

9. 중(中): 객관성과 공정성 ··· 178

10. 화(和): 상생(相生)과 공생(共生) ··· 190

11. 삼보(三寶): 중(中)과 화(和)를 이루는 세 가지 보물 ··· 210

12. 메타포(Metaphor): 도(道)를 연상시키는 매개체 ··· 265

13. 신(愼): 삼가는 태도 ··· 287

14. 상(常): 변치 않는 자세 ··· 318

• 나오면서 ··· 339

1. 수사(修辭)란 무엇인가?

수사학(修辭學)에 있어서 수사(修辭)라는 표현은 [周易(주역)][1]에 기인하는데, [주역] 〈乾卦(건괘)〉편 九三(구삼)에 다음과 같은 구절이 있다.

君子終日乾乾, 夕惕若, 厲無咎.
군자는 종일 의지하지 않아서, 저녁에도 두려워하니, 위태로워도 재앙이 없다.

그리고 이러한 경(經)의 내용에 대해서, 해설서인 전(傳)의 성격을 지니고 있는 [文言(문언)]에서는 다음과 같이 서술하고 있다.

九三: 君子終日乾乾, 夕惕若, 厲無咎. 何謂也? 子曰: "君子進德修業忠信, 所以進德也; 修辭立其誠, 所以居業也. 知至至之, 可與幾也; 知終終之; 可與存義也. 是故居上位而不驕, 在下位而不憂. 故乾乾, 因其時而惕, 雖危無咎矣." 九三爻(구삼효)에 이르기를 "군자는 종일 의지하지 않고, 저녁에도 두려워하니, 위태로워도 재앙이 없다." 이는 어떤 것을 이르는가? 공자가 이르시기를 "군자는 덕에 정진하고 공적을 쌓음에 정성스럽고도 성실하기에, 그러므로 덕에 정진하게 되고; 말을 닦음에 그 성실함을 세우기에, 그러므로 공적에 머무르게 된다. 힘쓰는 것을 알아서 그것에 힘쓰니, 가히 쫓아서 살필 수 있고; 이

---

[1] [周易(주역)]은 유가사상을 존숭하는 이들에게 있어서 13經(경)의 하나이기 때문에 [易經(역경)]이라고도 불린다.

루는 것을 알아서 그것을 이루니, 가히 쫓아서 의로움을 보존할 수 있다. 이러한 고로 윗자리에 처해도 교만하지 않고, 아랫자리에 있어도 근심하지 않는다. 고로 의지하지 않고, 그것의 때를 맞춤에 말미암아 두려워하니, 비록 위태롭더라도 재앙이 없는 것이다."

이를 통해서 "말을 닦음에 그 성실함을 세우기에, 그러므로 공적에 머무르게 된다."는 뜻을 지닌 "修辭立其誠, 所以居業也(수사입기성, 소이거업야)."는 "말을 내뱉음에 있어서 함부로 하지 않고 신중을 기하는 성실함을 보이기 때문에 나라와 백성을 위한 공적을 세울 수 있는 것이다."로 풀이되고, 또한 수사(修辭)는 바로 '정성 성(誠)'과 깊은 관련을 맺고 있음을 확인할 수 있다. 따라서 이제 '수사'의 의미를 정확하게 이해하기 위해서는, '닦을 수(修)'와 '말 사(辭)' 그리고 '정성 성(誠)'의 제자(製字)원리를 이해할 필요가 있는 것이다.

1) 닦을 수(修)
중국 동한(東漢) 시대의 허신(許愼)은 그의 저서인 [說文解字(설문해자)]에서 먼저 '닦을 수(修)'의 소전체(小篆體)[2]를 다음과 같이 제시하고 있다.

修

---

[2] 진시황제가 전국을 통일한 후 이사 등에게 통일된 문자를 제정하도록 명령하여 만들어진 글자체이다.

이어서 그는 다음과 같이 글자를 풀이하고 있다. "'꾸밀 식(飾)'과 같다. '터럭 삼(彡)'에서 뜻을 가져오고 '바 유(攸)'는 소리를 나타내는 형성(形聲)문자³이다."

그렇다면 '꾸밀 식(飾)'은 또 어떠한 의미를 지니고 있을까?

허신은 이에 대해서 다음과 같이 글자를 풀이하고 있다. "'밥 식(食)'에서 소리를 따오고, '수건 건(巾)'과 '사람 인(人)'에서 뜻을 가져 온 형성문자이다."

즉 사람이 수건을 가지고 하는 행위가 바로 닦고 꾸민다는 것인데, 허신은 또 이것이 '쓸 쇄(刷)'와 같다고 하고 있다.

그렇다면 '쓸 쇄(刷)'는 어떤 의미를 지닐까?

소전체는 위와 같고, 허신은 이에 대해서 "닦을 식(拭)'과 같다."고 설명한다. 따라서 '쓸 쇄(刷)'와 '닦을 식(拭)'은 다름 아닌 수건을 손으로 움켜쥐고 하는 행위를 뜻하는 것이다.

특히 '쓸 쇄(刷)' 왼편에 있는 '주검 시(尸)'의 소전체는 다음과 같다.

---

3 형성문자는 한자(漢字)의 6가지 제자 원리 중 하나로, 한 부분은 의미를 나타내고, 또 한 부분은 소리를 나타낸다.

尸

이에 대해서 허신은 시체가 누워있는 모습을 그려낸 상형(象形)문자[4]라고 설명하고 있으므로, '닦을 식(拭)'은 시체를 정성껏 씻겨서 깨끗하게 하는 것임을 알 수 있다.

따라서 상술한 내용들을 종합하여 정리해보면, '닦을 수(修)'는 사람이 수건을 가지고 시체를 닦는 것을 일컫는 것이니, 상례(喪禮)를 치르기 이전에 영혼이 하늘에 잘 올라갈 수 있도록 시체를 깨끗하게 닦는 행위를 뜻한다. 이는 단순히 시체를 깨끗이 한다는 청결의 개념을 넘어서, 진심에서 우러나오는 마음으로 정성을 다해야 한다는 전제가 반드시 내포되어야 한다.

이제 상술한 내용을 바탕으로 하여, 본격적으로 '닦을 수(修)'를 분석해보도록 하자. 먼저 위에서 '바 유(攸)'는 형성문자에서 소리를 담당하는 부분이라고 언급한 바 있다.

그런데 소리를 담당하는 부분 역시 일정 부분에서 본래의 의미 역시 함께 전달하는 경우도 있으므로, 이제 그 의미 역시 분석해보기로 하자.

修

"물속에서 걷는 것이니, 사람이 물을 헤치면서 나아간다는 뜻이다.

---

[4] 상형문자는 한자의 6가지 제자 원리 중 하나로, 사물의 모양을 그대로 문자로 옮겨놓은 것이다.

'사람 인(人)'과 '물 수(水)' 그리고 '칠 복(攵)'이 합쳐졌다."
 그렇다면 '닦을 수(修)'에 담겨진 의미를 파악하기 위해서, [설문해자]에 의거하여 각 글자를 이루는 구성요소들을 하나씩 분석해보기로 하자.

 사람 인(人): "하늘과 땅에서 품성이 가장 고귀한 존재로서, 팔을 늘어뜨리고 무릎을 편 모습을 묘사한 상형문자이다."
 그리고 '사람 인(人)'과 '칠 복(攵)' 사이의 'ㅣ'는 '물 수(水)'에서 좌우의 점 네 개가 생략된 형태이니, 아래의 '물 수(水)'에 대한 설명을 살펴보자.

 "평평함의 표준이 된다."
 즉 이는 가운데의 길게 이어져 흐르는 것과 사방의 점처럼 웅덩이에 고여 있는 것들이 모두 물이라는 의미의 상형문자이다.

 칠 복(攵): "'또 우(又)'에서 뜻을 가져오고 '점 복(卜)'에서 소리를 따

온 형성문자이다."

따라서 이는 손으로 잡고 소리가 나니 이는 어떠한 사물을 손으로 쥐고 소리가 나도록 친다는 뜻이 되는데, 이제 '칠 복(攴)'를 나눠서 분석해보도록 하자.

또 우(又): "손으로 움켜쥔 모습을 그려낸 상형문자이다. 손가락 다섯 개는 너무 많아서 상징적으로 가장 많이 쓰이는 세 개만 그려낸 것이다."

즉 오른손을 나타낸 것인데, 일반적으로 사람들은 오른손으로 자꾸 일을 하므로, '거듭, 또'라는 의미가 생겨난 것이다.

점 복(卜): "귀갑(龜甲)을 구워서 생긴 가로와 세로 균열을 문자로 나타낸 상형문자이다."

그리고 마지막으로 '터럭 삼(彡)'에 대해서 살펴보면 다음과 같다. "털을 그려낸 상형문자이다."

따라서 '닦을 수(修)'는 사람이 물을 헤치고 나아가듯 두 손을 번갈아 가며 써서 실이나 털을 다듬는 행위를 묘사하는 것임을 알 수 있으니, 이를 종합적으로 살펴보면 '닦을 수(修)'는 사람이 수건을 가지고 죽은 정성을 다하여 시체를 닦듯이 실이나 털을 정돈한다는 의미를 지니고 있음을 알 수 있다.

2) 말 사(辭)

다음으로는 '말 사(辭)'에 대해서 살펴보도록 하자. 역시 허신의 [설문해자]에 따르면, 이 문자의 소전체 및 글자에 대한 설명은 다음과 같다.

"'송사할 송(訟)'과 같다. '다스릴 란(𠮟)'과 '매울 신(辛)'이 합쳐진 회의(會意)문자[5]이다. '𠮟'에서 뜻이 왔는데, 이는 죄를 다스리고 처리하여 판결한다는 뜻이다."

그렇다면 '송사할 송(訟)'은 또 어떠한 의미를 지니는 것일까?

먼저 소전체와 그에 대한 설명을 살펴보면 다음과 같다.

"'다툴 쟁(爭)'과 같다. '말씀 언(言)'에서 뜻이 오고 '공변될 공(公)'에서 소리가 왔다."

그렇다면 '말씀 언(言)'은 구체적으로 어떠한 의미를 함축하고 있을까?

---

5 회의문자는 한자(漢字)의 6가지 제자 원리 중 하나로, 한 부분의 뜻과 또 한 부분의 뜻이 합쳐져 새로운 의미를 만들어낸다.

"직언하는 것을 '말씀 언(言)'이라고 하고, 토론하고 반박하는 것을 '말씀 어(語)'라고 한다."

[설문해자]에 따르면, '말씀 언(言)'은 '직언'이라는 뜻이다. 그런데 허신은 이 글자를 '입 구(口)'와 '허물 건(䇂)'이 합쳐진 형성문자로 풀이하고 있는 반면, 이 글자의 소전체를 보면 이는 '二' 즉 '위 상(上)'과 '혀 설(舌)'로 나눌 수 있음을 알 수 있다.

'二'가 '두 이(二)'가 아닌 '위 상(上)'을 의미한다는 사실과 관련하여서는, 먼저 다음의 소전체와 허신의 설명을 살펴보기로 하자.

示

"하늘의 드리워진 모습이다. 하늘이 길흉을 보일 때, 사람들에게 보이는 것이다."

즉 허신은 '보일 시(示)'에 대해서는 '二'과 川(드리워진 기운)이 합쳐진 것으로 보아서 그 의미를 '하늘에서 내려오는 기운이나 계시'라고 풀이하고 있으니, 오히려 '말씀 언(言)'은 한자의 제자원리 중 회의문자에 속한다고 할 수 있을 것이다. 회의문자는 형성문자와 같이 두 개의 부분으로 다시 나눌 수 있는데, 다만 형성문자와 달리 두 글자 모두 의미를 제공하고, 이 두 의미가 합쳐져서 새로운 뜻을 파생시킨다.

또한 이러한 풀이와 관련하여서는, 특히 송(宋)나라의 정초(鄭樵) 역시 그의 저서인 [通志(통지)]에서 이와 같은 내용으로 '말씀 언(言)'을 풀이한 바 있으니, 역시 참고할 수 있다.

다음으로는 '혀 설(舌)'을 살펴보자.

"입에 있으니, 그러므로 말하는 것이다. '방패 간(干)'에서 뜻이 오고, '입 구(口)'에서도 뜻이 온 회의문자이다."

상술한 내용을 구체적으로 이해하기 위해서, 이제 '방패 간(干)'과 '입 구(口)'에 대해서도 부연설명하기로 한다. 먼저 '방패 간(干)'에 대한 소전체와 [설문해자]의 풀이는 다음과 같다.

"침범한다는 뜻이다. '들 입(入)'의 위아래가 뒤집어진 모양에서 뜻이 오고, 벽을 뜻하는 'ㅡ'에서 뜻이 온 회의문자이다."

즉 막고 있는 벽으로 들어가는 것이 침범한다는 뜻인데, 그렇다면 허신은 '들 입(入)'에 대해서는 어떻게 설명하고 있을까?

"'안'이라는 뜻이다. 모양이 위에서 아래로 떨어지는 것을 묘사한 상형문자이다."

이제 이어서 '입 구(口)'를 살펴보기로 하자.

1. 수사란 무엇인가? 17

ㅂ

"사람이 따라서 말하고 먹는 신체부위이다. 상형문자이다."

'입 구(口)'는 입의 모양과 더불어 원래는 얼굴에서 입이 있는 위치까지도 드러내는 모양이라고 할 수 있다. 따라서 '혀 설(舌)'은 입에서 밖으로 침범한 것이 다름 아닌 혀임을 알 수 있다.

이제 상술한 내용을 정리해보면 다음과 같다. '말씀 언(言)'은 '위 상(上)' 밑에 '혀 설(舌)'이 있는 것으로, 좀 더 구체적으로 풀이하자면 윗사람에게 혀를 놀리는 것이 바른말을 하는 직언 즉 간언(諫言)이라는 의미를 지닌다. 따라서 당초 '말씀 언(言)'은 아랫사람이 윗사람에게 나아가 신하가 임금에게 올바른 도리를 천명하는 것 즉 '직언'이라는 의미를 함축하고 있음을 이해할 수 있다.

이어서 '송사할 송(訟)'의 오른편에 있는 '공변될 공(公)'의 의미에 대해서 살펴보기로 하자.

"공평하게 분배하는 것이다."

'여덟 팔(八)'은 본래 서로 다른 방향으로 분리하여 '나누다'라는 의미를 주고, 그 밑에 있는 사각형과 비슷한 형태의 '사사로울 사(厶)' 역시 의미를 준다. 따라서 이는 사사로움을 분리하여 나눔으로써 공평하게 분리한다는 뜻의 회의문자가 되는 것이다. 그러므로 '송사할 송(訟)'

은 어느 한쪽으로 치우치지 않고 공정하게 말함으로써 올바른 도리를 천명한다는 뜻임을 알 수 있다.

그런데 허신은 '송사할 송(訟)'이 '다툴 쟁(爭)'과 같은 의미라고 했으니, 이제 [설문해자]의 설명을 살펴보자.

"끌 인(引)'과 같다. 두 손을 뜻하는 '⺕'에서 뜻이 오고, 끌고 가는 것을 뜻하는 '亅'에서도 뜻이 온 회의문자이다." 즉 이는 두 손으로 끈다는 뜻이니, 양쪽에서 잡아당김으로써 어느 것이 더 옳은 것인지를 공평하게 가늠하는 것이다.

그렇다면 '끌 인(引)'은 과연 어떤 의미를 함축하고 있는 것일까?

"활을 당기는 것이다. '활 궁(弓)'에서 뜻이 왔고, 당기는 힘을 형상화한 '丨'에서도 뜻이 온 회의문자이다."

이어서 '활 궁(弓)'에 대한 소전체 및 [설문해자]의 풀이는 다음과 같다.

"가까운 것에서 먼 곳에 도달하는 것이다. 활의 모습을 그려낸 상형문자이다."

이는 즉 '끌 인(引)'이란 가까이에 있는 무엇인가를 당겨서 끌어들임으로써 먼 곳에 있는 무언가에 도달하도록 설명하는 개념임을 알 수 있다. 따라서 상술한 내용들을 종합하여 정리해보면, '말 사(辭)'는 어느 한쪽이 아닌 양쪽에서 서로 잡아당김으로써 어느 것이 더 옳은 것인지를 공평하게 판가름하고, 이에 있어서 가까이에 있는 것을 인용하여 멀리 있는 것을 풀어 설명함으로써, 사사로움을 최대한 배제하여 객관적이고도 공정하게 올바른 도리를 천명한다는 것임을 알 수 있다.

이제 상술한 내용을 바탕으로 '말 사(辭)'에 담겨진 의미를 파악하기 위해서, 글자를 이루는 구성요소들을 하나씩 분석해보기로 하자. 먼저 왼쪽에 있는 '다스릴 란(𤔔)'의 소전체는 다음과 같다.

여기서 가운데 부분은 '작을 요(幺)'와 '아들 자(子)'가 서로 뒤섞여 있으니, 보살핌을 받아야 함을 뜻한다. 그런데 '다툴 쟁(爭)'을 설명할 때 이미 언급한 바 있듯이, 가운데를 기준으로 위와 아래에 있는 합쳐진 두 손을 뜻하는 '𠬪'에서도 뜻을 가져왔으니, 이는 세 글자의 뜻이 합쳐진 회의문자이다. 따라서 이 문자는 중간 부분이 의미하는 아직 어려서 너무나 작은 아이가 받아야 하는 것이 바로 두 손으로 하는 보살핌과 다스림이라는 것이다.

그렇다면 여기서 '작을 요(幺)'와 '아들 자(子)' 역시 살펴볼 필요가 있으니, 소전체는 다음과 같다.

"작은 것이다. 막 태어난 영아의 모습을 그려낸 상형문자이다."

"유아의 모습을 그려낸 상형문자이다."
이어서 '매울 신(辛)'에 대한 소전체는 다음과 같다.

辛

그리고 허신은 다음과 같이 설명하고 있다.
"매운맛으로 고통스러워 눈물이 흐른다. 하늘의 모양을 나타내는 '一'에서 뜻이 오고, '허물 건(䇂)'에서 역시 뜻을 가져온 회의문자이다. '허물 건(䇂)'은 '허물 죄(辠)'와 같다."
그럼, 이제 '허물 건(䇂)'에 대해서 살펴보자.

䇂

"'허물 죄(辠)'와 같다. '방패 간(干)'에서 뜻이 왔고, '二'에서 역시 뜻이 온 회의문자이다."

1. 수사란 무엇인가? 21

'말씀 언(言)'에서 설명한 바 있듯이, '二'는 '위 상(上)'의 옛 글자이고, '방패 간(干)'은 벽으로 들어가는 것이 침범한다는 뜻이다. 즉 '허물 죄(辠)'는 하늘이 정해놓은 규범을 침범하여 벗어났으니, 이는 바로 죽을죄를 뜻하는 것이 된다.

따라서 '말 사(辭)'는 죽을죄를 다스리는 발언을 뜻하는 것임을 알 수 있으니, 이는 결국 하늘이 정해놓은 규범 즉 도(道)를 어긴 죄를 판결함에, 가까이에 있는 것(예로부터 내려오는 하늘의 도리)을 인용하여 먼 곳에 있는 것(실제 발생한 사건)을 풀어 설명함으로써, 사사로움을 최대한 배제하여 객관적이고도 공정하게 올바른 도리를 천명하는 것이다. 그리고 나아가 그러한 도리에 근거하여 공정하게 판결한다는 것임을 알 수 있다. 다시 말해서, '말 사(辭)'는 다름 아닌 법정에서 공정하게 죄를 판결하는 판결문이 되는 것이다.

따라서 '수사'란 말이나 글을 다듬고 꾸며서 아름답고 정연하게 하는 일이나 기술을 뜻하는 것이 아니라, 예로 내려오는 도리 즉 도(道)를 기록한 문(文)의 내용에 근거하여 시비를 정확하게 가리고, 나아가 올바른 도리를 명확하게 천명한다는 의미를 지니고 있음을 알 수 있다.

이제 이와 관련하여서, [左傳(좌전)] 〈昭公(소공) 14년〉의 기록을 살펴보면, '수사'가 어떻게 구체적으로 적용되는 것인지 알 수 있다. 진(晉)나라의 형후(邢侯)와 옹자(雍子)가 축(鄐) 지역을 가지려고 오랫동안 다퉜는데, 이 일은 본래 사경백(士景伯)이 판단해야 할 업무였지만, 마침 다른 일 때문에 초(楚)나라로 가느라 자리를 비웠다. 이에 한선자(韓宣子)의 명으로 숙어(叔魚)가 대리로 그 일을 판단했는데, 사실 잘못은 옹자가 했지만 옹자가 뇌물로 그의 딸을 숙어에게 바치자 숙어는 잘못을 형후에게 덮어 씌웠고, 결국 형후는 분노하여 숙어와 옹자를 모두 조정에서 죽이게 된다. 한선자가 숙향(叔向)에게 누구의 잘못이냐고 묻자,

숙향은 "옹자는 자신의 잘못을 알면서도 뇌물로 속였고, 숙어는 공정해야 할 소송을 거래하는 물건으로 여겼으며, 형후는 사람을 함부로 죽였는데, [夏書(하서)]에 잘못을 미화하는 혼(昏)과 뇌물을 받아 관료의 권위를 더럽히는 묵(墨) 그리고 함부로 사람을 죽이는 적(賊)은 모두 죽인다고 되어있으니, 세 사람의 죄는 같습니다."라도 대답했다. 따라서 공자는 숙향이 숙어의 친형인데도 사사로운 정에 얽매이지 않고 공정하게 판단함으로써 옛날의 올곧음을 따랐으니 의로운 사람이었다고 평가했던 것이다.

3) 정성 성(誠)

이제 상술한 내용을 바탕으로, '수사입기성'의 의미를 이해할 수 있는 마지막 문자인 '정성 성(誠)'에 대해서 살펴보자. 이 글자의 소전체 및 설명은 다음과 같다.

誠

"믿을 신(信)과 같다. '말씀 언(言)'에서 뜻이 오고, '이룰 성(成)'에서 소리가 온 형성문자이다."

이에 따르면 '정성 성(誠)'은 '믿을 신(信)'과 동등한 의미이므로 정성을 다한다는 것은 결국 믿음과 직결되는 개념임을 알 수 있다. 또한 발음을 제공하는 '이룰 성(成)'은 '이루다, 완성하다'는 의미를 지니므로, 정성을 다한다는 것은 다름 아닌 '말씀 언(言)'을 '이룰 성(成)'하는 것이라는 의미가 됨을 알 수 있다. 즉 자신이 말한 것은 반드시 실천하는 것이 바로 정성을 다하는 행동이 되는 것이다.

이처럼 허신은 '정성 성(誠)'이 '믿을 신(信)'과 동등한 의미를 지닌다고 하였으니, 이제 이어서 '믿을 신(信)'에 대해서도 살펴보자.

"'정성 성(誠)'이다. '사람 인(人)'에서 뜻이 오고, '말씀 언(言)'에서도 뜻이 온 회의문자이다."

따라서 믿음이란 '사람 인(人)'이 '말씀 언(言)'한 것은 모두 믿을 수 있다는 의미에서 나온 것임을 알 수 있다.

결국 동양에 있어서 언어의 가치는 단순히 자신의 생각이나 의지를 표현하는 것에서 그치는 것이 아니라, 궁극적으로는 행동으로의 실천으로 이어져야 만이 그 참된 가치를 오롯이 지니게 됨을 알 수 있다. 다시 말해서, 위에서도 언급했듯이 도(道)의 이론적 성격을 지니는 것이 문(文)이고, 바로 이 도(道)의 이론이 되는 문(文)을 명확하게 설명하고 알림으로써 상대방을 깨우쳐 실천할 수 있게끔 하는 역할을 하는 것이 바로 수사(修辭)가 되는 것이다.

그러므로 '수사'는 오늘날 알려진 문장을 수식한다는 의미가 아니라, 예로부터 내려오는 올바른 도리인 도(道)의 이론이 되는 문(文)을 명확하게 천명하여 이해시키는 역할을 할 뿐 아니라, 나아가 그 이론을 실제 행동으로 옮기게끔 한다는 이른바 실천적 강령으로서의 성격을 지님을 알 수 있다. 즉 '수사'는 이론으로서의 역할을 수행할 뿐 아니라, 그 이론을 실천으로 옮기지 못하면 이론 자체가 무의미해진다는 이론과 실천 사이에서 중간 매개체로서의 역할을 수행하고 있는 것이다.

그러므로 노자는 [도덕경]의 마지막 장인 81장에서 다음과 같이 정리하고 있다.

> **81-1**
>
> **信言不美, 美言不信。**
> **신언불미, 미언불신.**
> 진실한 말은 아름답지 않고, 아름다운 말은 진실하지 않다.

대동(大同) 사회를 이끈 성인(聖人)들은 항상 충언으로 자기 스스로나 임금을 바른길로 인도하고자 하였지, 화려한 말로 아첨하여 총애를 구하지 않았다. 하지만 혼란스러운 사회에서는 많은 이들이 화려한 말로 아첨하여 임금의 총애를 얻고자 한다.

> **81-2**
>
> **善者不辯, 辯者不善。**
> **선자불변, 변자불선.**
> 선량한 이는 교묘하게 말하지 않고, 교묘하게 말하는 이는 선량한 이가 아니다.

따라서 덕을 지닌 지도자는 거짓으로 꾸며서 교묘하게 말하지 않고 자기를 백성 아래에 두지만, 그렇지 못한 지도자는 거짓으로 꾸며서 교묘하게 말하고 자기를 백성 위에 두어 군림하려 든다.

또 이와 관련하여, 노자는 [도덕경] 70장에서 다음과 같이 언급한 바 있다.

70-1

吾言甚易知, 甚易行; 天下莫能知, 莫能行.
오언심이지, 심이행; 천하막능지, 막능행.

나의 말은 매우 이해하기가 쉽고 매우 실행하기가 쉬운데, 세상은 이해하지 못하고 실행하지도 못한다.

70-2

言有宗, 事有君.
언유종, 사유군.

말에는 요지가 있고, 일에는 주체가 있다.

70-3

夫唯無知, 是以不我知. 知我者希, 則我者貴.
부유무지, 시이불아지. 지아자희, 칙아자귀.

무릇 모르니, 이 때문에 나를 이해하지 못한다. 나를 이해하는 이가 드무니, 나를 본받는 이가 귀하다.

그렇다면 '수사'의 관점에서 [도덕경]에 접근했을 때, 노자가 우리에게 말하고자 한 궁극은 과연 무엇일까?

2. 도(道): 하늘이 내려준 지도자가 걸어야 할 길

도(道)의 소전체(小篆體: 전국 통일 후 진시황제의 명으로 이사 등이 완성한 통일문자)는 본래 '쉬엄쉬엄 갈 착(辵)'과 '머리 수(首)'가 합쳐져서 만들어진 회의(會意)문자로서, "쉬엄쉬엄 걸으면서 머리를 향하는 곳이 바로 사람이 마땅히 걸어가는 길"이라는 뜻이니, 도(道)는 결코 일순간에 완성되는 것이 아니라, 일생동안 변치 않고 곁에 두면서 묵묵히 걸어가야 한다는 의미를 지니기도 한다. 따라서 완전히 통달하여서 다른 곳으로 나뉘어 갈라지지 않는 전일(專一)한 것을 일컬어 도(道)를 행한다고 하므로, **도(道)**는 다름 아닌 **법도(法道)**를 지칭하는 것이다. 그리고 이러한 법도는 지도자가 전념하여서 마땅히 지켜야 하는 도리를 뜻하니, 이는 바로 오늘날의 **지도자의 통치이념**이라고도 풀이할 수 있는데, 노자는 [도덕경] 21장에서 다음과 같이 말하고 있다.

21-1

孔德之容, 惟道是從。
공덕지용, 유도시종.

큰 덕의 모습은, 오직 도만을 따른다.

그런데 이 구절은 "큰 덕의 모습은, 오직 도만이 이에 따른다."라고 번역할 수도 있고, 또한 "큰 덕의 모습은, 오직 도만을 옳다고 인정하여 따른다."라고 번역할 수도 있다. 따라서 이 구절만 보고서는 과연 노자가 어떠한 의도로 이렇게 말한 것인지 파악하기 어렵다. 하지만 다행스럽게도 노자는 다음 구절에서 이 문제를 풀 수 있는 열쇠를 숨겨놓았다.

38-7

故失道而後德, 失德而後仁, 失仁而後義, 失義而後禮。
고실도이후덕, 실덕이후인, 실인이후의, 실의이후예.

그러므로 도를 잃은 후에 비로소 덕이 있고, 덕을 잃은 후에 인이 있으며, 인을 잃은 후에 의가 있고, 의를 잃은 후에 예가 있다.

결국 노자는 21장의 첫 구절에서 "아름다운 덕의 모습은, 오로지 태평성대를 이끈 지도자의 통치이념인 도를 향해서 움직이는 것이다."라고 설명하고 있음을 알 수 있거니와, 나아가 '도'바로 밑의 하위개념은 '덕'이 됨을 이해할 수 있다. 이제 이러한 개념을 근거로 하여, 다음의 구절을 풀이해보자.

42-1

道生一, 一生二, 二生三, 三生萬物。
도생일, 일생이, 이생삼, 삼생만물.

도는 하나를 낳고, 하나는 둘을 낳으며, 둘은 셋을 낳고, 셋은 만물을 낳는다.

뒤에서 구체적으로 설명하겠지만, 순박함을 나타내는 박(樸)은 오로지 나라와 백성만을 생각하는 순일(純一)한 덕(德)이다. 또한 이러한 '덕'은 강함과 부드러움의 조화를 의미하므로, 중(中)과 화(和)를 내포하고 있다. 그렇다면 삼(三)은 과연 무엇을 뜻하는 것일까? 이를 이해하기 위해서는 [도덕경]의 67장을 살펴볼 필요가 있다.

67-4

我有三寶, 持而保之。
아유삼보, 지이보지.

나에게는 세 가지 보물이 있어, 그것을 지키고 보호한다.

67-5

一曰慈, 二曰儉, 三曰不敢爲天下先。
일왈자, 이왈검, 삼왈불감위천하선.

첫 번째는 자애로움을 말하고, 두 번째는 검소함을 말하며, 세 번째는 감히 세상의 앞에 서지 않음을 말한다.

67-6

慈, 故能勇; 儉, 故能廣; 不敢爲天下先, 故能成器長。
자, 고능용; 검, 고능광; 불감위천하선, 고능성기장.

자애롭기 때문에 용감할 수 있고; 검소하기 때문에 넓힐 수 있으며; 감히 세상의 앞에 서지 않기 때문에, 천하의 우두머리가 될 수 있다.

따라서 42-1은 이제 "태평성대의 통치이념은 순일한 덕을 낳고, 이러한 순일한 덕은 객관적이고도 공정한 태도와 어느 누구 하나 버리지 않고 함께 가는 태도를 낳으며, 이 둘은 다시 자애로움과 검소함 그리고 감히 세상의 앞에 나서지 않는 겸손함을 낳고, 셋에서 세상 만물이 파생되어 나오게 된 것이다."라고 풀이할 수 있다.

바꿔 말해서 노자는 "자애로움과 검소함 그리고 감히 세상의 앞에 나서지 않는 겸손함을 실천해야 객관적이고도 공정한 태도 및 어느 누구 하나 버리지 않고 함께 가는 조화로운 태도를 행할 수 있고, 그렇게 함으로써 오로지 나라와 백성의 안위만을 생각하는 순일한 덕으로 나라를 다스릴 수 있게 되며, 또 그렇게 함으로써 태평성대의 통치이념인 도로 나아가게 된다."라고 설명하고 있으니, 이는 다름 아닌 "도를 이루는 구성요소들 간의 유기적인 조화"를 말하고 있는 것이다. 이에 노자는 [도덕경] 28장에서 다음과 같이 언급한 바 있다.

> **28-7**
>
> **樸散則爲器, 聖人用之則爲官長, 故大制不割。**
> **박산즉위기, 성인용지즉위관장, 고대제불할.**
>
> 가공하지 않은 목재가 흩어지면 곧 도구가 되고, 성인이 그것을 이용하면 곧 백관의 수장이 되니, 그러므로 커다란 법도는 분할하지 않는다.

순일한 덕이 공정함과 조화로움의 둘을 낳고, 이 둘이 자애로움과 검소함 그리고 겸손함의 셋을 낳으며, 이 셋이 만물에 고루 퍼져 존재하게 되는데, 대동사회를 이끈 '성인'들은 이러한 만물을 잘 운영하였기 때문에 모든 관료의 수장 즉 최고지도자가 될 수 있었던 것이니, 대동이라는 것은 이러한 긴밀한 연계성을 나누지 않고 하나로 모으는 것이다.

즉 중국은 예로부터 지도자를 세 가지로 나누고 있으니, 정치를 담당하는 지도자를 대동사회의 지도자인 성인(聖人)과 소강사회의 지도자인 군자(君子) 그리고 실무담당 전문가인 그릇(기: 器)로 분류하는 것이다. 이를 좀 더 구체적으로 설명하자면, '성인'이나 '군자'와 같은 지도자는 덕(德)을 행함으로써 백성에게 신뢰를 얻는데 주력해야 하는 반면, 실무담당 전문가는 자기가 맡은 역할을 충실하게 해내는 능력을 먼저 갖춰야 한다고 요구하는 것이다. 특히 '성인'과 '군자'를 구분하는 기준에 대해서는 유심히 살펴볼 필요가 있는데, 성인은 태초부터 존재했으므로 어느 누구에게서도 배우지 않았지만, 태어나면서부터 '도'를 이해하고 자연스럽게 몸에 받아들여 실천한 대동사회의 지도자인 반면, '군자'는 비록 '성인'과 같이 태어나면서부터 '도'를 이해하고 실천한 인물은 아니지만, 옛 '성인'의 '도'를 온전하게 배우고 부단히 노력하여 실천한 소강사회의 지도자를 일컫는 것이라는 점이다. 그리고 이러한 '도'의 구성요소들을 유기적으로 조화롭게 실천하지 못하고, 이들 중 하나 또는 몇몇 개만을 실천할 수 있는 인물들은 바로 그릇인 전문가가 된다.

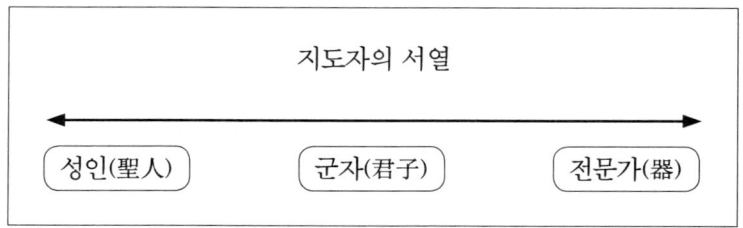

이제 지금까지 설명한 개념들을 바탕으로 하여, 노자가 주장하는 '도'가 무엇인지 살펴보기로 하자.

> 誠者天之道也, 誠之者人之道也。誠者, 不勉而中, 不思而得, 從容中道, 聖人也。誠之者, 擇善而固執之者也。

진실함은 하늘의 도이고, 진실하게 하는 것은 사람의 도이다. 진실한 사람은 힘쓰지 않아도 중하고, 생각하지 않아도 얻게 되어, 차분하게 도에 들어맞는 것이니, 성인이다. 진실하게 한다는 것은, 선을 가리어 굳게 잡는 것이다. [禮記(예기)] 〈中庸(중용)〉

孔子侍坐於哀公。哀公曰: "敢問人道誰爲大。" 孔子愀然作色而對曰: "君之及此言也, 百姓之德也。固臣敢無辭而對。人道政爲大。" 公曰: "敢問何謂爲政。" 孔子對曰: "政者, 正也。君爲正, 則百姓從政矣。君之所爲, 百姓之所從也。"

공자가 애공을 모시고 앉았다. 애공이 말하길: "감히 묻습니다. 사람의 도는 누구를 큰 것으로 여기오?" 공자가 엄정하게 낯빛을 고치고는 대답하여 이르길: "임금께서 이 말씀에 이르신 것은 백성들의 덕입니다. 진실로 신은 감히 사양치 않고 대답하겠습니다. 사람의 도는 정치를 큰 것으로 여깁니다." (애)공이 말하기를 "감히 묻겠는데 어떤 것이 정치를 한다고 일컫는 것이오?" 공자가 대답하여 이르길 "정치는, 바로잡는 것입니다. 임금이 바르게 하면, 곧 백성들이 정치에 따릅니다. 임금의 행하는 바는, 백성들의 따르는 바입니다." [禮記(예기)] 〈哀公問(애공문)〉

이를 정리해보자면, 인도(人道: 사람의 도)는 "바로잡는 것"이니 바로 예악제도로 절제하고 통제하는 사회의 통치이념을 뜻하는 반면, 천도(天道: 하늘의 도)는 "스스로 그러한 것"이니 하늘이 부여한 천성에 따르는 사회의 통치이념을 뜻하는 것임을 알 수 있다. 특히나 다음의 구절들은 노자의 '도'가 대동사회의 그것임을 명확하게 드러내고 있다.

14-6

執古之道, 以御今之有, 能知古始, 是謂道紀。
집고지도, 이어금지유, 능지고시, 시위도기.

옛날의 '도'를 파악하고, 그럼으로써 오늘날의 구체적인 제도를 다스리면, 옛날의 시작을 알 수 있으니, 이를 '도'의 규율이라고 한다.

상고시대의 통치이념을 온전히 파악하고, 그렇게 함으로써 오늘날의 법률과 제도를 조절하게 되면 태고의 대동 사회를 비로소 명확하게 이해할 수 있으니, 이것을 바로 대동사회 통치이념의 규율이라고 하는 것이다.

16-1

致虛極, 守靜篤。
치허극, 수정독.

지극히 공허함에 도달하고, 지극히 고요함을 견지한다.

대동사회의 통치이념은 새로운 법과 제도를 자꾸 만들어 백성을 통제하지 않으므로, 마치 비어 있는 것과도 같은 경지에 이른다. 또한 신중하고 삼가여 말이나 명령을 함부로 하지 않으므로, 마치 고요한 정적과도 같은 상황을 유지한다.

16-2

萬物並作, 吾以觀復。
만물병작, 오이관복.

만물은 견주어 만들어지는데, 나는 그럼으로써 반복함을 본다.

세상에 존재하는 만물은 제도가 있게 되면서 상호작용을 통해서 끊임없이 만들어지는 것이다. 이러한 제도의 산물인 만물들은 반복적으로 생겨났다 사라지므로, 나는 그러한 역사의 순환원칙을 통해서 무(無)에서 유(有)로 그리고 다시 무(無)로 반복되는 과정을 볼 수 있다.

16-3

夫物蕓蕓, 各復歸其根。
부물운운, 명복귀기근.

무릇 만물은 무성하니, 각자 그 근본으로 다시 돌아간다.

세상에 존재하는 만물은 제도가 있게 되면서, 상호작용을 통해서 끊임없이 만들어지게 된다. 이러한 제도의 산물인 만물은 지나치게 많아지면 백성들의 불만이 넘치게 되어 다시 사라지므로, 결국 역사의 순환원칙을 통해서 '유'에서 다시 '무'로 돌아가게 된다. 즉 지나치게 번거롭고 엄격한 제도로 통제하는 법치와 예치(禮治)의 사회에서, '덕치'로 다스리는 사회로 돌아가게 되는 것이다.

그렇다면 노자가 말하는 '근본, 근원'의 의미는 무엇일까? 다음 기록을 살펴보자.

> 是故君子先愼乎德。有德此有人, 有人此有土, 有土此有財, 有財此有用, 德者, 本也; 財者, 末也。外本內末, 爭民施奪。是故財聚則民散, 財散則民聚。
> 이 때문에 군자는 먼저 덕을 신중히 하니, 덕이 있으면 이에 따르는 사람이 있고, 따르는 사람이 있으면 이에 땅이 있고, 땅이 있으면 이에 재물이 있고, 재물이 있으면 이에 쓰임이 있는 것이니, <u>덕이라는 것은, 근본이고</u>; 재물이라는 것은, 끝이다. 근본을 밖으로 하고 끝을 안으로 하면, 백성들을 다투고 **빼앗**도록 하게 된다. 이 때문에 재물이 모이면 백성들이 흩어지고, 재물이 흩어지면, 백성들이 모이게 된다. [禮記(예기)] 〈大學, 傳(대학, 전)〉

상술한 내용을 보면 덕(德)이 근원이자 근본이라고 하였는데, 노자는 일관되게 '도' 즉 대동의 통치이념을 이야기할 때마다 항상 '덕'을 함께 논한다. 이는 노자에게 있어서 '덕'이라는 것이 '도'와 밀접한 관계에 있음을 알려주고 있다.

16-4

歸根曰靜; 是謂復命。
귀근왈정; 시위복명.

근본으로 돌아감을 고요함이라고 하니, 이를 복명이라고 한다.

'덕'을 치세의 원칙으로 회복한다는 것은 말이나 명령을 함부로 내리지 않는 것이니, 이를 일컬어서 '천명'즉 다시 천성에 따르는 것이라고 한다.

22-3

古之所謂曲則全者, 豈虛言哉?
고지소위곡즉전자, 기허언재?

옛사람들이 말하는 굽히면 도리어 온전할 수 있다는 것이, 어찌 빈 말이겠는가?

옛사람들로부터 전해 내려온 "도를 따르게 되면 성기고 불완전해 보여서 불합리한 것 같지만, 오히려 흠이 없이 나라를 온전히 다스릴 수 있다."라는 말이, 어찌 틀린 말이겠는가?

22-4

誠全而歸之。
성전이귀지.

진정으로 보존하면 그것으로 돌아간다.

그러므로 위에서 한 말들을 진심으로 이해하면, 대동사회의 통치이념을 깨닫고 실천할 수 있게 된다.

주지하다시피, 노자는 춘추시대 천자(天子)가 있는 주(周)나라 사관(史官)이었다. 따라서 우리는 여기서 무위자연을 강조한 노자 대동(大同)사회의 천도(天道)를 주장한 것임을 확인할 수 있을 것이다. 이제 이러한 개념으로 다음에 열거하는 [도덕경]의 문장들을 살펴보면, 왜 노자가 이처럼 반복해서 천도(天道)를 언급하고 있는지 이해할 수 있다.

9-5

功遂身退, 天之道。
공수신퇴, 천지도.

공을 이루면 자신은 물러나는 것이, 하늘의 도리이다.

이처럼 대동사회의 지도자들은 공로를 세워도 그 공로를 자신의 것으로 여기지 않고 겸손해했기 때문에 지금까지도 존경을 받고 있으니, 이는 지도자가 지켜야 할 하늘의 도리 즉 순리인 것이다.
이제 이와 관련하여 다음의 기록을 살펴보자.

> 堯知子丹朱之不肖, 不足授天下, 於是乃權授舜。授舜, 則天下得其利而丹朱病; 授丹朱, 則天下病而丹朱得其利。堯曰:"終不以天下之病而利一人", 而卒授舜以天下。堯崩, 三年之喪畢, 舜讓辟丹朱於南河之南。諸侯朝覲者不之丹朱而之舜, 獄訟者不之丹朱而之舜, 謳歌者不謳歌丹朱而謳歌舜。舜曰"天也", 夫而後之中國踐天子位焉, 是爲帝舜。
>
> 요임금은 아들 단주가 못나고 어리석어, 세상을 넘겨주기에 부족하다는 것을 알았고, 그래서 이에 정권을 순에게 주었다. 순에게 주면, 곧 세상이 이로움을 얻고 단주가 원망을 하지만; 단주에게 주면, 곧 세상이 원망하고 단주가 이로움을 얻게 되는 것이다. 요임금이 말했다: "결국에는 세상이 원망함으로써 한 사람을 이롭게 할 수 없다", 그래서 마침내 세상을 순에게 주었다. 요임금이 죽고, 3년상이 끝나자, 순은 단주에게 양보하고 남하의 남쪽으로 물러났다. 제후 중에 조정에 알현하는 이들이 단주에게 가지 않고 순에게 갔으며, 소송을 하는 이들이 단주에게 가지 않고, 순에게 갔으며, 칭송하는 이들이 단주를 칭송하지 않고 순을 칭송했다. 순이 "운명이로다!"라고 말하고, 대저 중원으로 돌아가 천자의 자리에 올랐으니, 이가 순임금이다. [史記(사기)] 〈五帝本紀(오제본기)〉

주지하다시피, 요임금은 대동사회를 이끈 지도자이다. 따라서 이를 통해서 '천도'와 '대동' 사이에는 긴밀한 상관관계가 있음을 알 수 있다.

47-1

不出戶, 知天下; 不窺牖, 見天道。
불출호, 지천하; 불규유, 견천도.

공을 이루면 자신은 물러나는 것이, 하늘의 도리이다.

대동의 통치이념을 진정으로 이해하면, 굳이 나아가 다른 것들을 보지 않아도 세상의 돌아가는 모든 이치를 이해할 수 있으니, 천성에 따라 무위로 다스리면 굳이 번거롭게 법률과 제도를 강화하여 일일이 관여하고 통제하지 않더라도, 백성이 자신이 처한 바를 알고 만족하게 된다.

73-2

此兩者或利或害, 天之所惡, 孰知其故?
차양자혹리혹해, 천지소오, 숙지기고?

이 두 가지는 이롭기도 하고 해롭기도 한데, 하늘이 싫어하는 것은, 누가 그 연유를 알겠는가?

억지로 작위하여 제도로 억압하는 것과 천성에 따라서 다스리는 것, 이 두 가지는 때론 복이 되기도 하고 때론 재앙이 되기도 하는데, 하늘이 싫어하는 것이 어떤 것인지를 어느 누가 알겠는가?

73-4

天之道, 不爭而善勝, 不言而善應, 不召而自來, 繟然而善謀。
천지도, 부쟁이선승, 불언이선응, 불소이자래, 천연이선모.

하늘의 도리는, 싸우지 않아도 잘 이기고, 말하지 않아도 잘 반응하며, 부르지 않아도 스스로 오고, 느슨해도 일을 잘 꾸민다.

이처럼 천성에 따라 스스로 그러하게 하는 대동의 통치이념은 자애로운 '덕'으로 감화시키기 때문에 싸우지 않아도 상대방이 복종하게 되고, 말이나 명령을 함부로 내리지 않기 때문에 백성이 알아서 지도자의 뜻에 화답하며, 굳이 소집하지 않아도 기꺼운 마음으로 자발적으로 오고, 법률이나 제도로 통제하지 않기 때문에 느슨한 것 같지만 오히려 일을 잘 도모한다.

> 73-5
>
> **天網恢恢, 疏而不失.**
> 천망회회, 소이부실.
>
> 하늘의 그물은 크고 넓어서, 성기지만 새지 않는다.

이처럼 하늘이 부여한 천성에 따르는 대동의 통치이념은 대단히 크고 넓어서, 법률과 제도로 통제하는 소강사회의 입장에서 언뜻 보기에는 엉성하고 부족한 듯하지만, 실제로는 백성의 뜻에 따라 다스리는 것이기 때문에, 그들의 원망이나 불만을 사지 않게 되어 나라를 오랫동안 평안하게 유지할 수 있다.

노자는 일관되게 세분화된 법률과 제도로 엄격하게 통제하는 것을 반대하고 있으니, 그는 나라를 다스리는 도리로서 '엉성함'을 내세우고 있다. 하지만 노자가 말하는 '엉성함'이란 모자라고 대충한다는 것이 아니라, 기본원칙에만 충실함으로써 언뜻 보기에는 오히려 다소 부족해 보이는 느낌을 줄 수도 있다는 뜻임에 유의해야 한다. 가령 예를 들어서 집을 지을 때 기본적인 대원칙(기초공사, 벽 쌓기, 지붕 올리기)에만 충실하면, 외관상 언뜻 보기에는 뭔가 부족해 보일 수도 있다는 것이다. 물론 이는 집의 본질적인 내용이 아닌 어디까지나 외관상의 형식문제일 뿐이니, 이처럼 노자는 내용만을 긍정하고 형식을 부정한다. 따라서 62장에는 다음과 같은 내용이 있다.

따라서 천자를 옹립하고 또 그를 보좌하는 최고의 벼슬인 삼공을 설치하는데 있어서, 진귀한 옥을 앞에 내세우고 그 뒤로 성대한 규모의 진상을 하는 등의 형식적인 예절을 중시하는 것보다, 내실을 기하여 훌륭한 인물을 관리로 등용하고, 그들이 곁에서 이러한 대동의 통치이념을 충언으로 아뢰게 하는 것이 더 중요하다.

계속해서 다음 구절들을 살펴보자.

> **81-4**
>
> 聖人不積, 既以爲人, 己愈有; 既以與人, 己愈多。天之道, 利而不害; 聖人之道, 爲而不爭。
> 성인부적, 기이위인, 리유유; 기이여인, 이유다. 천지도, 이이불해; 성인지도, 위이부쟁.
>
> 성인은 쌓아두지 않고, 그럼으로써 타인을 위하니, 자기는 더욱 있게 되고; 그럼으로써 타인에게 베푸니, 자기는 더욱 넉넉해진다. 하늘의 도리는 이롭지 해가 되지 않고; 성인의 도리는 (타인을) 위하지 다투지 않는다. 이러한 도를 진상함보다 못하다.

대동사회를 이끈 지도자들은 사리사욕을 탐하지 않고 끊임없이 베풀었으므로, 백성이 그 지도자를 믿고 따르게 되어서, 그 자리를 오랫동안 보존할 수 있었던 것이다. 이처럼 천성에 따르는 통치이념은 결코 어느 누구에게나 해롭지 않고, 대동의 통치이념은 백성에게 순일한 '덕'을 베푸는 것이지 착취하는 것이 아니다.

그렇다면 천도(天道)는 과연 구체적으로 어떠한 의미를 함축하고 있을까?

3. 대동(大同): 노자가 꿈꾸던 이상사회

노자는 [도덕경] 80장에서 다음과 같이 말하고 있다.

> **80-1**
>
> **小國寡民, 使有什伯之器而不用, 使民重死而不遠徙。**
> 소국과민, 사유십백지기이불용, 사민중사이불원사.
>
> 나라가 작고 백성이 적으면, 각양각색의 기물이 있어도 쓰지 않고, 백성들이 죽음을 중시하여 멀리 이사하지 않게 된다.

나라가 작고 백성이 적었던 대동사회의 모습으로 돌아가게 되면, 백성이 사리사욕을 탐하지 않아서 재물에 집착하지 않고, 또한 지도자를 믿고 따르게 되니 굳이 목숨을 걸고 다른 곳으로 거처를 옮기지 않는다.

이는 사실상 지도자의 자세를 말하는 것으로, 당시의 사회적인 분위기로 보아 삶의 터전을 버리고 타지로 이동하는 것은 위험한 일이지만 그럼에도 불구하고 멀리 이사를 가는 것은, 본래의 터전에 사는 것이 이렇듯 목숨을 걸고 타지로 이동하는 것보다 못하기 때문이다. 만약 지도자가 나라를 잘 다스림으로써 삶의 터전이 행복하다면, 굳이 목숨을 걸고 멀리 이사를 가겠는가? 이러한 측면에서 본다면, 한 나라에서 타국으로 이민을 가려는 국민수가 증가한다는 것은 그 나라 정세가 심각하게 우려할 만한 상황임을 짐작할 수 있다.

그리고 바로 여기서 노자의 종합적이고도 뚜렷한 정치관이 드러나니 "소국과민"이다. 노자는 주나라의 사관(史官) 신분으로 삼황오제로부터 하(夏), 상(商), 주(周)나라에 이르기까지의 역사를 전반적으로 파악하고 있었고, 이에 천자의 나라인 주나라의 몰락을 직접 목도하고는 큰 나라를 다스린다는 것이 얼마나 힘든 것인지를 이해하였기 때문에, 이러한 종합적인 통치이념을 제시한 것이다. 이제 이와 관련하여 다음의 기록을 살펴보자.

> 堯曰:"嗟! 四嶽: 朕在位七十載, 汝能庸命, 踐朕位。"嶽應曰:"鄙德忝帝位。"堯曰:"悉擧貴戚及疏遠隱匿者。"衆皆言於堯曰:"有矜在民間, 曰虞舜。"堯曰:"然, 朕聞之。其何如?"嶽曰:"盲者子。父頑, 母嚚, 弟傲, 能和以孝, 烝烝治, 不至奸。"堯曰:"吾其試哉。"於是堯妻之二女, 觀其德於二女。
> 요임금이 말했다: "아, 사악이여! 짐이 재위한 지 70년인데, 그대는 천명을 변치 않게 할 수 있으니, 짐의 자리에 오르시오." 사악이 대답했다: "덕이 낮아 임금 자리를 욕되게 할 것입니다." 요임금이 말했다: "귀족이거나 관계가 먼 사람 숨어 사는 사람 모두를 천거해 주시오." 모두가 요임금에게 말했다: "민간에 홀아비가 있는데, 우순이라 합니다." 요임금이 말했다: "그러한가, 짐은 그에 대해 들었소. 그는 어떠하오?" 사악이 말했다: "장님의 아들입니다. 아버지는 완고하고, 어머니는 간사하며, 동생은 교만하지만, 능히 온화하게 부모님을 섬기고, 나아가 수양하니, 어지러움에 이르지 않게 되었습니다." 요가 말했다: "내가 그를 시험해보겠소." 이에 요는 두 딸을 그에게 시집보내어, 두 딸에게서 그의 덕을 살폈다. [史記(사기)]〈五帝本紀(오제본기)〉

요임금이 인재를 천거하라고 하자 모두가 민간에 있는 홀아비인 순을 추천하였고, 이에 요임금은 그에 대해서 들은 바가 있다며 시험해보겠다고 하였다. 여기서 상식적으로 이해할 수 없는 것이 바로 "어떻게 한 나라의 임금으로서 민간에 있는 홀아비의 이름조차도 들을 수 있었겠는가?"라는 점이다. 즉 위의 기록을 통해서 추측할 수 있듯이, 당시의 사회는 "소국과민"의 상황이었기 때문에 임금일지라도 민간의 홀아비 이름조차 들을 수 있었던 것이고, 이때는 요임금이 태평성대를 이끌던 시대였으니 "소국과민"이 바로 대동사회를 가리키는 것임을 방증하는 것이다.

80-2

雖有舟輿, 無所乘之; 雖有甲兵, 無所陳之; 使人復結繩而用之。
수유주여, 무소승지; 수유갑병, 무소진지; 사인복결승이용지.

비록 배나 수레가 있어도, 그것을 탈 일이 없고, 비록 무기가 있어도, 그것을 드러낼 일이 없으니; 사람들이 다시 끈으로 매듭지어 그것을 사용하게끔 한다.

지도자가 덕치로 나라를 평온하게 하니, 백성이 굳이 다른 지역으로 옮기지 않아서 배나 수레가 필요 없어지고, 서로 조화롭게 살게 되니 굳이 전쟁을 할 필요가 없어지게 되므로, 백성의 마음이 결승문자를 쓰던 상고의 대동시대로 돌아가게 된다.

끈으로 매듭을 지어 사용한다는 것은 끈으로 매듭을 지어 기록한다는 뜻이니, 이는 다름 아닌 결승문자(結繩文字)를 뜻한다. 주지하다시피 결승문자는 새끼를 매듭지어 그 모양이나 수량으로 의사소통을 하던 문자로, 태고의 글자가 없었던 미개사회 즉 고대 페루나 중국에서 사용되었다. 그렇다면 태고의 중국이란 구체적으로 어떤 시대를 지칭하고 있는 것일까?

한자(漢字)는 중국에서 처음 만들어진 것으로 알려져 있고, 그 기원은 통상 지금으로부터 대략 3000여 년 전 사용된 것으로 추정되어지는 갑골문(甲骨文)에서 비롯된 것으로 여겨지고 있다. 갑골문은 1899년에 중국 안양현 소둔촌 즉 상(商)나라의 수도였던 지역의 폐허에서 발견된 것인데, 상나라는 은(殷)나라라고도 호칭하므로 이 지역을 은허(殷墟)라고 부른다. 따라서 갑골문이란 은허에서 발굴된 거북이의 배딱지인 귀갑(龜甲)과 짐승의 견갑골인 수골(獸骨)에 새겨진 중국의 고대 상형문자인데, 후대에 귀갑의 갑과 수골의 골을 합쳐서 갑골문이라고 칭하기 시작한 것이다.

중국인들은 복희씨(伏羲氏)와 여와씨(女媧氏)가 인류를 창조한 이래, 농업을 보급한 신농씨(神農氏)까지를 삼황(三皇)으로 불러왔다. 이어서 황제(黃帝) 헌원(軒轅), 전욱(顓頊) 고양(高陽), 제곡(帝嚳) 고신(高辛), 제요(帝堯) 방훈(放勳) 그리고 제순(帝舜) 중화(重華)를 오제(五帝)라고 호칭함으로써, 이 삼황오제가 다스리던 시기를 가장 이상적인 사회인 대동(大同: 태고~B.C. 2070)으로 여겨왔던 것이다. 대동사회의 주된 특징은 선양제(禪讓制)인데, 세습이 아닌 지도자의 인격과 행정능력만으로 그들의 지도자를 선출하였다.

하지만 순임금의 뒤를 이은 우(禹) 임금이 하(夏: ~B.C. 1600)나라를 건립한 이래로, 선양제는 세습제(世襲制)로 바뀌고 세상은 점차

이기적인 모습으로 변모하기 시작하였으니, 이 시기부터를 지도자들이 규율을 앞세워 스스로 본보기를 보임으로써 백성들을 통제한 소강(小康)사회라고 부른다.

따라서 중국인들은 그들의 역사를 크게 대동과 소강 그리고 혼란기의 세 부분으로 나누게 되는데, 위에서 언급한 가장 이상적인 사회였던 대동 사회는 삼황오제를 끝으로 단절되지만, 소강사회는 각 왕조마다 현철한 임금과 신하들로 인해서 간혹 부활되는 모습들을 보였으니, 그 대표적인 인물로는 하나라 우 임금과 하나라의 뒤를 이은 상(商: ~B.C.1046)나라의 탕(湯) 임금, 그리고 상나라의 뒤를 이은 주(周: ~B.C. 770)나라의 문왕(文王)과 무왕(武王) 및 성왕(成王) 마지막으로 주공(周公)이 있었다.

앞서 언급했다시피 중국의 한자(漢字)는 빨라야 상(商)나라 때 시작된 것이니, 이를 정리해보면 상나라 이전의 하(夏)나라 혹은 그 이전에는 다른 문자를 썼다는 논리가 형성된다. 다시 말해서 노자가 말하는 결승문자를 쓰던 시기라 함은, 최소한 하나라 혹은 그 이전의 시대를 지칭한다는 결론에 도달하게 되는 것이다.

> 80-3
>
> 甘其食, 美其服, 安其居, 樂其俗, 鄰國相望, 雞犬之聲相聞, 民至老死不相往來。
> 감기식, 미기복, 안기거, 락기속, 린국상망, 계견지성상문, 민지노사불상왕래.
>
> 그 음식이 달고, 그 의복이 아름다워지며, 그 거처가 편안해지고, 그 풍속이 즐거워지며, 이웃나라가 서로 바라다 보이고, 닭과 개의 소리가 서로 들리게 되니, 백성들이 늙어 죽을 때까지 서로 왕래하지 않게 된다.

　백성은 사리사욕이 없어져 만족함을 알게 되니, 기본적인 의식주생활에 대한 더 큰 욕망이 없어져서, 자신들의 생활이 더없이 행복하다는 것을 깨닫게 된다. 또한 이웃한 나라끼리는 서로 존중하고 예우하여, 굳이 성곽을 쌓거나 그 주변에 못을 파서 적들이 침입하지 못하도록 경계할 필요가 없게 되니, 이에 세상이 평온해져서 상대방이 서로 바라다 보이고, 닭과 개 우는 소리까지도 다 들리게 되는 것이다. 이처럼 백성이 지도자를 믿고 따르며 행복한 생활을 영위하는데, 굳이 다른 곳으로 옮겨서 살 필요가 있겠는가? 따라서 백성은 자신들의 천성을 다하며 즐겁게 살 뿐, 죽을 때까지 굳이 서로 왕래하지 않게 되는 것이다.
　노자는 여기서 그가 그리는 이상사회의 모습을 보다 구체적으로 묘사하고 있으니, 이는 노자의 '도'가 바로 '대동'과 긴밀하게 연결되어 있음을 확실하게 알려주고 있다. 이제 다음에서 '대동'에 대한 기록을 살펴보기로 하자.

　　昔者仲尼與于蠟賓。事畢, 出遊于觀之上, 喟然而歎。仲尼之歎, 蓋歎魯也。言偃在側, 曰: "君子何歎?" 孔子曰: 大道之行也, 與三代之英, 丘未之逮也, 而有志焉。大道之行也, 天下爲公。選賢與能, 講信修睦。故人不獨親其親, 不獨子其子。使老有所終, 壯有所用, 幼有所長, 矜寡孤獨廢疾者皆有所養。男人分, 女有歸。貨, 惡其棄于地也, 不必藏于己; 力, 惡其不出于身也, 不必爲己。是故謀閉而不興, 盜竊亂賊而不作。故外戶而不閉。是謂大同。

예전에 공자가 납빈(신들의 가호에 보답하기 위해 올리던 제사)에 참여했다. 일이 끝나고, 누각에 올라 둘러보고는, 길게 탄식을 하였다. 공자가 탄식한 것은, 아마도 노나라를 한탄한 것이리라. 언언이 곁에 있다가, 말했다: "군자(스승)께서는 어찌하여 탄식하십니까?" 공자가 말했다: "큰 도가 실행될 때와, 삼대(夏, 商, 周)의 훌륭한 인물들이 정치를 하던 때는, 내가 이를 수 없었으나, 기록이 남아 있다. 큰 도가 실행되던 때는, 세상이 공천하(公天下)였다. 어질고 재능 있는 이들을 선발하고, 신용을 중시하며 화목함을 갖췄다. 그러므로 사람들은 자신의 어버이만이 어버이가 아니었고, 자신의 자식만이 자식이 아니었다. 노인들로 하여금 귀속되는 바가 있게 하였고, 장년은 쓰임이 있었으며, 어린이들은 키워짐이 있었고, 늙어 부인이 없는 이, 늙어 남편이 없는 아낙, 부모 없는 아이, 자식이 없는 노인, 장애인들이 모두 부양받는 바가 있었다. 사내에게는 직분이 있었고, 아낙은 시가(媤家)가 있었다. 재물은, 땅에 버려지는 것을 싫어하였지만(지니고 싶어 하였지만), 반드시 자기가 소유하지는 않았고; 힘은, 자기 몸에서 나오지 않음을 싫어하였지만(자신이 직접 쓰려 하였지만), 반드시 자신을 위해서 쓰지는 않았다. 이 때문에 계략이 막혀 일어나지 못하고, 도적이나 반란이 발생하지 않았다. 그러므로 밖의 대문을 잠그지 않았다. 이를 대동이라고 일컫는다." [禮記(예기)] 〈禮運(예운)〉

상술한 내용을 몇 가지 부분으로 나누어 구체적으로 분석해보면 다음과 같다.

1. 공자가 말했다: "큰 도가 실행될 때와, 삼대(夏, 商, 周)의 훌륭한 인물들이 정치를 하던 때는, 내가 이를 수 없었으나, 기록이 남아 있다."

여기서 주목해야 할 것이, 공자는 시대를 대도(大道)가 실행되던 시기인 대동사회와 하, 상, 주 삼대의 정치시기인 소강사회로 나누고 있다는 점이다.

2. 큰 도가 실행되던 때는, 세상이 공천하(公天下)였다. 어질고 재능 있는 이들을 선발하고, 신용을 중시하며 화목함을 갖췄다.

여기서 공자는 대동의 사회는 공천하(公天下)였다고 말하고 있으니, 이는 다름 아닌 천하위공(天下爲公)의 사회 즉 임금을 혈통이 아닌 오로지 정치능력과 인품만으로 선발하던 선양제(禪讓制)를 시행하던 대동의 사회를 가리킨다. 또한 "어질고 재능 있는 이들을 선발하고, 신용을 중시하며 화목함을 갖췄다."는 말에 주목해야 하는데, 이는 바로 중(中)과 화(和)로 다스렸음을 뜻하는 것이니, 바로 태평성대를 이끈 지도자들의 통치이념 즉 도(道)가 되는 것이다.

3. 그러므로 사람들은 자신의 어버이만이 어버이가 아니었고, 자신의 자식만이 자식이 아니었다.

따라서 이러한 대동의 사회는 네 것과 내 것을 구분하지 않고 서로 더불어 살아가는 진정한 의미로서의 상생(相生)과 공생(共生)을 실천하던 시기였다.

4. 노인들로 하여금 귀속되는 바가 있게 하였고, 장년은 쓰임이 있었으며, 어린이들은 키워짐이 있었고, 늙어 부인이 없는 이, 늙어 남편이 없는 아낙, 부모 없는 아이, 자식이 없는 노인, 장애인들이 모두 부양받는 바가 있었다. 사내에게는 직분이 있었고, 아낙은 시가(媤家)가 있었다.

여기서는 오늘날의 사회복지제도와도 같은 개념에 대해서 설명하고 있으니, 이는 두 가지 관점에서 접근할 필요가 있다. 하나는 늙어 부인이 없는 이는 환(鰥), 늙어 남편이 없는 아낙은 고(寡), 부모 없는 아이는 고(孤), 자식이 없는 노인은 독(獨)을 뜻하니, 바로 국가에서 사회의 취약계층을 책임지고 돌보아주었음을 뜻한다. 아울러서 장애인들이 모두 부양받는 바가 있었다고도 했는데, 이는 당시 장애인들을 오늘날과 같이 차별대우하지 않았다는 것을 의미한다.

그리고 또 하나는 국가에서 장년은 쓰임이 있도록 함으로써 모든 사내에게 적합한 직분이 있다고 했으니, 이는 다름 아닌 젊은이들이 때가 되면 공평하게 사회에 나가 기여할 수 있는 기회 즉' 직업을 구할 수 있었음을 뜻한다. 아울러 아낙은 시부모님이 계시는 시가가 있다고도 하였으니, 국가에서 주도적으로 나서서 짝을 구하지 못한 젊은 남녀를 연결시켜 줌으로써 독신으로 외로이 살아가는 이가 없도록 배려했다는 말이 되는 것이다.

5. 재물은, 땅에 버려지는 것을 싫어하였지만(지니고 싶어 하였지만), 반드시 자기가 소유하지는 않았고; 힘은, 자기 몸에서 나오지 않음을 싫어하였지만(자신이 직접 쓰려 하였지만), 반드시 자신을 위해서 쓰지는 않았다. 이 때문에 계략이 막혀 일어나지 못하고, 도적이나 반란이 발생하지 않았다. 그러므로 밖의 대문을 잠그지 않았다. 이를 대동이라고 일컫는다.

계략이라는 것은 남보다 자신이 더 잘나고 또 잘되기를 바라는 마음에서 비롯된다. 하지만 귀한 물건을 귀히 여기되 나 혼자만 독차지하지 않고 또 열심히 일하고자 하나 그것이 반드시 자기 자신만을 위함이 아닌 즉 함께 하려는 마음이 있다면, 굳이 타인의 것에 욕심을 부리지 않게 되므로 남의 집 대문을 열고자 하는 탐욕이 일지 않게 되는 것이다.

6. 오늘날에는 큰 도가 사라졌으니, 세상이 가천하(家天下)가 되었다. 각각 자신의 어버이만이 어버이가 되고, 자신의 자식만이 자식이 되었다. 재물과 힘은 자신을 위해 썼다. 대인(천자와 제후)은 세습을 예의로 삼았고, 성곽을 쌓고 그 주변에 못을 파서 (적들이 침입하지 못하도록) 공고히 하였으며, 예의로 기강을 삼았으니; 그럼으로써 군신관계를 바로 하고, 그럼으로써 부자관계를 돈독히 하였으며, 그럼으로써 형제간에 화목하게 하고, 그럼으로써 부부 사이를 조화롭게 하였으며, 그럼으로써 제도를 설치하고, 그럼으로써 밭을 구획하였으며, 그럼으로써 용감하고 지혜로운 자를 존중하고, 공적을 자기의 것으로 여겼다. 그러므로 권모술수가 이때부터 흥기하고, 전쟁이 이때부터 발생하였다.

하지만 '대동'의 선양제가 무너지고 임금의 자리를 한 가문이 대대로 세습하는 시기가 찾아오자, 타고난 계급과 신분이라는 개념이 발생하게 되고, 나아가 사람들의 마음에는 이기심이 생기고야 말았으니, 결국 네 것과 내 것을 구별하게 되고 이에 남보다 내가 더 나아지려고 발버둥 치는 풍조가 도래하게 되었다. 이처럼 사람들 가슴속에서 남들보다 더 나아지려는 마음이 생기게 되자, 이에 수단과 방법을 가리지 않고 차지하려는 계략과 권모술수가 둥지를 틀게 되고 심지어는 무력으로라도 빼앗으려는 전쟁도 불사하기 시작했다.

7. 우, 탕, 문왕, 무왕, 성왕, 주공은 이것(예의)으로 그것(시비)을 선별했다. 이 여섯 군자들은, 예의에 삼가지 않는 이가 없었다. 그럼으로써 그 의로움을 분명히 하고, 그럼으로써 그 신의를 깊이 헤아렸으며, 허물을 드러내고, 형벌과 어짊을 꾀하고 꾸짖어, 백성들에게 항상 그러함을 보여주었다. 만약 이에 말미암지 못하는(이에 따르지 않는) 이가 있다면, 집정자(권세가 있는 사람)일지라도 물리쳐, 대중들이 재앙으로 삼았다. 이를 일컬어 소강이라고 한다.

서로 자신의 이익만을 도모하려는 이기심이 만연하여 온 세상이 큰 혼돈 속으로 빠지게 되자, 이에 옛 대동사회의 지도자인 성인(聖人)들의 가르침을 계승하고 나아가 인(仁) 의(義) 예(禮) 신(信) 등을 강조하여 먼저 솔선수범한 이들이 나타났으니, 이들이 바로 하(夏)나라 우(禹)임금과 상(商)나라 탕(湯)임금, 주(周)나라 문왕(文王)과 무왕(武王) 성왕(成王) 그리고 주공(周公)과도 같은 뛰어난 지도자인 '군자'인 것이다. 이처럼 지도자가 먼저 솔선수범하고 나아가 그러한 태도로서 백성을 바로잡으려고 통제하기 시작한 세상이 바로 '소강'의 사회인 것이다.

여기서 우리는 먼저 "큰 도가 실행될 때와, 삼대(夏, 商, 周)의 훌륭한 인물들이 정치를 하던 때는, 내가 이를 수 없었으나, 기록이 남아 있다. 큰 도가 실행되던 때는, 세상이 공천하(公天下)였다."라는 말에 주의를 기울일 필요가 있는데, 즉 공자는 상고시대를 '대도(大道)' 즉 큰 도가 실행되던 시대와 '삼대(三代)'의 두 범주로 나누고 있으며, "큰 도가 실행되던 시대는 공천하였다."라고 말하고 있다는 점이다. 바로 이러한 점에서 보았을 때, 최소한 노자와 공자의 '대동'에 대한 가치관은 문명 일치한다고 할 수 있다.

따라서 위의 공자 발언을 통해서도 노자가 말하는 천도(天道)는 다름 아닌 대도(大道)임을 알 수 있으니, 노자는 [도덕경]에서 다음과 같이 일관되게 대도(大道)에 대해서 언급하고 있다.

18-1

大道廢, 有仁義。
대도폐, 유인의.

큰 도가 폐기되면, 인의가 출현한다.

이미 앞에서 언급했다시피, '도'에는 하늘의 도인 '천도'와 사람의 도인 '인도' 두 가지가 있다. 따라서 노자는 무위자연을 강조하는 '천도'가 사라지면 인의(仁義)로 통제하는 '인도'가 도래한다고 말하는 것이다.

> 25-3
>
> **吾不知其名, 字之曰道, 強爲之名曰大, 大曰逝, 逝曰 遠, 遠曰反。**
> 오부지기명, 자지왈도, 강위지명왈대, 대왈서, 서왈원, 원왈반.
>
> 나는 그 이름을 알지 못하는데, 그것을 일컬어 '도'라고 하고, 그것에 억지로 이름을 붙이니 '대(크다)'라고 하는데, '대'라는 것은 지나감을 일컫고, 지나감은 멀어짐을 일컬으며, 멀어짐은 반대로 됨을 일컫는다.

나는 그러한 존재의 구체적인 이름을 알지 못하는데, 그 존재를 '도' 즉 대동사회의 통치이념이라고 일컫고, 그 존재에 굳이 억지로 이름을 붙여서 크다고 하는데, 크다는 것은 작다는 기준을 지나치는 것이고, 지나치게 되면 작음에서 멀어지는 것이며, 작음에서 멀어지면 반대로 큼에 가까워지는 것이 된다. 그러므로 '큰 도'를 이야기할 때는 항상 우리가 상식적으로 알고 있는 개념과 상반되는 구체적인 예를 들어서 이해를 돕는 것이다.

그렇다면 노자에게 있어서 대(大) 즉 "크다"는 개념은 어떠한 의미를 함축하고 있기에, 이처럼 말하는 것일까? 이제 그 개념을 하나씩 풀어보도록 하자.

① '도'라는 것은 대단히 크다.
② '크다'라는 것은 작다는 기준을 초과한다는 뜻이 된다. 즉 크다는 것은 작다는 기준을 넘어서 지나간다는 뜻이 되는 것

이다.

③ '작다'라는 기준을 넘어서 지나가게 되면, '작다'라는 기준에서 멀어지게 되는 것이다.

④ 기준을 넘어서 지나가게 되면 기준에서는 멀어지게 되지만, 그것이 저 멀리 있는 대(大) 즉 '크다'라는 위치에서 보았을 때는 반대로 가까워지게 되는 것이다.

⑤ 따라서 '작다'라는 기준을 지나쳐서 멀어지면, 반대로 '크다'라는 "도"에 가까워지게 되는 것이다.

예를 들어서, "백성들을 다스리려면 국민 위에 군림해야 한다."는 도리는 작은 도리이니, 이 작은 개념을 지나쳐 멀어지게 되면 오히려 "백성들을 다스리려면 국민 밑에 처해야 한다."는 큰 도리에 가까워지는 것이다.

따라서 '하늘의 도'인 천도(天道)는 바로 '큰 도'인 대도(大道)와 동일한 개념임을 알 수 있으니, 노자는 또 다음과 같이 자신의 '도'가 '크다'는 것을 강조하고 있다.

35-1

執大象, 天下往; 往而不害, 安平太。
집대상, 천하왕; 왕이불해, 안평태.

커다란 형상을 지키면, 세상이 향하고; 향하여도 해를 입히지 않으니, 안녕하고 평화롭다.

커다란 '도' 즉 대동의 통치이념을 실천하면, 세상이 모두 지도자를 믿고 따르게 된다. 세상이 모두 지도자를 믿고 따르게 되면, 나라가 오랫동안 평화로움을 유지한다.

67-1

天下皆謂我道大, 似不肖。
천하개위아도대, 사불초.

세상은 모두 나의 도가 커서, 마치 비슷한 것이 없는 것 같다고 말한다.

세상 사람들은 내가 주장하는 대동의 통치이념이 너무나 이상적이어서, 다른 비슷한 개념이나 사물로 비유할 수 없다고 말한다.

67-2

夫唯大, 故不肖。
부유대, 고불초.

무릇 크기에, 그러므로 비슷한 것이 없다.

대동의 통치이념은 너무나 이상적인 것이라서, 다른 어떤 것으로도 비유할 수가 없다.

67-3

若肖, 久矣其細也夫。
약초, 구의기세야부.

만약 비슷하다면, 오래전에 그것은 작아졌다.

만약 세상에서 비유할 수 있는 것이 있었다면, 그것은 일찌감치 본연의 의미를 상실하여 이상적인 통치이념이 될 수 없다.

34-1

大道氾兮, 其可左右。萬物恃之而生而不辭, 功成不名有。衣養萬物而不為主, 常無欲, 可名於小。萬物歸焉而不為主, 可名為大。
대도범혜, 기가좌우. 만물시지이생이불사, 공성불명유. 의양만물이불위주, 상무욕, 가명어소. 만물귀언이불위주, 가명위대.

큰 도는 두루 미치기 때문에, 그가 지배할 수 있다. 만물은 그에 의지하여 발생하지만 아무 말도 하지 않고, 공을 이루지만 있다고 일컫지 않는다. 만물을 기르지만 스스로 주재한다고 여기지 않고, 늘 욕망이 없으니, 보잘것없다고 할 수 있다. 만물이 따르지만 스스로 주재자가 되지 않으니 위대하다고 할 수 있다.

대동사회의 통치이념은 모든 만물에 퍼져 있기 때문에, 세상 모든 것들을 다스릴 수 있다. 만물은 대동사회의 통치이념에 기대어 각자의 천성에 따르기 때문에 원망이나 불평하지 않고, 나라를 오랫동안 평안하게 유지하지만 자신의 공로라고 자처하지 않는다. 세상 만물을 이끌지만 각자의 천성에 따르는 것일 뿐이기에 자신이 이끈다고 자만하지 않고, 오직 삼가고 노력하여 사리사욕을 추구하지 않기 때문에 어쩌면 미약해 보일 수도 있다. 그리하여 세상이 모두 대동의 통치이념을 따르지만, 또 자기가 통제한다고 생각하지 않으니 진정 위대하다고 할 수 있는 것이다.

하늘은 우리가 잘했다고 칭찬하거나 잘못했다고 꾸짖지 않는다. 그저 묵묵히 지켜보고만 있을 뿐이다. 따라서 평소에는 오히려 하늘의 존재에 대해서 인지하지 못하는 경우가 많으니, 노자는 이처럼 자신이 강조하는 '도'가 바로 하늘을 닮은 '천도'라고 말한다.

53-1

使我介然有知, 行於大道, 唯施是畏。
사아개연유지, 행어대도, 유시시외.

나로 하여금 변하지 않는 앎이 있게 한다면, 큰 길을 걸음에 있어, 억지로 가함을 두려워할 뿐이다.

나에게 변치 않는 앎이 있다면, 그것은 바로 대동의 통치이념을 실천함에 있어서, 결코 천성을 거슬러서 법이나 제도 등으로 억지로 백성을 통제하지 말아야 한다는 것이다.

그리고 여기서 노자는 대도(大道)를 ① 대동사회의 '도'와 ② 큰 길의 중의법으로 표현하고 있음을 알 수 있다.

53-2

大道甚夷, 而民好徑。
대도심이, 이민호경.

큰 길은 대단히 평탄한데, 사람들은 좁은 길을 좋아한다.

대동의 통치이념은 각자 부여받은 천성에 따라 스스로 그러할 수 있도록 자애로운 '덕'으로 포용하는 것이라 평탄하고 평온한데,

오늘날의 지도자들은 끊임없이 법과 제도를 세분화하고 강화시켜서 억지로 백성들을 통제하려고 하니, 이는 대단히 위험한 일이다.

위에서 언급한 것처럼 대도(大道)는 "넓고 큰 길"로도 해석할 수 있는데, 왜 사람들은 탁 트인 큰길을 놔두고 한 치 앞도 내다볼 수 없는 좁은 길을 선택할까? 넓고 큰길은 앞에 있는 위험을 미리 인지할 수 있는 장점이 있지만, 다른 이들에게 내 모습 그대로를 노출시킬 수밖에 없다. 하지만 좁고 구불구불한 길은 비록 앞에 있는 위험을 미리 인지할 수 없는 단점이 있지만, 타인에게서 나의 본 모습을 숨길 수 있기 때문이다. 홀로 있을 때와 다른 이들과 함께 있을 때의 언행이 같다면, 굳이 위험이 곳곳에 도사리고 있는 좁고 구불구불한 길을 선택할 필요가 있겠는가?

이처럼 노자는 [도덕경]의 곳곳에서 자신이 주장하는 도(道)가 대도(大道)=천도(天道)임을 명확하게 밝히고 있으니, 노자에게 있어서 최종 목표는 바로 대동의 사회로 돌아가는 것이 된다.

이제 그동안 앞에서 설명했던 개념들을 바탕으로 하여, [도덕경]의 모든 의미가 응축되어 있는 제1장을 풀어서 읽어보기로 하자.

1-1

道, 可道, 非常道; 名, 可名, 非常名。
도, 가도, 비상도; 명, 가명, 비상명.

도라는 것은, 말할 수 있으면, 영원한 도가 아니고; 이름이라는 것은, 부를 수 있으면, 영원한 이름이 아니다.

[도덕경]이나 공자의 언행을 기록한 [논어] 등 옛 중국 전적들의 공통점 중 하나는 바로 핵심내용이 맨 앞에 오는 연역법으로 서술되고 있고, 이에 각 이러한 서적의 주제는 첫 장 나아가 첫 구절에 응축되어 있다. 따라서 노자는 바로 여기서 우선 ① 상(常)과 도(道)의 관계에 대해서 언급하고 있으니, 중간에 변하면 그것은 노자가 추구하는 대도(大道)=천도(天道)가 될 수 없다는 점이다. 다시 말해서 지도자는 초지일관의 자세로 변치 않고 '도'를 행하는 자세를 견지해야 한다는 것이다. 또한 노자는 ② '도'라는 것이야말로 명확하게 표현할 수 있는 성질의 것이 아니라고 설명하고 있으니, '도'는 바로 '사랑'과도 같이 언어만으로 그 의미를 완벽하게 형용해낼 수 없는 형이상학적 개념의 추상명사인 것이다. 생각해보자. 아무리 "사랑한다!"고 말로만 표현한다면 그것이 사랑이겠는가? 즉 이는 반드시 행동으로 보이는 실천과도 불가분의 관계를 맺는 것이다.
　그런데 노자는 ③ 이러한 '도'와 명(名) 즉, '이름'이 심지어 동등한 개념이라고 설명하고 있다. 그렇다면 노자에게 있어서 '이름'은 과연 어떠한 것을 지칭하는 것일까? 이 문제를 풀어내기 위해서 이제 다음의 구절을 살펴보기로 하자.

32-4

始制有名, 名亦既有, 夫亦將知止, 知止可以不殆。
시제유명, 명역기유, 부역장지지, 지지가이불태.

통제하기 시작하면 이름이 있게 되고, 이름이 이미 있으면, 무릇 장차 멈출 줄 알아야 하니, 멈출 줄 알면 위태롭지 않을 수 있다.

노자는 이 문장을 통해서 유명(有名)의 개념을 명확하게 드러내고 있으니, "통제하기 시작하면 이름 즉 통제의 명분이 있게 된다."고 하였다. 이는 노자에게 있어서 명(名)과 제(制)가 동일한 것이고, 제(制)는 법과 제도를 세분화하여 통제하는 것이 된다. 따라서 노자는 이 문장을 통해서 명확하게 "질박함, 소박함"의 도(道)로 통치한 대동의 사회를 지지하고 있는 것이다. 그러므로 노자는 뒤이어서 "이름(통제의 명분)이 이미 있으면, 무릇 장차 멈출 줄 알아야 하니, 멈출 줄 알면 위태롭지 않을 수 있다."라고 한 것이니, 이제 [도덕경]의 첫 구절인 1-1을 다음과 같이 풀이할 수 있을 것이다. "대동(大同)사회의 통치이념은 말로 형용할 수 있는 것이 아니라, 삼가고 노력하며 몸소 실천하는 모습을 통해서 실현되는 것이다. 따라서 만약 이를 우리가 이해할 수 있는 말로 쉽게 정의할 수 있다면, 그것은 변치 않고 오랫동안 유지할 수 있는 통치이념이 아니다. 대동사회의 나라를 다스리고 유지하는 제도는, 말로 쉽게 설명할 수 있는 것이 아니다. 따라서 만약 이를 오늘날과 같이 보편타당한 개념으로 설명할 수 있다면, 그것은 변치 않고 오랫동안 유지할 수 있는 제도가 아니다."

그렇다면 이 두 구절의 참된 의미는 과연 무엇일까? 앞에서도 언급한 '도'의 특징인 '엉성함'과도 직결되는데, 뒤에서 설명할 '무위자연(無爲自然)' 즉, 억지로 작위하지 않는 '무위'와 천성에 따라 스스로 그러하게 되는 '자연'으로 다스린 대동사회의 통치법을 뜻하니, 대표적인 예로 고조선(古朝鮮)에는 팔조법(八條法)을 들 수 있다.

고조선의 법률제도인 팔조법은 여덟 가지의 금지령으로, 현재는 세 가지만이 전해진다: ① 살인자는 즉시 사형에 처한다. ② 남의 신체를 상해한 자는 곡물로 보상한다. ③ 남의 물건을 도둑질한 자는 소유주의 집에 잡혀 들어가 노예가 됨이 원칙이나, 자속(自贖: 배상)하려는 자는 50만 전을 내놓아야 한다.

　이 팔조법은 위만조선을 거쳐 그 내용이 더욱 복잡해져 60여 조로 늘어났다고 하는데, 이제 한 가지 문제점에 대해서 짚고 넘어가 보자. 고조선을 다스리는 데 필요한 법이 고작 8가지였다는 사실은, 과연 당시 사회가 지금보다 훨씬 단순했음을 의미하는 것일까? 아니면 누구나 공감하고 따를 수 있는 대원칙으로서의 '도'를 행했음을 의미하는 것일까?

1-2

無名, 天地之始; 有名, 萬物之母。
무명, 천지지시; 유명, 만물지모.

무명은 천지의 시작이고; 유명은 만물의 근원이다.

　지도자가 법률과 제도로 억압하지 않고 백성들의 천성에 따라 다스리는 대동사회의 통치이념은 세상이 시작될 때부터 존재했다. 하지만 사람들에게 바라는 바나 구하는 바가 생기게 되자, 오늘날과 같이 지도자가 세분화된 법률과 제도를 만들어 통제하기 시작했으니, 이렇듯 제도로 나라를 통제하는 소강(小康)사회는 세상의 만물을 분화시키는 근원이 되었다.

　그러므로 노자는 52장에서도 다음과 같이 말한다.

52-1

天下有始, 以爲天下母。
천하유시, 이위천하모.

세상에는 시작이 있으니, 그럼으로써 세상의 근본이 된다.

세상이 시작되면서부터, 이미 대동사회의 통치이념은 존재했다.

52-2

旣得其母, 以知其子; 旣知其子, 復守其母, 沒身不殆。
기득기모, 이지기자; 기지기자, 복수기모, 몰신불태.

이미 그 근본을 얻게 되면, 그럼으로써 그 파생된 것을 알게 되고; 이미 그 파생된 것을 알게 되면, 다시 그 근본을 지키게 되니, 평생 위험이 없다.

지도자가 대동의 통치이념을 깨달으면, 이에 만물의 천성을 이해하게 되고, 만물의 천성을 이해하면, 다시 대동의 통치이념을 지키게 되니, 나라를 오랫동안 보존할 수 있고 지도자 역시 그 자리를 오래할 수 있거니와 어떠한 위험도 생기지 않게 되는 것이다.

52-3

塞其兌, 閉其門, 終身不勤。
색기태, 폐기문, 종신불근.

그 통함을 막고, 그 문을 닫으면, 평생 근심하지 않는다.

그 작은 지식의 통로를 막아서 사리사욕을 탐하는 마음을 없애고, 그 문을 닫아서 참된 대동의 통치이념을 이해하고 실천하면, 위험이 없어져 오랫동안 평안한 상태를 유지할 수 있다.

52-4

開其兌, 濟其事, 終身不救。
개기태, 제기사, 종신불구.

그 통함을 열고, 그 일을 이루면, 평생 위험에서 구제되지 못한다.

작은 지식의 통로를 열어서 사리사욕을 탐하는 마음을 생기게 하고, 그로 인해서 천성에 따르지 않고 오히려 제도로 억압하려 들면, 백성들이 등을 돌리게 된다.

따라서 노자는 이 세상의 시작과 더불어서 '성인'들이 펼친 대동사회의 도리를 따라야 한다고 강조한 원칙주의자였음을 알 수 있다. 계속해서 1장의 내용을 살펴보자.

1-3

故常無欲, 以觀其妙; 常有欲, 以觀其徼。
고상무욕, 이관기묘; 상유욕, 이관기요.

그러므로 항상 바라는 바가 없어, 그럼으로써 무명의 오묘함을 살피고; 항상 바라는 바가 있어, 그럼으로써 유명을 구함을 살핀다.

그러므로 대동사회에서는 늘 사리사욕을 탐하지 않고 오로지 백성의 천성에 따르기만 하면 되었으므로, 지도자가 그 통치이념의 오묘함만을 살피면 되었다. 하지만 대동사회가 끝나고 사리사욕을 탐하는 마음이 싹트기 시작하자, 이를 통제하기 위해서 소강사회에서는 인위적으로 세분화된 제도를 만들게 되었다.

1-4

此兩者同出而異名, 同謂之玄, 玄之又玄, 衆妙之門。
차양자동출이이명, 동위지현, 현지우현, 중묘지문.

이 두 가지는 같은 곳에서 나오지만 외형이 다른데, 다 같이 그것을 일컬어 심오하다고 하니, 심오하고도 또 심오하여, 수많은 오묘함의 문이 된다.

'천성에 따르는 대동사회의 통치이념'과 '지도자가 세분화된 법률과 예악제도를 인위적으로 만들어 나라를 통제하지 않는 것' 이 두 가지는 같은 의미지만 표현이 다를 뿐이다. 따라서 이 둘을 모두 같이 일컬어서 심오하다고 하니, 심오하고도 또 심오하여, 나라를 오랫동안 평안하게 유지하는 수많은 오묘함을 이해할 수 있는 비결이 되는 것이다.

  주지하다시피 글쓰기는 그 특징에 따라 크게 연역(演繹)과 귀납(歸納), 두 가지로 나눌 수 있다. 연역법은 먼저 잠정적인 결론을 앞에 제시하고 그 다음부터 그것이 사실임을 입증할 증거를 찾아서 밝히는 방법인 반면, 귀납법은 여러 가지 사실을 논리적으로 열거하여 제시하고, 마지막에 이를 통해서 결론을 도출해내는 방법이다. 그런데 선진(先秦)시대 즉, 진나라가 전국을 통일하기 이전 시대의 글쓰기는 대부분이 바로 연역법에 의거하고 있으니, 노자나 공자 등의 사상을 정리한 서적들은 이처럼 1장 나아가 첫 구절에 모든 사상의 핵심내용이 응축되어 있는 것이다.

4. 무명(無名): 도(道)의 다른 이름

앞에서 살펴봤듯이 명(名)이란 다름 아닌 통제의 명분(名分)을 뜻한다. 즉 노자에게 있어서 '이름'이란 무언가를 외형적으로 고정시키는 명분이 된다. 좀 더 구체적으로 말하자면 법률과 제도를 정형화·세분화하는 명분작업을 통하여 통제하는 것이라고 할 수 있다.

노자는 '도'라는 것이 무명(無名)과 외형만 다를 뿐, 사실 같은 개념이라고 말한다. 다시 말해서, 노자는 자신이 일관되게 주장하는 '도' 즉, '참된 지도자의 통치이념'이라는 것이 삼가고도 변치 않는 자세로 노력하여 몸소 실천하는 내적인 모습을 통해서 구현되는 것이기 때문에, 외적인 모습을 묘사하는 것이 불가능하다고 표현했던 것이다. 그럼에도 노자는 다음과 같이 [도덕경]에서 동원할 수 있는 모든 언어수단을 통하여 '도'의 개념을 이해시키려고 노력하고 있음을 알 수 있다. 그리고 이러한 노력이 바로 수사(修辭) 그 자체가 되므로, [도덕경] 내용은 수사학(修辭學)과 직결된다.

14-1

視之不見名曰夷, 聽之不聞名曰希, 搏之不得名曰微.
시지불견명왈이, 청지불문명왈희, 박지부득명왈미.

그것을 보아도 볼 수 없으니 "이(평탄함)"라고 이름하고, 그것을 들어도 들을 수 없으니 "희(성김)"라고 이름하며, 그것을 잡아도 가질 수 없으니 "미(정묘함)"라고 이름한다.

끝없이 평탄함이란 하늘이나 망망대해와도 같음을 말하는 것이니, '도'는 우뚝 튀어나오거나 움푹 들어간 곳이 없다. 또한 인간의 청력은 20,000헤르츠(HZ)까지라고 알려져 있으니, '도'라는 것은 우리가 인지할 수 있는 범위를 넘어선다. 아울러 잡을 수 없다고도 하였으니, 결국 노자가 말하고자 하는 참된 지도자의 통치이념이란 한마디로 형이상학적 개념이라고 정리할 수 있는 것이다.

그러므로 노자는 말한다. 참된 지도자의 통치이념 즉, '도'라는 것은 보아도 볼 수 없는데, 그 이유는 높고 낮음이 조화로워져서 한없이 평탄하기 때문이다. 또한 들어도 들을 수 없으니 아득하다고 하며, 손으로 잡으려 해도 가질 수 없으니 때가 묻지 않아 맑고 깨끗하며 순박하다고 한다고.

14-2

此三者不可致詰, 故混而爲一。
차삼자불가치힐, 고혼이위일.

이 세 가지는 따질 수 없으니, 그러므로 뒤섞여 하나가 된다.

대동사회 통치이념의 세 가지 특징인 조화로움과 아득함 그리고 때가 묻지 않은 순박함은, 보아도 볼 수 없고 들어도 들을 수 없으며 잡아도 가질 수 없기에 모호하고 명확하지 않으며, 또 말로 형용할 수도 없어서 사실상 구분할 수가 없기 때문에, 서로 뒤섞여서 하나의 순수한 '덕'이 되는 것이다.

이처럼 '도'는 시각과 청각 그리고 촉각으로는 그 존재를 인지할 수 없는 것이므로, 노자는 여기서도 '도'라는 것이 형이상학적 추상 명사임을 밝히고 있다.

14-3

其上不皦, 其下不昧, 繩繩不可名, 復歸於無物。
기상불교, 기하불매, 승승불가명, 복귀어무물.

그 위는 밝지 않고, 그 아래는 어둡지 않으며, 면면이 이어져 이름 지을 수 없으니, 외형이 없는 상태로 다시 돌아간다.

14-1에서도 언급했듯이, 위 또는 아래의 개념이 없이 완벽하게 조화로운 평등 그 자체가 '도'의 주된 특징이다. 따라서 대동사회의 통치이념인 '도'는 '음'과 '양' '유'와 '무' '밝음'과 '어두움' 등의 상반된 개념들이 한데 어우러져 조화롭게 이루어진 총체이다. 따라서 그 위가 더 밝지 않고, 그 밑이 더 어둡지 않으며, 끊임없이 변치 않고 이어 내려와, 어떠한 제도나 보편타당한 명분화된 개념으로 표현할 수 없다. 따라서 우리가 알고 있거나 단정 지을 수 있는 어떤 형태로도 묘사할 수가 없는 것이다.

14-4

是謂無狀之狀, 無物之象, 是謂惚恍.
시위무상지상, 무물지상, 시위홀황.

이를 일컬어 형태가 없는 상황이라 하고, 외형이 없는 형태이니, 이를 일컬어 희미하고 어렴풋하다고 한다.

대동사회의 통치이념은 이처럼 삼가고 노력하며 몸소 실천하는 내적인 모습을 통해서 실현되는 것이다. 따라서 외적인 모습을 묘사할 수가 없고, 이처럼 어떠한 방법으로도 묘사할 수 없기 때문에, 희미하고도 모호하다고 표현하는 것이다.

14-5

迎之不見其首, 隨之不見其後.
영지불견기수, 수지불견기후.

그것을 맞이해도 그 앞부분이 보이지 않고, 그것을 뒤따라도 그 뒷부분이 보이지 않는다.

이처럼 대동사회의 통치이념이라는 것은 어떠한 방법으로도 외적인 모습을 묘사할 수 없어서 희미하고도 모호하기 때문에, 앞에서 보아도 앞모습을 볼 수 없고, 뒤에서 따라가도 뒷모습을 볼 수가 없다.

14장에 이어서 15장에서도 노자는 '도'라는 것이 외적인 모습을 묘사하는 것이 불가능하다고 말하고 있다. 그럼에도 노자는 역시 14장에서와 마찬가지로 동원할 수 있는 모든 언어수단을 통해서 '도'의 개념을 이해시키려고 노력하고 있는데, 특히 그 중요한 특징으로서 '신중함과 정중함, 화해, 순박함, 자애로움 그리고 모호함' 등을 부각하고 있다.

그런데 노자의 이러한 모습은 심지어 자가당착에 빠진 듯한 인상마저 주고 있다. 어찌 보면 억지로 하지 않는 무위자연에 위배되기 때문이다. 하지만 노자와 같이 이러한 형이상학적 추상명사 개념을 설명하려는 노력이 없다면, 우리는 지금까지도 '도'가 무엇이었는지 알 수 없었을지도 모르는 일이다.

예를 들어 '사랑'이라는 개념에 대해서, 필자는 "자기가 잘되고 행복하기를 바라는 마음을 오롯이 타인에게 전하는 것."이라고 말하고 싶다. 물론 이러한 필자의 사랑에 대한 정의가 사랑을 온전히 표현한 것은 아닐 것이다. 그럼에도 이렇게나마 억지로 표현함으로써 타인에게 사랑이 무엇인지를 이해시킬 수 있는 초보적인 정보나마 제공하는 것이고, 후에 누군가는 여기에 더 살을 붙여서 더욱 온전하게 표현해나갈 수 있으니, 노자의 이러한 노력이 결코 헛된 것은 아니리라.

15-1

古之善爲士者, 微妙玄通, 深不可識。
고지선위사자, 미묘현통, 심불가식.

옛날의 뛰어난 선비는 현묘하고 깊이 통달하였으니, 심오하여 이해할 수 없었다.

상고시대의 태평성대 특히 대동사회를 이끈 '성인'들의 이치는 헤아릴 수 없이 미묘하고 또 세상일을 훤히 알았는데, 그 경지가 너무나도 심오하여 일반인들은 도저히 이해할 수 없었다.

여기서 잠시 종법(宗法)제도에 대해서 짚고 넘어가기로 하자. '종법제도'는 혈연적 유대 관계를 이용하여 종족 관계를 발전시킨 것으로, 주공(周公) 때 최종적으로 확립되고 시행되었다. 이는 적장자(嫡長子)인 본처의 장남 계승제도라고도 할 수 있는데, 즉 천자(天子)의 적장자는 다시 천자가 되고 그 나머지 아들들은 제후(諸侯)가 되는 것이다. 이 제후는 공(公) 또는 왕(王)이 되어 분봉된 나라를 통치하게 되는데, 역시 그의 적장자는 아버지의 자리를 계승하고 그 나머지 아들들은 경(卿)이 된다. 이러한 경의 적장자는 다시 경이 되고, 그 나머지 아들들은 대부(大夫)가 된다. 대부의 적장자는 대부가 되고, 그 나머지는 선비(士)가 된다. 그리고 선비의 적장자는 선비가 되고, 그 나머지는 민(民: 일반백성)이 되는 것이다.

그렇다면 노자는 왜 여기서 굳이 '선비 사(士)'를 언급했을까? 그 이유는 '선비'가 벼슬길에 나아가 정치에 참여할 수 있는 계급상의 최소한의 요구치가 되기 때문이다. 다시 말해서 노자는 여기서 당시의 '종법제도'를 벗어나지 못한 신분적 한계점을 드러내고 있는 것이다. 하지만 사실 이러한 한계는 공자 역시 벗어나지 못했으므로, 이는 노자나 공자 일개인의 문제가 아니라 시대상의 한계라고 봐야 타당하다.

15-2

夫唯不可識, 故強爲之容。
부유불가식, 고강위지용.

무릇 이해할 수 없으니, 그러므로 억지로 그 형태를 만들었다.

대동사회를 이끈 '성인'들의 경지는 너무나도 심오하여 일반인들이 도저히 이해할 수 없다. 따라서 억지로 오늘날의 보편타당한 개념과 표현을 빌려서, 그 구체적인 모습을 묘사하여 이해를 돕고자 한다.

15-9

混兮其若濁。
혼혜기약탁.

혼탁하니 그것은 마치 흐린 듯하다.

그 모습이 선명하지 않으니, 대동사회의 통치이념이라는 마치 흐려서 잘 보이지 않는 것처럼 모호하다.

15-10

孰能濁以靜之徐淸, 孰能安以久動之徐生?
숙능탁이정지서청, 숙능안이구동지서생?

누가 흐림에서 그것을 고요하게 하여 서서히 맑게 할 수 있으며, 누가 평안함에서 그것을 장구히 꿈틀거리게 하여 서서히 회생시킬 수 있겠는가?

그러므로 과연 누가 이 모호한 대동의 통치이념을 고요하고도 평화롭게 하여, 그 존재를 선명하게 인식시킬 수 있을 것인가? 또 과연 누가 이 잠자고 있는 대동의 통치이념을 오랜 시간동안 변치 않고 부단히 실천함으로써, 서서히 대동사회로 복귀하게 할 수 있겠는가?

15-11

保此道者不欲盈, 夫唯不盈, 故能蔽不新成。
보차도자불욕영, 부유불영, 고능폐불신성.

이러한 도리를 견지하는 자는 가득 채우려 하지 않고, 무릇 가득 채우지 않으므로, 그러므로 능히 포괄하여 새로이 만들지 않는다.

만족하지 못하거나 부족함을 느끼면 자꾸 새로운 것을 추구하고 만들어 채우게 되지만, 비움으로써 능히 모든 것을 포용한다면 굳이 새로운 것을 찾아 만들 필요가 있겠는가? 상고의 태평성대에는 천명(天命)=천성(天性) 즉, 자연의 순리에 따랐기 때문에, 사람들의 마음에 사적인 욕망이 생기지 않았던 것이다. 따라서 대동사회의 통치이념을 이해하고 실천하는 '성인'은 자꾸 새로운 제도를 만들어 백성을 통제하려 들지 않는다. 이처럼 굳이 새로운 제도를 만들어 통제하려 들지 않게 되므로, 긍정과 부정, 좋음과 나쁨을 모두 포용하고 화해시켜 함께 가려 하지, 부정과 나쁨을 버리고 긍정과 좋음만을 선별하는 제도를 자꾸 만들어 백성을 통제하려 하지 않는다.

노자는 21장에서도 '도'라는 것이 외적인 모습을 묘사하는 것이 불가능하다고 말하고 있다. 그럼에도, 14장과 15장에서와 마찬가지로 동원할 수 있는 모든 언어수단을 통해서 '도'를 이해시키려고 노력하고 있다.

21-2

道之爲物, 惟恍惟惚.
도지위물, 유황유홀.

도의 실제내용은 모호하고도 명확하지 않다.

대동사회 통치이념의 실체는 흐릿하여 분명하지 않다.

21-3

惚兮恍兮, 其中有象。
홀혜황혜, 기중유상.

모호하고도 명확하지 않으나, 그중에 형태가 있다.

대동사회의 통치이념이라는 것은 흐릿하여 분명하지 않지만, 그럼에도 불구하고 어떠한 모양이 존재한다.

21-4

恍兮惚兮, 其中有物。
황혜홀혜, 기중유물.

모호하고도 명확하지 않으나, 그 중에 실제내용이 있다.

대동사회의 통치이념이라는 것은 흐릿하여 분명하지 않지만, 그럼에도 어떠한 실체가 존재한다.

21-5

窈兮冥兮, 其中有精。
요혜명혜, 기중유정.

심원하고도 심오하나, 그 중에 정교함이 있다.

대동사회의 통치이념이라는 것은 그윽하고도 아득하지만, 그럼에도 어떠한 핵심이 존재한다.

21-6

其精甚眞, 其中有信。
기정심진, 기중유신.

그 정교함이란 대단히 진실되어, 그중에 믿음이 있다.

그러한 대동사회 통치이념의 핵심은 매우 진실되어서, 신뢰가 반드시 내포되어 있다.

21-7

自古及今, 其名不去, 以閱衆甫。
자고급금, 기명불거, 이열중포.

옛날부터 지금까지, 그 이름은 사라지지 않으니, 그럼으로써 "중포"를 관찰한다.

자고로 대동사회 통치이념은 끊임없이 내려왔기 때문에, 이를 통해서 세상의 모든 것들을 살펴볼 수 있다.

21-8

吾何以知衆甫之狀哉?以此。
오하이지중포지상재? 이차.

내가 어찌 만물의 상황을 알겠는가? 이 때문이다.

나 역시 일개 사람일진데, 어떻게 이렇듯 심오한 대동사회의 통치이념을 깨달을 수 있었겠는가? 바로 상고시대로부터 내려오는 덕치의 실례들을 보고, 그 안에서 공통점을 이해했기 때문이다.

여기서 노자는 자신의 가치관이 자기에게서 비롯된 것이 아니라 예로부터 내려오는 것이라고 분명하게 밝히고 있다. 이처럼 노자는 사실상 전통사상을 계승하고 알리고자 한 인물이지, 이전에 없던 사상을 만든 창시자는 아니었던 것이다. 그리고 이러한 자기 스스로의 관점이 아닌 것에 대해서는 분명하게 밝힌 자세와 전통사상을 계승하여 알리고자 노력한 모습은 공자에게서도 오롯이 찾아볼 수 있다.

이어서 노자는 25장에서도 말로 묘사하거나 표현하기 어려운 '도'를 이해시키고자 노력하고 있다.

25-1

有物混成, 先天地生。
유물혼성, 선천지생.

혼연일체인 사물이 있으니, 천지가 형성되기보다 앞선다.

어느 누구 하나 버리지 않고 함께함으로써 조화를 이루는 대동 사회의 통치이념은, 세상이 만들어지기 이전부터 이미 존재해왔다.

중국인들은 복희씨(伏羲氏)와 여와씨(女媧氏)가 인류를 창조한 이래 삼황오제(三皇五帝)가 세상을 다스렸던 시대를 대동(大同)의 사회라고 여겼고, 이 삼황오제가 바로 성인(聖人) 즉, 그 누구에게도 '도'를 배운 적이 없지만 스스로 깨달아서 세상을 다스리는 도리로 삼은 인물들이다. 그러니 중국인들에게 있어서 '도'라는 것은, 당연히 세상이 시작되기 전부터 존재했던 것이 된다. 따라서 노자는 이 구절을 통해서, 어느 누구 하나 버리지 않고 함께 함으로써 조화를 이루는 '도'는 세상이 만들어지기 이전부터 이미 존재해왔다고 피력한 것이다.

25-2

寂兮寥兮, 獨立不改, 周行而不殆, 可以爲天下母。
적혜료혜, 독립불개, 주행이불태, 가이위천하모.

소리도 없고 공허하나, 독립되어 존재하여 변하지 않고, 주행하여 위태롭지 않으니, 세상의 근본이 될 수 있다.

희미한 소리조차도 들을 수 없으니 텅 비어 있는 듯하지만, 다른 것들과 분리되어 독자적으로 변치 않고 존재해왔고, 만물에 두루 미쳐 행해져서 위험하지 않으므로, 세상의 근본이 될 수 있는 것이다.

노자는 특정한 모양으로 설명할 수 없는 '도'의 특징을, 또 다음과 같이 설명하기도 한다.

35-2

樂與餌, 過客止。
악여이, 과객지.

음악과 음식은, 과객을 멈추게 한다.

    화려한 음악과 풍성한 음식의 자극적인 것들은 지도자가 백성들의 천성 즉, 원하는 바를 이해하고 따르지 못하게 한다.
    과객(過客) 즉, 지나가는 나그네의 천성은 지나가는 것인데, 그가 멈추는 것은 천성에 위배되는 것이니 결국 무위자연에도 위배된다. 그러므로 우리는 왜 '도'가 무미(無味)하고도 담백(淡白)하다는 것인지 이해할 수 있으니, 화려한 음악과 풍성한 음식의 자극적인 것들은 지도자가 백성들의 천성 즉 원하는 바를 이해하고 따르지 못하게 하는 것이다.

35-3

道之出口, 淡乎其無味。
도지출구, 담호기무미.

도의 입에서 나옴은, 담백하여 그 맛이 없다.

대동사회의 통치이념인 '도'를 설명하자면, 화려한 음악이나 풍성한 음식과는 달리 자극적이지 않고 수수할 따름이다.

35-4

視之不足見, 聽之不足聞, 用之不足既。
시지부족견, 청지부족문, 용지부족기.

그것을 보아도 충분히 볼 수 없고, 그것을 들어도 충분히 들을 수 없으며, 그것을 사용해도 충분히 다 쓸 수 없다.

대동의 통치이념이라는 것은 보아도 보이지 않고, 들어도 들리지 않으며, 아무리 세상에 베풀어도 끊임없이 생성되어 다 쓸 수가 없다.

41-1

上士聞道, 勤而行之。
상사문도, 근이행지.

수준이 높은 선비가 도를 들으면, 부지런히 그것을 행한다.

'성인'은 대동의 통치이념을 접하게 되면, 삼가여 실천하려고 노력한다.

여기서도 노자의 시대적 한계를 벗어나지 못한 모습을 단편적으로나마 엿볼 수 있는데, 다만 예로부터 이토록 선비계급을 중시한 이유는 바로 그 글자의 탄생연원에서 찾아볼 수 있다. 선비 사(士)는 '열 십(十)'과 '한 일(一)'이 합쳐져서 만들어진 회의(會意)문자인데, '열'은 오늘날과 달리 '아홉' 다음의 숫자가 아닌 '많음'을 나타낸다. 다시 말해서 '十'은 '다섯 오(五)'에서 만들어졌는데, '五'는 본래 위의 '一' 즉 '하늘'과 밑의 '一' 즉 '땅' 사이의 'X' 즉 '존재하는 것'이라는 의미에서 역시 '넷' 다음의 숫자가 아닌 '많음'을 나타냈다. 그리고 '다섯'의 두 배가 되는 '열'은 바로 '五'의 위와 아래에 있는 '一'을 없앤 것이므로, 당시에는 그만큼 훨씬 많다는 의미를 지녔던 것이다.

'한 일(一)'에 대해서는 뒤의 덕(德)을 설명하는 부분에서 보다 구체적으로 설명하겠지만, 여기서 간략하게나마 언급한다면 바로 "하나로 합치다, 통일하다."는 뜻이 된다. 즉 '선비'는 여러 개로 나뉘어 있는 생각들인 '열 십(十)'을 '한 일(一)' 즉, '하나'로 집중함으로써 오직 백성과 나라의 안위만을 생각하는 인물들로, 이들이야말로 조정에 나아가 나랏일을 맡을 수 있는 최소한의 신분이 된다.

41-2

中士聞道, 若存若亡。
중사문도, 약존약망.

수준이 중간인 선비가 도를 들으면, 있는 듯 없는 듯하다.

평범한 관리는 대동의 통치이념을 접하게 되면, 반신반의하게 된다.

41-3

下士聞道, 大笑。
하사문도, 대소.

수준이 낮은 선비가 도를 들으면, 크게 비웃는다.

수준이 낮은 관리는 대동의 통치이념을 접하게 되면, 도저히 이해할 수 없어서 비웃는다.

41-4

不笑, 不足以爲道。
불소, 부족이위도.

비웃지 않으면, 도라고 하기에 부족하다.

비웃지 않으면 오히려 대동의 통치이념이라고 하기에 부족한 것이니, 이처럼 대동의 통치이념은 아무나 이해하고 실천할 수 있는 것이 아니다.

41-5

故建言有之; 明道若昧, 進道若退, 夷道若纇。
고건언유지; 명도약매, 진도약퇴, 이도약뢰.

그러므로 그것이 있음을 건의하노니; 밝은 도는 마치 어두운 듯하고, 나아가는 도는 마치 물러서는 것과 같으며, 평탄한 도는 마치 결점이 있는 듯하다.

따라서 다음과 같이 의견을 제시한다. 밝은 대동의 통치이념은 언뜻 보기에 어두운 듯하고, 앞으로 나아가는 대동의 통치이념은 언뜻 보기에 뒤로 물러서는 듯하며, 위와 아래 음과 양이 조화를 이루는 대동의 통치이념은 언뜻 보기에 부족해 보이는 듯하다.

41-9

大方無隅, 大器晚成, 大音希聲, 大象無形, 道隱無名。
대방무우, 대기만성, 대음희성, 대상무형, 도은무명.

대단히 큰 사각형은 모퉁이가 없고, 대단히 큰 기구는 이루어짐이 없으며, 대단히 큰 소리는 잘 들리지 않고, 대단히 큰 형상은 형체가 없으며, 도는 분명하지 않아 이름이 없다.

너무나도 큰 사각형은 그 모퉁이를 볼 수 없고, 너무나도 큰 기구는 만들 수 없으며, 너무나도 큰 소리는 들을 수 없고, 너무나도 큰 형상은 형체가 없으며, 대동의 통치이념은 너무나도 큰 것이어서 뭐라고 이름 지을 수 없는 것이다.

따라서 노자는 여기서도 '도'는 고정된 형태가 없는 '무형'의, 우리가 인지하는 개념으로 정의하거나 빗대어 설명할 수 없는 존재라고 밝히고 있으니, 이것이 바로 '도'가 이름을 지을 수 없는 '무명'이 되는 이유이다.

더불어서 참고적으로 설명하자면, 우리들에게 잘 알려진 대기만성(大器晚成)은 본디 "진정 큰 그릇이란 완성됨이 없다."로 풀이되어야 하니, '늦을 만(晚)'은 사실상 '면할 면(免)'과 동일한 글자가 된다.

5. 무위자연(無爲自然):
통제하지 않고 천성을 누리도록 하는 것

25-6

人法地, 地法天, 天法道, 道法自然。
인법지, 지법천, 천법도, 도법자연.

사람은 땅을 본받고, 땅은 하늘을 본받으며, 하늘은 도를 본받고, 도는 스스로 그러함을 본받는다.

이처럼 네 가지 큰 존재 중에서, '도'를 지닌 사람이 '도'가 존재하는 땅을 본받고, 그 땅은 '도'가 존재하는 하늘을 본받으며, 그 하늘은 스스로 그러하는 즉 천성에 따르는 자연을 본받게 된다.

따라서 노자에게 있어 최상의 가치관은 바로 자연(自然)이다. 그런데 주의해야 할 것은 여기서 말하는 '자연'이 우리가 알고 있는 자연이 아니라는 점이다. 그렇다면 노자에게 있어 '도'보다 더 높은 '자연'은 과연 어떠한 의미를 지니는 것일까?

노자는 [도덕경] 5장에서 다음과 같이 말한다.

5-1

天地不仁, 以萬物爲芻狗; 聖人不仁, 以百姓爲芻狗。
천지불인, 이만물위추구; 성인불인, 이백성위추구.

천지는 어질지 않아서, 만물을 추구로 여기고; 성인은 어질지 않아서, 백성을 추구로 여긴다.

천지는 남들보다 앞서서 덕을 쌓기 때문에, 만물에 집착하지 않고 그들이 자연스레 생겨나고 사라지도록 그 천성을 따랐다. 대동사회의 지도자들은 남들보다 앞서서 덕을 쌓았기 때문에, 백성들에 집착하지 않고 그들이 자연스레 생겨나고 사라지도록 그 천성을 따랐다.

　추구(芻狗)는 제사(祭祀)에 쓰기 위해 짚으로 만든 개인데, 소용이 있을 때에는 사용되다가 소용이 없어지면 버려지는 물건 또는 천한 물건에 비유된다. 따라서 이 문장은 "천지는 남들보다 앞서서 덕을 쌓기 때문에, 만물에 집착하지 않고 그들이 자연스레 생겨나고 사라지도록 그 천성을 따랐다. 대동사회의 지도자들은 남들보다 앞서서 덕을 쌓았기 때문에, 백성들에 집착하지 않고 그들이 자연스레 생겨나고 사라지도록 그 천성을 따랐다."는 의미가 되는 것이니, 억지로 작위하지 않음을 말하는 것이다. 이와 관련하여 또 다음의 구절들을 살펴보기로 하자.

10-4

愛民治國, 能無知乎?
애민치국, 능무지호?

백성을 사랑하고 나라를 다스림에 있어, 앎이 없을 수 있겠는가?

　백성을 사랑하고 또 그러한 마음으로 나라를 다스림에 있어서, 지도자가 소강사회처럼 법률과 제도를 강화하지 않고, 또 다른 마음을 품지 않고 순수한 마음으로 일관할 수 있겠는가?

10-6

明白四達, 能無爲乎?
명백사달, 능무위호?

세상을 이해함에 있어, 작위함이 없을 수 있겠는가?

상이 원하는 바를 명확하게 깨달아서, 엄격한 형벌이나 법률 등의 제도로 다스리지 않고 그 천성에 따르는 무위의 정치를 실현해 낼 수 있겠는가?

이처럼 **무위(無爲)는 아무것도 하지 않는 것이 아니라, 작위(作爲) 즉 인위적인 것에 상대되는 개념**이다. 따라서 노자는 24장에서 다음과 같이 말한다.

24-1

企者不立, 跨者不行。
기자불립, 과자불행.

까치발을 한 자는 똑바로 설 수 없고, 보폭을 크게 하여 걷는 자는 오래 걸을 수 없다.

까치발을 하고 서있으면 결국 자연스럽게 서있는 상태가 아니기 때문에 오래 서 있을 수 없고, 자신의 타고난 보폭보다 더 크게 하여 걷는 사람은 결국 자연스럽게 걷는 상태가 아니기 때문에 오래 걸을 수 없다.

바로 여기서 자연(自然)의 의미가 드러나니, '스스로 자(自)'와 '그러할 연(然)'이 합쳐져 스스로 그러함 즉, 천성(天性)에 따른다는 뜻이 되는 것이다. 까치발을 하고 서있으면 결국 자연스럽게 서 있는 상태가 아니기 때문에 오래 서 있을 수 없고, 자신의 타고난 보폭보다 더 크게 하여 걷는 사람은 결국 자연스럽게 걷는 상태가 아니기 때문에 오래 걸을 수 없다.

> 子厲王胡立, 無道暴虐侈傲, 得衛巫, 使監國人之謗者, 以告則殺之, 道路以目。 王喜曰, 吾能弭謗矣。 或曰: 是障也, 防民之口, 甚於防川, 水壅而潰, 傷人必多。 王弗聽, 於是國人相與畔, 王出奔彘。
> 아들인 려왕 호가 즉위하였으니, 무도하고 잔악하며 사치스럽고도 거만하였는데, 위나라의 무당을 불러, 백성들 중에 비방하는 자를 감시하게 하고, 보고하면 곧 죽였으니, (백성들이) 길에서 눈짓으로만 전달했다. 왕이 기뻐하여 말했다: 나는 능히 비방을 그치게 할 수 있다. 어떤 사람이 말했다: 이는 막는 것으로, 백성의 입을 막는 것은, 냇물을 막는 것보다 심하니, 물이 막히면 무너져, 많은 이들이 필히 다치게 됩니다. 왕이 듣지 않자, 나라 사람들이 서로 더불어 배반하니, 왕이 체 땅으로 달아났다. [十八史略(십팔사략)]
> 〈周王朝篇(주왕조편)〉

이처럼 '여왕'이 '천성'을 따르지 않자, 나라 사람들이 서로 더불어 배반하였고, 결국 '여왕'은 '체' 땅으로 달아나게 되었던 것이다.

'천성'과 관련하여, 노자는 또 다음과 같이 말하고 있다.

27-1

善行無轍跡, 善言無瑕讁.
선행무철적, 선언무하적.

길을 잘 다니면 수레바퀴로 남는 흔적이 없고, 말을 잘 하면 흠으로 책망 당함이 없다.

이 말은 대동사회를 이끈 '성인'들은 나라를 다스림에 있어 항상 신중에 신중을 기했기 때문에 어떠한 실수나 오류도 범하지 않았고, 또한 말과 명령을 함부로 내리지 않았기 때문에 백성들의 원성을 사지 않았다는 뜻이니, [左傳(좌전)] 〈昭公(소공) 12년〉에는 다음과 같은 내용의 기록이 남아 있다. 주나라 천자인 목왕(穆王)은 천자의 자리에 오르자마자, "천하를 두루 다녀 모든 땅에 자신의 수레바퀴 자취를 남기고자 한다."라고 말했다. 그러자 제공(祭公) 모보(謀父)가 〈기초(祈招)〉라는 시를 지어 목왕의 뜻을 막았다. "임금의 덕이 울려 퍼지기를 기원하노니, 우리 임금께서 왕도를 생각하시어, 안일함에 빠지지 말고 백성을 잘 보살피기를 바랍니다."

목왕이 천자의 자리에 오르자 전국을 주유하여 제후국들을 방문하고자 했으나, 그렇게 되면 제후국들은 만사를 제쳐놓고 천자를 맞이할 준비를 하느라 정작 국사에 전념치 못하게 되고, 백성 역시 천자를 맞이할 행사준비에 동원되느라 농사일에 전념치 못하게 되는 것이니, 이는 차라리 방문을 하지 않느니만 못한 것이 아니겠는가?

> **27-2**
>
> 善數不用籌策, 善閉無關楗而不可開, 善結無繩約而不可解.
> 선수불용주책, 선폐무관건이불가개, 선결무승약이불가해.
>
> 계산을 잘하는 이는 산가지를 쓰지 않고, 문을 잘 닫는 이는 빗장이 없어도 열 수 없도록 하며, 매듭을 잘 짓는 이는 밧줄이 없어도 풀 수 없도록 한다.

　대동사회를 이끈 '성인'들은 신중하게 덕치로 나라를 다스렸기 때문에 백성을 억압하는 제도들을 새로이 만들지 않았고, 재물을 탐하지 않고 베풀었기 때문에 백성들 역시 사리사욕이 없어져 다른 이들의 것을 탐하지 않았으며, 어느 누구 하나 버리지 않고 함께 하려 했기 때문에 백성이 조화로이 단결하게 되었다.

　산가지는 나뭇가지로 만든 큰 수를 세기 위한 도구이고, 빗장은 문을 잠그는 도구이며, 밧줄은 묶어서 도망가지 못하게 하는 도구이니, 모두 억지로 작위하는 것이 된다. 따라서 노자는 말한다. 대동사회를 이끈 '성인'들은 신중하게 덕치로 나라를 다스렸기 때문에 백성을 억압하는 제도들을 새로이 만들지 않았고, 재물을 탐하지 않고 베풀었기 때문에 백성 역시 사리사욕이 없어져 굳이 남의 집 문을 열고자 하지 않았으며, 어느 누구 하나 버리지 않고 조화롭게 단결했기 때문에 백성을 잡아두지 않아도 굳이 다른 곳으로 가려 하지 않았다고. 즉 억지로 작위하지 않는 것이 바로 무위(無爲)이므로, 결국 '무위'와 스스로 그러한 천성을 따르도록 하는 '자연'은 사실상 같

은 의미를 지니게 되는 것이다. 따라서 노자는 이제 다음과 같이 자신의 의견을 구체적으로 피력하고 있다.

29-1

將欲取天下而爲之, 吾見其不得已。
장욕취천하이위지, 오견기부득이.

장차 세상을 다스리고자 하면서 작위하는 바가 있으면, 나는 그가 얻을 수 없다고 본다.

장차 나라의 지도자가 되고자 하는 이가 백성이 바라는 바를 따르지 않고, 법률과 제도를 강화하여 억지로 통제하려 들면, 나는 그가 뜻대로 될 수 없다고 본다.

29-2

天下神器, 不可爲也。
천하신기, 불가위야.

세상의 오묘한 도구는, 작위 할 수 없다.

세상의 만물은 각자 하늘로부터 부여받은 천성이 있기 때문에, 그 천성에 거슬러 억지로 작위할 수 없는 것이다.

29-3

為者敗之, 執者失之。
위자패지, 집자실지.

작위하면 실패하고, 집착하면 잃는다.

주어진 천성을 따르지 않아 억지로 작위하려 들면, 결국 만물을 잘 운영하지 못하게 되어 지도자의 자리를 지키지 못하게 된다. 또한 재물이나 권력에 집착하게 되면, 결국 모든 것을 잃게 되는 것이다. 그리고 이 구절은 64-3에서도 똑같이 보이고 있다.

64-3

為者敗之, 執者失之。
위자패지, 집자실지.

작위하는 이는 그것을 망치고, 집착하는 이는 그것을 잃는다.

천성을 어기고 억지로 통제하는 지도자는 결국 일을 그르치고, 사리사욕을 탐하는 지도자는 결국 모든 것을 잃게 된다.

64-4

是以聖人無爲, 故無敗; 無執, 故無失。
시이성인무위, 고무패; 무집, 고무실.

이 때문에 성인은 작위하지 않아, 그러므로 실패함이 없고; 집착하지 않아서, 그러므로 잃지 않는다.

따라서 대동사회를 이끈 '성인'들은 백성들이 천성에 따라서 스스로 그러하게 했으므로 나라를 오랫동안 평안하게 할 수 있었고, 사리사욕을 탐하지 않아서 자신의 자리를 보존할 수 있었던 것이다.

32-4

始制有名, 名亦既有, 夫亦將知止, 知止可以不殆。
시제유명, 명역기유, 부역장지지, 지지가이불태

통제하기 시작하면 이름이 있게 되고, 이름이 이미 있으면, 무릇 장차 멈출 줄 알아야 하니, 멈출 줄 알면 위태롭지 않을 수 있다.

백성의 천성을 따르지 않고 억지로 통제하려 하니 제도들이 생기게 되고, 자꾸 제도들을 만들어 통제하면 백성의 원성이 높아진다. 따라서 세분화된 제도들을 만들어 통제하지 말아야 하는데, 이처럼 세분화된 제도를 만들어 백성을 통제하지 않고 그들의 천성에 따라 다스리게 되면, 백성이 지도자를 따르게 되어서 나라를 오랫동안 평안하게 유지할 수 있다.

37-1

道常無爲而無不爲, 侯王若能守之, 萬物將自化。
도상무위이무불위, 후왕약능수지, 만물장자화.

도는 항상 행하는 바가 없으나 행하지 않는 바도 없으니, 천자와 제왕이 만약 이를 지킬 수 있다면, 만물이 장차 스스로 변화할 것이다.

대동의 통치이념은 백성들이 원하는 바대로 따르는 것이기 때문에, 억지로 그 천성을 거스르지 않는 '무위'로 다스리는 것이다. 따라서 언뜻 보았을 때 특별히 하는 것이 없어 보이지만, 사실 그 천성을 이해하고 삼가여 겸손하게 노력하는 것이니 최선을 다 하는 것이다. 지도자가 만약 이러한 대동의 통치이념을 실천할 수 있다면, 세상의 모든 백성들이 지도자를 믿고 따르게 되어 순박해질 것이다.

그렇다면 행한 바도 없으나 행하지 않은 바도 없는 '무위자연'의 본질은 무엇일까? 당송팔대가(唐宋八大家)중 하나인 유종원(柳宗元)의 〈종수곽탁타전(種樹郭橐駝傳)〉을 읽어보면, 자연스레 그 의미를 이해할 수 있을 것이다.

> 郭橐駝, 不知始何名。病僂, 隆然伏行, 有類橐駝者, 故鄉人號之駝。駝聞之, 曰:"甚善。名我固當。"因捨其名, 亦自謂橐駝雲。其鄉曰豊樂鄉, 在長安西。駝業種樹, 凡長安豪富人爲觀游及賣果者, 皆爭迎取養。視駝所種樹, 或移徙, 無不活; 且碩茂, 蚤實以蕃。他植者雖窺伺效慕, 莫能如也。有問之, 對曰:"橐駝非能使木壽且孶也, 以能順木之天, 以致其性焉爾。凡植木之性, 其本欲舒, 其培欲平, 其土欲故, 其筑欲密。既然已, 勿動勿慮, 去不復顧。其蒔也若子, 其置也若棄, 則其天者全, 而其性得矣。故吾不害其長而已, 非有能碩而茂之也。不抑耗其實而已, 非有能蚤而蕃之也。他植者則不然: 根拳而土易。其培之也, 若不過焉則不及。苟有能反是者, 則又愛之太殷, 憂之太勤。旦視而暮撫, 已去而復顧; 甚者爪其膚以驗其生枯, 搖其本以觀其疏密, 而木之性日以離矣。雖曰愛之, 其實害之; 雖曰憂之, 其實仇之, 故不我若也, 吾又何能爲哉?"問者曰:"以子之道, 移之官理, 可乎?"駝曰:"我知種樹而已, 官理非吾業也。然吾居鄉, 見長人者,

好煩其令, 若甚憐焉, 而卒以禍。旦暮, 吏來而呼曰: '官命促爾耕, 勗爾植, 督爾穫, 蚤繰而緒, 蚤織而縷, 字而幼孩, 遂而雞豚!' 鳴鼓而聚之, 擊木而召之。吾小人輟飧饔以勞吏, 且不得暇, 又何以蕃吾生而安吾性耶? 故病且殆。若是, 則與吾業者, 其亦有類乎?" 問者嘻曰: "不亦善夫! 吾問養樹, 得養人術。" 傳其事以爲官戒也。

곽탁타는 본래 어떤 이름이었는지 알지 못한다. 곱사병을 앓아, 등이 솟아 구부리고 다녀서, 낙타와 비슷함이 있었다. 그래서 마을 사람들이 그를 駝(타)라고 불렀다. 타가 듣고는 말하기를 "참으로 좋구나. 이름이 내게 꼭 맞는다."라고 하였다. 이름을 버리고, 스스로를 역시 탁타라고 불렀다. 그 마을은 풍악이라고 불렸으니, 장안의 서쪽에 있었다. 타는 나무를 심는 것을 업으로 삼았다. 무릇 장안의 세도가, 부자, 감상하며 노니는 이들 및 과일을 파는 이들이 모두 다투어 타를 맞이하여 나무를 키우게 하였다. 타가 심은 나무를 보면, 혹시 옮기더라도 살지 않는 것이 없었고; 또한 무성하여, 빨리 과실이 번성했다. 다른 나무 심는 이들이 비록 엿보고 모방하여도, 능히 같게 할 수 없었다. 어떤 이가 물으니, 대답하여 말했다: "나 탁타가 나무를 오래 살게 하고 우거지게 할 수 있는 것이 아니라, 나무의 천성을 능히 따름으로써, 그 본성을 다하게 할 뿐입니다. 무릇 나무의 본성은, 그 뿌리가 펴기를 바라고, 그 흙을 돋움은 고르기를 바라며, 그 흙은 본래의 것이기를 바라고, 흙을 다짐은 촘촘하기를 바라는 것이지요. 이미 그렇게 하면, 건드려서는 안 되고 걱정해서도 안 되고, 떠나면 다시 돌아보지 말아야 합니다. <u>심을 때는 자식같이 하지만, 내버려둘 때는 버린 듯이 하면, 곧 그 천성이 온전해져서, 그 본성을 얻게 되는 것이지요.</u> 따라서 나는 그 성장을 해치지 않을 뿐, 크고 무성하게 할 수 있는 것은 아닙니다. 그 열매 맺음을 억누르고 없애지 않을 뿐, 일찍 번성하게 할 수 있는 것은 아닙니다. 다른 나무 심는 이들은 그렇지 않으니: 뿌리를 구부리고 흙을 바꿉니다. 그 흙을 돋움은 지나치지 않으면 곧 미치지 못합니다. 참으로 능히 이와 반대로 하는 이들이 있으니, 곧 그것을 사랑함이 지나치게 두텁고, 그것을 걱정함에 지나치게 부지런합니다. 아침에 보고 저녁에 어루만지며, 이미 떠났으나 다시 돌아와서 돌보니; 심한 자는 그 껍질을 긁어서 그것이 싱싱한지 시들었는지 검사해 보고, 그 뿌리를 흔들어서 심어진 상태가 성긴지 촘촘한지 살펴보아, 나무의 본성이 점차 흩어지게 됩니다. 비록 그것을 사랑한다고 말하지만, 사실은 그것을 해치는 것이요; 비록 그것을 걱정한다 말하지만, 사실은 그것을 죽이는 것이라서, 그러므로 나와 같을 수가 없는 것이니, 내가 또 어찌 할 수 있겠습니까?" 묻는 이가 말했다: "그대의 도를, 관청의 다스림으로 바꾸는 것이, 가능하겠습니까?" 탁타가 말했다: "나는 나무 심는 것을 알 따름이지, 관청의 다스림은 나의 본업이 아닙니다. 그런데 내가 고을에 살면서, 관청의 수장을 보니, 그 명령을 성가시게 하기를 좋아하던데, 이는 백성들을 심히 어여삐 여기는 듯하지만, 마침내는 화를 입히게 됩니다. 아침저녁으로, 관리가 와서 소리쳐 말합니다: '관청에서 너희들의 경작을 재촉하게 하고, 너희들의 번식을 권면하게 하며, 너희들의 수확을 감독하게 하고, 서둘러서 우선 누에고치를 켜게 하며, 서둘러서 실로 옷감을 짜게 하고, 어린아이들을 양육하도록 하며, 닭과 돼지를 키우게 하도록 명령하셨다!' 북을 울려 백성들을 모으고, 목제 악기를 두드려 백성들을 소집합니다. 우리 서민들은 저녁밥과 아침밥을 보충하여 관리들을 위로하기에, 또한 겨를이 없으니, 또 어찌 우리 삶을 번성케 하고, 우리 본성을 편하게 하겠습니까? 그러므로 병들고 게을러집니다. 이와 같으니, 곧 나의 본업과, 또한 비슷한 점이 있지 않을까요?" 묻는 이가 기뻐하며 말했다: "훌륭하지 않은가! 나는 나무 키우는 것을 물었는데, 사람 돌보는 방법을 얻었다. 그 일을 전하여서 관청의 훈계로 삼겠습니다."

다시 본론으로 돌아와서, 노자는 계속해서 다음과 같이 말한다.

43-3

吾是以知無爲之有益.
오시이지무위지유익.

나는 이 때문에 무위의 이로움을 안다.

나는 그러한 이유 때문에, 하늘이 부여한 천성에 따라 자애로운 덕치를 행하는 무위가 세상에 더 이롭다는 것을 알 수 있는 것이다.

43-4

不言之敎, 無爲之益, 天下希及之.
불언지교, 무위지익, 천하희급지.

불언의 가르침, 무위의 이로움, 세상에는 이에 미치는 것이 드물다.

사관(史官)의 신분으로 역사적 고증을 통해 깨달은 대동의 통치이념은, 말이나 명령을 함부로 하지 않고 스스로 그러할 수 있도록 환경을 조성해주는 것이다. 세상에는 이러한 대동의 통치이념과 견줄 수 있는 것이 없다.

48-1

爲學日益, 爲道日損。損之又損, 以至於無爲, 無爲而無不爲。取天下常以無事, 及其有事, 不足以取天下。
위학일익, 위도일손. 손지우손, 이지어무위, 무위이무불위. 취천하상이무사, 급기유사, 부족이취천하.

배움에 종사하면 날로 늘어나고, 도에 종사하면 날로 줄어든다. 줄어들고 또 줄어들어, 무위에까지 도달하는데, 무위하지만 행하지 않은 것이 없다. 세상을 다스림에 늘 일을 만들면 안 되니, 일을 만들게 되면, 세상을 다스리기에 부족하다.

작은 앎이나 얕은꾀를 추구하게 되면 점점 백성을 통제할 궁리가 많아지게 되어, 더 많은 제도를 만들고 강화하여 통제하려 든다. 하지만 대동의 통치이념으로서 다스리면, 백성을 통제하는 제도가 갈수록 필요 없게 된다. 스스로 그러할 수 있는 환경을 조성해주기만 하면 되므로, 명령이 자연스럽게 줄어들게 되어 결국 무위의 통치를 할 수 있게 되는 것이다. 이러한 무위의 통치는 천성에 따라 스스로 그러하도록 하는 것이라서, 지도자가 행하는 바가 없는 것 같지만 사실은 항상 삼가여 노력하는 것이라서 행하지 않는 바도 없다. 이처럼 억지로 작위하여 제도로 백성을 통제해서는 안 되니,

억지로 통제하려 들면 백성들이 지도자를 따르지 않는다.

결국 '무위'란 수수방관이 아니라, 지도자가 억지로 행하지 않고 백성의 천성을 살리는 것이니, 이는 다름 아닌 원칙을 중시하는 태도인 것이다.

57-7

故聖人云; 我無爲而民自化, 我好靜而民自正, 我無事而民自富, 我無欲而民自樸。
고성인운; 아무위이민자화, 아호정이민자정, 아무사이민자부, 아무욕이민자박.

그러므로 성인이 이르기를: 내가 작위함이 없으면 백성들이 스스로 교화되고, 내가 고요함을 좋아하면 백성들이 스스로 바로잡으며, 내가 일을 만들지 않으면 백성들이 스스로 풍요롭게 되고, 내게 욕망이 없으면 백성들이 스스로 소박해진다.

따라서 대동사회를 이끈 '성인'들은 말한다. "지도자가 억지로 작위하지 않으면 백성이 그 천성에 따라 스스로 그러하게 되고, 지도자가 말이나 명령을 함부로 하지 않으면 백성이 다른 마음을 품지 않게 되며, 지도자가 법률이나 제도로서 억지로 통제하지 않으면 백성 스스로 해야 할 일을 하게 되어 삶이 넉넉해지게 되고, 지도자가 사리사욕을 탐하지 않으면 백성이 지도자를 본받아서 소박하게 지낸다."

하지만 이와 정반대의 통치를 하면 다음과 같은 결과만을 가져올 뿐이다.

73-1

勇於敢則殺, 勇於不敢則活。
용어감즉살, 용어불감즉활.

구태여 하려 하면 곧 죽게 되고, 구태여 하려 하지 않으면 곧 살게 된다.

지도자가 억지로 작위하여 제도로 억압하면, 곧 백성이 등을 돌리게 되어 그 자리가 위태롭게 된다. 하지만 천성에 따라 스스로 그러하게 하면, 곧 백성이 지도자를 따르기 때문에 그 자리를 오랫동안 보존할 수 있다.

73-2

此兩者或利或害, 天之所惡, 孰知其故?
차양자혹리혹해, 천지소오, 숙지기고?

이 두 가지는 이롭기도 하고 해롭기도 한데, 하늘이 싫어하는 것은, 누가 그 연유를 알겠는가?

억지로 작위하여 제도로 억압하는 것과 천성에 따라서 다스리는 것, 이 두 가지는 때론 복이 되기도 하고 때론 재앙이 되기도 하는데, 하늘이 싫어하는 것이 어떤 것인지를 어느 누가 알겠는가?

73-3

是以聖人猶難之。
시이성인유난지.

이 때문에 성인은 오히려 그것을 삼간다.

이처럼 하늘의 뜻은 일정하지 않기 때문에, 대동사회를 이끈 '성인'들은 오히려 억지로 작위하여 백성을 억압하지 않고, 그들의 천성에 따라 다스렸다.

73-4

天之道, 不爭而善勝, 不言而善應, 不召而自來, 繟然而善謀。
천지도, 부쟁이선승, 불언이선응, 불소이자래, 천연이선모.

하늘의 도리는, 싸우지 않아도 잘 이기고, 말하지 않아도 잘 반응하며, 부르지 않아도 스스로 오고, 느슨해도 일을 잘 꾸민다.

이처럼 천성에 따라 스스로 그러하게 하는 대동의 통치이념은, 자애로운 '덕'으로 감화시키기 때문에 싸우지 않아도 상대방이 복종하게 되고, 말이나 명령을 함부로 내리지 않기 때문에 백성이 알아서 지도자의 뜻에 화답하며, 굳이 소집하지 않아도 기꺼운 마음으로 자발적으로 오고, 법률이나 제도로 통제하지 않기 때문에 느슨한 것 같지만 오히려 일을 잘 도모한다.

74-1

民不畏死, 奈何以死懼之?
민불외사, 내하이사구지?

백성이 죽음을 두려워하지 않는데, 어찌 죽음으로 그들을 위협하겠는가?

백성의 천성에 순응하여 다스리는 것이 정치이다. 지도자가 형벌과 제도를 강화하여 억압하니, 백성의 불만이 최고조에 달하여 죽음조차도 두려워하지 않는데, 더 이상 어떠한 형벌과 제도를 더 강화하여 백성을 억압할 수 있겠는가?

73-5

天網恢恢, 疏而不失。
천망회회, 소이부실.

하늘의 그물은 크고 넓어서, 성기지만 새지 않는다.

이처럼 하늘이 부여한 천성에 따르는 대동의 통치이념은 대단히 크고 넓어서, 법률과 제도로 통제하는 소강사회의 입장에서 언뜻 보기에는 엉성하고 부족한 듯하지만, 실제로는 백성의 뜻에 따라 다스리는 것이기 때문에, 그들의 원망이나 불만을 사지 않게 되어 나라를 오랫동안 평안하게 유지할 수 있다.

75-2

民之難治, 以其上之有為, 是以難治。
민지난치, 이기상지유위, 시이난치.

백성을 통치하기가 어려운 것은, 그 위쪽이 작위함이 있기 때문이니, 이 때문에 통치하기 어렵다.

백성이 지도자를 믿고 따르지 않는 이유는, 지도자가 백성의 뜻을 헤아리지 않고 법률과 제도로 통제하기 때문이다.

무위자연(無爲自然)의 본질은 지도자가 법률과 제도를 세분화하여 통제하지 않고, 백성들의 천성에 따라 다스리는 것을 뜻한다. 따라서 앞에서 설명한 '도'와 '무명'이 궁극적으로 추구하는 것이 바로 '무위자연'의 세상 즉, 대동사회로의 진정한 복귀가 되는 것이다. 따라서 노자는 [도덕경] 32장에서 이제 이 세 가지 개념을 뒤섞어서 표현하고 있음을 발견하게 된다.

> ### 32-1
>
> **道常無名, 樸雖小, 天下莫能臣也。**
> 도상무명, 박수소, 천하막능신야.
>
> 도는 영원히 이름 지을 수 없으니, 질박하여 비록 미약하지만, 세상이 굴복시킬 수는 없다.

대동의 통치이념이라는 것은 그 어떤 것으로도 정의할 수 없는데, 소박하여서 비록 작게 보이지만, 세상 그 어떤 것에도 종속되지 않는다.

> ### 32-2
>
> **侯王若能守之, 萬物將自賓。**
> 후왕약능수지, 만물장자빈.
>
> 천자와 제왕이 만약 이를 지킬 수 있다면, 만물이 장차 스스로 따를 것이다.

지도자가 이러한 대동의 통치이념을 이해하고 실천해나가면, 세상이 그를 믿고 의지하며 따르게 될 것이다.

노자는 이 구절을 통해서 '도'라는 것이 궁극적으로는 지도자가 지켜야 할 도리라고 말한다. 따라서 '도'는 정치와 직결된 개념임을 알 수 있으니, '도'는 바로 지도자가 걸어가야 할 길 즉 통치이념이 되는 것이다. 그리고 노자는 '도'와 정치의 관계를 강조하기 위해서, 이 말을 37장에서도 반복하여 언급하고 있다.

37-1

道常無爲而無不爲, 侯王若能守之, 萬物將自化。
도상무위이무불위, 후왕약능수지, 만물장자화.

도는 항상 행하는 바가 없으나 행하지 않는 바도 없으니, 천자와 제왕이 만약 이를 지킬 수 있다면, 만물이 장차 스스로 변화할 것이다.

대동의 통치이념은 백성들이 원하는 바대로 따르는 것이기 때문에, 억지로 그 천성을 거스르지 않는 '무위'로 다스리는 것이다. 따라서 언뜻 보았을 때 특별히 하는 것이 없어 보이지만, 사실 그 천성을 이해하고 삼가여 겸손하게 노력하는 것이니 최선을 다 하는 것이다. 지도자가 만약 이러한 대동의 통치이념을 실천할 수 있다면, 세상의 모든 백성이 지도자를 믿고 따르게 되어 순박해질 것이다.

32-3

天地相合, 以降甘露, 民莫之令而自均。
천지상합, 이강감로, 민막지령이자균.

천지가 서로 합해지면, 그럼으로써 감로가 내리고, 백성들은 명령하지 않아도 스스로 평등해진다.

세상의 '음과 양, 강함과 부드러움, 긍정과 부정, 좋음과 나쁨'이 차별 없이 서로 조화를 이뤄서 공존하게 되면, 이에 하늘이 각각에게 부여한 천성에 따르는 것이 되므로, 누가 명령을 내리지 않아도 백성 스스로 차별 없이 서로 조화를 이루는 대동사회가 실현된다.

　통제하기 시작하면 이름이 생긴다는 것은 통제의 '명분'을 뜻하니, 이는 다름 아닌 '법'과 '제도'를 일컫는다. 그러므로 노자는 말한다. "백성들의 천성을 따르지 않고 억지로 통제하려 하니 법과 제도들이 생기게 되고, 자꾸 법과 제도들을 만들어 통제하면 백성들의 원성이 높아진다. 따라서 세분화된 법과 제도들을 만들어 통제하지 말아야 하는데, 이처럼 세분화된 법과 제도를 만들어 백성들을 통제하지 않고 그들의 천성에 따라 다스리게 되면, 백성들이 지도자를 따르게 되어서 나라를 오랫동안 평안하게 유지할 수 있다."라고.

57-3

天下多忌諱, 而民彌貧。
천하다기휘, 이민미빈.

세상에 금기가 많아지면, 백성들이 더욱 빈궁해진다.

　법률과 제도를 더욱 세분화하고 강화하여 백성을 통제하면, 그들의 생활이 더욱 궁핍해져서 결국 지도자에게 불만을 품게 된다.

57-6

法令滋彰, 盜賊多有。
법령자창, 도적다유.

법령이 현저하게 증가하면, 도적들이 많아진다.

지도자가 자꾸 법률과 제도를 만들어 통제를 강화하게 되면, 백성은 오히려 이를 교묘하게 피해서 더 많은 부정을 저지르게 된다.

사실 이 점에 대해서는 공자 역시 동일하게 강조한 바 있는데, 다음의 [논어]의 한 구절을 살펴보면 그 의미를 보다 명확하게 이해할 수 있을 것이다.

> 2-3
>
> 子曰: "道之以政, 齊之以刑, 民免而無恥。道之以德, 齊之以禮, 有恥且格。"
> 자왈: "도지이정, 제지이형, 민면이무치. 도지이덕, 제지이례, 유치차격."
>
> 미언: 공자가 이르시기를 "그들을 다스림에 구실로 하고, 그들을 다스림에 형벌로 하면, 백성들이 피하려고만 들지 부끄럼은 없어진다. 그들을 다스림에 덕으로 하고, 그들을 다스림에 예로 하면, 부끄럼이 있게 되고 또한 바로잡게 된다."

대의: 공자가 이르시기를 "천자에게서 받은 법도로 백성들을 다스려야 하는 것이 도리인데, 이제 그 법도를 버리고 형벌로 다스리려하면, 백성들이 오로지 그 형벌에만 마음을 둘 것이니, 어찌 윗사람을 공경하고 자신의 본업을 지키겠는가? 형벌이라는 것은 당시 나라의 혼란스러움을 제압하는 임시방편일 따름이다. 따라서 그들을 다스림에 온갖 세납 즉 조세와 노역 및 부역으로 하고, 그들을 다스림에 형벌로 하면, 백성들이 조세와 형벌을 피하려고만 들지 부끄럼은 없어진다. 하지만 그들을 덕(성인들이 행한 강함과 부드러움의 통치법을 조화롭게 실천하려는 절개와 지조)과 예(조화로움을 위한 절제와 통제)로 다스리면, 백성들은 부끄럼이 있게 되고 또한 그들의 마음을 바로잡게 된다."

계속해서 [도덕경] 57장의 내용을 살펴보도록 하자.

> 57-7
>
> 故聖人云; 我無為而民自化, 我好靜而民自正, 我無事而民自富, 我無欲而民自樸.
>
> 고성인운; 아무위이민자화, 아호정이민자정, 아무사이민자부, 아무욕이민자박.
>
> 그러므로 성인이 이르기를: 내가 작위함이 없으면 백성들이 스스로 교화되고, 내가 고요함을 좋아하면 백성들이 스스로 바로잡으며, 내가 일을 만들지 않으면 백성들이 스스로 풍요롭게 되고, 내게 욕망이 없으면 백성들이 스스로 소박해진다.

따라서 대동사회를 이끈 '성인'들은 말한다. "지도자가 억지로 작위하지 않으면 백성이 그 천성에 따라 스스로 그러하게 되고, 지도자가 말이나 명령을 함부로 하지 않으면 백성이 다른 마음을 품지 않게 되며, 지도자가 법률이나 제도로서 억지로 통제하지 않으면 백성 스스로 해야 할 일을 하게 되어 삶이 넉넉해지게 되고, 지도자가 사리사욕을 탐하지 않으면 백성이 지도자를 본받아서 소박하게 지낸다." 이렇듯 '성인'들은 '무위자연'의 통치법으로 다스렸으니, 노자는 다음과 같이 대동사회의 한 단면을 묘사하고 있다.

45-1

大成若缺, 其用不弊。
대성약결, 기용불폐.

크게 이룸은 마치 결함이 있는 듯하지만, 그 쓰임에는 폐해가 없다.

세세한 법률과 제도로 백성을 통제하지 않고, 천성에 따라 스스로 그러할 수 있도록 환경을 조성해주는 무위의 대동 통치이념은 언뜻 보기에는 엉성하고 부족한 듯하지만, 실제로는 백성의 뜻에 따라 다스리는 것이기 때문에, 그들의 원망이나 불만을 사지 않게 되어 나라를 오랫동안 평안하게 유지할 수 있다.

그리고 이러한 논법은 58장에서도 보이고 있다.

58-1

其政悶悶, 其民淳淳, 其政察察, 其民缺缺。
기정민민, 기민순순, 기정찰찰, 기민결결.

그 다스림에 매우 딱하면, 그 백성은 조용히 흘러가고, 그 다스림에 너무 자세하면, 그 백성은 불완전해진다.

나라를 다스림에 일일이 따지며 간섭하지 않고, 아무것도 모르는 것처럼 천성에 따라서 스스로 그러하도록 하는 대동의 덕치를 펴면, 백성이 편안하게 지도자를 따르게 된다. 반면에 나라를 다스림에 법률과 제도로 통제하려 들면, 백성이 지도자에게 불만을 품게 되어서, 결국 지도자에게 등을 돌리게 된다.

이에 대해서는 앞에서 언급한 바 있는 고조선의 8조법을 떠올리면 쉬이 이해할 수 있을 것이다.

45-2

大盈若沖, 其用不窮。
대영약충, 기용불궁.

아주 가득 찬 것은 마치 비어 있는 듯하지만, 그 쓰임에는 다함이 없다.

자애로운 '덕'으로 충만하여 아낌없이 백성들에게 베푸는 대동의 통치이념은, 굳이 채우려고 하지 않아서 언뜻 보기에는 비어 있는 듯하지만, 베풀수록 더 끊임없이 용솟음치므로 오히려 다 쓸 수가 없다.

앞서 말했듯이 '도'는 형이상학적 추상명사이다. 따라서 '사랑'과도 매우 흡사한 면모를 지니고 있으니, 나만 잘되기를 바라는 이기적인 사람은 결코 타인에게 마음을 주지 못한다. 반면에 타인에게 사랑을 주는 사람은 자기를 비우기 때문에, 그 사랑의 마음이 끊임없이 샘솟는 것이다.

> 45-3
>
> **大直若屈, 大巧若拙, 大辯若訥.**
> 대직약굴, 대교약졸, 대변약눌.
>
> 아주 곧음은 마치 굽은 듯하고, 아주 정교함은 마치 서툰 듯하고, 아주 잘 변론함은 마치 말을 더듬는 듯하다.

굳세고 당당하여 세상에 몸을 펴는 것은 대동의 통치이념에 따르기 때문이니 언뜻 보기에 굴복한 듯하고, 천성에 따라 자애로움의 '덕'으로 무위의 통치를 펴는 것은 언뜻 보기에 엉성하고 빈틈이 많은 듯하며, 진심에서 우러나오는 충언으로 간하는 것은 언뜻 보기에 말을 더듬는 듯하다. 이처럼 '무위'의 대동사회는 언뜻 보기에는 엉성한 듯하지만, 실제로는 지나치게 엄격한 법률이나 제도로 통제하는 것보다 더 곧고 정교하며 폐해가 없다.

올곧은 이는 자신의 과오에 대해서는 엄격하게 대하지만 타인의 실수는 너그럽게 감싸주므로, 언뜻 보기에는 마치 올곧다기보다 오히려 굽은 듯해 보인다. 물고기를 잡는 어망은 다 큰 성어만을 잡기 위해서 그물 간격을 촘촘하게 짜지 않는다. 지나치게 촘촘하게 만들었다가는 자칫 치어들까지 잡을 수 있으므로. 따라서 정교한 그물은 오히려 언뜻 보기에는 마치 성긴 듯해 보인다. 변론을 잘하는 사람은 진심을 담은 사실만을 이야기하기 때문에, 언뜻 보기에는 화려한 언변을 구사하는 사람과 비교했을 때 마치 말을 더듬는 듯해 보이는 것이다.

이제 상술한 내용을 근거로 하여, 무명(無名)의 함의에 대해서 다시 한 번 정리해보도록 하자.

> **51-1**
>
> 道生之, 德蓄之, 物形之, 勢成之。
> 도생지, 덕축지, 물형지, 세성지.
>
> 도는 그것을 낳고, 덕은 그것을 기르며, 외부환경은 그것을 정형화하고, 정세는 그것을 완성시킨다.

대동의 통치이념은 만물을 낳고, 순일한 '덕'은 만물을 기르며, 외부환경은 만물의 틀을 억지로 만들어서 구체적으로 드러나게 하고, 정세나 동향은 만물의 성격을 억지로 결정한다.

> **51-2**
>
> 是以萬物莫不尊道而貴德。
> 시이만물막불존도이귀덕.
>
> 이 때문에 만물은 도를 숭상하고 덕을 중시하지 않는 것이 없다.

사실 위 구절만 보고서는 나열한 '도'와 '덕' 그리고 외부환경과 정세의 상관관계가 단순나열이나 대구 관계인지, 아니면 그 정반대인 대조 관계인지 알 수 없다. 그런데 이제 이 구절 이하를 전체적으로 살펴보면, 노자는 그저 '도'와 '덕'에 대해서만 언급할 뿐, 정형화와 정세에 대해서는 전혀 논하지 않고 있음을 발견할 수 있다. 따라서 이 구절은 마땅히 다음과 같이 풀이해야 할 것이다. "그러한 까닭으로, 만물은 참지도자의 통치이념을 숭상하고 순일한 덕을 중시하지만, 외부환경이나 정세를 중시하지는 않는 것이다."

51-3

道之尊, 德之貴, 夫莫之命而常自然。
도지존, 덕지귀, 부막지명이상자연.

도가 존숭받고, 덕이 귀히 여겨지니, 무릇 명령하지 않고 항상 스스로 자연스럽게 한다.

이처럼 대동의 통치이념이 숭상을 받고 순일한 '덕'이 중시되니, 성인들은 함부로 말이나 명령을 하지 않고, 만물이 항상 타고난 천성에 따라 스스로 그러하도록 한 것이다.

51-4

故道生之, 德畜之, 長之, 育之, 亭之, 毒之, 養之, 覆之。
고도생지, 덕축지, 장지, 육지, 정지, 독지, 양지, 복지.

그러므로 도는 그것을 낳고, 덕은 그것을 기르며, 그것을 자라게 하고, 그것을 배양하며, 그것을 알맞게 하고, 그것을 강인하게 하며, 그것을 키우고, 덮는다.

따라서 대동의 통치이념은 만물을 낳고, 자애로움의 순일한 '덕'이 만물을 기르며, 자라게 하고, 배양하며, 어느 한 쪽으로 치우치지 않게 하고, 강인하게 하며, 키우고, 보호하는 것이다.

이처럼 노자는 법률이나 제도를 세분화하여 억지로 작위하여 통제하는 것을 지극히 반대하는 입장을 취해왔다. 그리고 이러한 노자의 일관된 가치관은 다음 구절들을 통해서 더 분명하게 드러난다.

18-1

大道廢, 有仁義。
대도폐, 유인의.

큰 도가 폐기되면, 인의가 출현한다.

대동사회의 통치이념인 커다란 '도'가 사라지면, 비로소 '인의'를 중시하는 소강사회가 시작되는 것이다.

즉 대동사회에서는 공자가 그토록 강조하던 신하가 상관 나아가 임금을 진심으로 따르는 태도인 인(仁)과, 먼저 자신이 처한 신분을 명확하게 하고 그 신분에서 윗사람이 마땅히 지켜야 할 의무를 목숨을 걸고 지키는 태도인 의(義)가 필요치 않다고 말한다.

18-3

六親不和, 有孝慈。
육친불화, 유효자.

가정이 화목하지 않으면, 효도와 자애가 생겨난다.

가정이 화목하다면 효도와 자애로움이라는 개념은 존재하지 않는다. 가정에 불화가 생겨야, 비로소 효도와 자애로움이라는 개념이 생겨 사람들에게 요구하게 되는 것이다.

화목하다는 것은 윗사람과 아랫사람을 구별하지 않고 서로 사이좋게 지내는 것이다. 따라서 가정에 불화가 생기면 부모는 자식을 자애로움으로 대하고, 자식은 부모에게 효도해야 한다고 요구하게 되는 것이다.

19-2

絶仁棄義, 民復孝慈。
절인기의, 민복효자.

인을 단절하고 의를 버리면, 백성들이 효도와 자애로 돌아간다.

어짊의 '인'을 없애고 의로움을 중시하는 태도인 '의'를 버리게 되면, 백성이 자연스럽게 다시 효도와 자애로움을 중시하게 된다.

신하가 상관 나아가 임금을 진심으로 따르는 태도인 인(仁)은 집안에서 자식이 부모에게 행하는 효(孝)와 집 밖에서 아랫사람이 윗사람을 공경하는 제(悌)의 사회적 확장형태이다. 그리고 먼저 자신이 처한 신분을 명확하게 하고 그 신분에서 마땅히 지켜야 할 의무를 목숨을 걸고 지키는 태도인 의(義)는 부모가 자식을 아끼고 보호하는 자(慈)의 사회적 확장형태이다. 따라서 노자는 파생된 개념인 인(仁)과 의(義)를 버리게 되면, 자연스레 각각 인(仁)과 의(義)의 근본이 되는 효(孝)와 자(慈)를 다시 중시하게 된다고 말한다. 위의 18-3에서 언급했듯이 효(孝)와 자(慈)를 버리게 되면, 자연스레 그 근본이 되는 화(和)를 다시 중시하게 된다고. 따라서 이를 도표로 정리하면 다음과 같다.

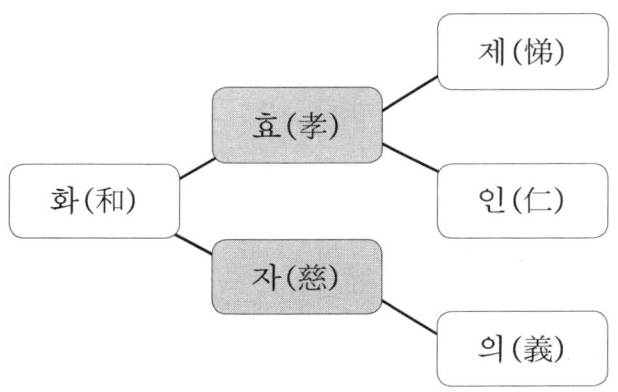

38-4

上仁爲之而無以爲。
상인위지이무이위.

상급의 인은 작위하는 바가 있으나 의도하는 바가 없다.

'인'이라는 것은 천성에 따르지 않고 억지로 작위하는 것이지만, 그 밖에 다른 의도하는 바가 있는 것은 아니다.

신하가 상관 나아가 임금을 진심으로 따르는 태도인 인(仁)은 조화로운 상태인 화(和)가 깨지면 아랫사람에게 요구하는 태도이기 때문에, 이는 억지로 작위함으로써 자연스러움에 위배된다. 하지만 인(仁)의 궁극적인 목표는 임금을 진심으로 섬기고 따름으로써 백성과 나라를 평화롭게 하는 것이다. 따라서 이는 '도'의 목표와 일치하므로, 다른 의도하는 바는 없다.

38-5

上義為之而有以為.
상의위지이유이위.

상급의 의는 작위하는 바가 있어서 의도하는 바가 있다.

'의'라는 것은 천성에 따르지 않고 억지로 작위하므로, 다른 의도하는 바가 있다. 그런데 이 문장의 의미를 정확하게 이해하기 위해서는, 먼저 다음의 기록을 살펴보아야 한다.

> 仁者, 義之本也, 順之體也.
> 어짊이라는 것은, 의로움의 근본이며 순응함의 격식이다. [禮記(예기)] 〈禮運(예운)〉

따라서 인(仁) 즉, 어짊은 의(義) 즉, 의로움의 바탕이 됨을 알 수 있다. 다시 말해서 의(義)는 인(仁)이 없으면, 존재할 수 없는 것이다.

> 何謂人義? 父慈, 子孝, 兄良, 弟弟, 夫義, 婦聽, 長惠, 幼順, 君仁, 臣忠, 十者謂之人義.

무엇을 의라고 일컫는가? 아버지는 자애롭고, 아들은 효도하며, 형은 착하고, 아우는 공경하며, 남편은 합당한 행동을 하고, 아내는 순종하며, 어른은 은혜를 베풀고, 어린이는 따르며, 임금은 진심으로 섬겨서 따르고, 신하는 충후해야 하니, (이) 10가지를 사람의 의라고 일컫는다. [禮記(예기)] 〈〈禮運(예운)〉〉

이 10가지를 좀 더 자세히 살펴보면 5가지 윗사람: 아버지 형 남편 어른 임금이 지켜야 할 도리와 다섯 가지 아랫사람: 아들 아우 아내 어린이 신하가 지켜야 할 도리로 나눌 수 있음을 알 수 있으니, 윗사람의 도리는 자(慈) 그리고 아랫사람의 도리는 인(仁)과 서로 통한다. 다시 말해서 의(義)라는 것은 인(仁)과 자(慈)의 성질을 포괄하고 있다고 볼 수 있는 것이다.

그러므로 의(義)라는 것은 윗사람과 아랫사람이 각자의 자리에서 마땅히 행해야 할 도리를 옳다고 여기고, 또 목숨을 걸고라도 지키는 것을 뜻한다고 할 수 있다. 특히 "아들은 효도하고, 아우는 공경하며, 아내는 순종하고, 어린이는 따르며, 임금은 진심으로 섬겨서 따르고, 신하는 충후해야 한다."는 표현은 사실상 인(仁)에 속하는데, 이처럼 의(義)가 인(仁)과 겹치는 이유는 다름 아닌 인(仁)이라는 것은 의(義)의 바탕이 되기 때문이다.

따라서 먼저 자신이 처한 계급상의 서열을 명확하게 하고 그 신분에서 마땅히 지켜야 할 바를 목숨을 걸고 지키는 태도인 의(義) 역시 억지로 작위함으로써 자연스러움에 위배 된다. 그런데 의(義)의 궁극목표는 인(仁)을 지키고 보필하는데 있으므로 '도'의 목표와 불일치하므로, 다른 의도하는 바가 있는 것이다.

> 38-6
>
> **上禮為之而莫之應, 則攘臂而扔之。**
> 상례위지이막지응, 즉양비이잉지.
>
> 상급의 예는 작위하는 바가 있으나 응답하지 않을 때면, 곧 팔을 걷어붙이고 그것을 내버린다.

'예'라는 것은 억지로 작위하는 것이지만, 상대방이 자신의 예에 반응을 보이지 않게 되면 예를 버리고 곧 따지게 되니, 대단히 형식적인 것이다.

즉 노자는 예(禮)라는 것이 인의(仁義)보다도 더 못한 것이라고 폄하하고 있음을 보게 된다.

> 38-7
>
> **故失道而後德, 失德而後仁, 失仁而後義, 失義而後禮。**
> 고실도이후덕, 실덕이후인, 실인이후의, 실의이후예.
>
> 그러므로 도를 잃은 후에 비로소 덕이 있고, 덕을 잃은 후에 인이 있으며, 인을 잃은 후에 의가 있고, 의를 잃은 후에 예가 있다.

따라서 상위개념인 대동의 통치이념이 사라지게 되면 그 하위개념인 '덕'이 나타나고, '덕'이 사라지면 그 하위개념인 '인'이 나타나며, '인'이 사라지면 그 하위개념인 '의'가 나타나고, '의'가 사라지면 마지막으로 '예'가 나타난다.

　그런데 이 구절만 놓고 보면, 마치 인의예(仁義禮)가 노자가 말하는 '도'의 종속개념인 것처럼 보인다. 즉 노자의 '도'를 구성하는 요소에 마치 인의예(仁義禮)가 포함된 것처럼 이해할 수도 있다는 것이다. 따라서 이러한 불필요한 오해를 막기 위해서는 다음의 구절들을 함께 살펴볼 필요가 있다.

38-1

上德不德, 是以有德; 下德不失德, 是以無德。
상덕부덕, 시이유덕; 하덕부실덕, 시이무덕.

상급의 덕은 덕이 있다고 여기지 않아, 이 때문에 덕이 있고,
하급의 덕은 덕을 잃지 않으려 하니, 이 때문에 덕이 없다.

　대동사회의 지도자들은 천성에 따를 뿐 스스로 덕이 있다고 자처하지 않았기 때문에, 계속해서 덕치를 행할 수 있었다. 하지만 소강사회의 지도자들은 법률과 제도를 강화하여 인위적인 덕치를 행하고자 했기 때문에, 오히려 덕치를 행할 수 없었다.

38-2

上德無爲而無以爲。
상덕무위이무이위.

상급의 덕은 작위함이 없어서 의도하는 바가 없다.

대동사회의 덕치는 억지로 작위하지 않는 '무위'로 다스리는 것이기 때문에, 하늘이 부여한 천성에 따를 뿐 다른 의도하는 바가 없는 것이다.

38-3

下德爲之而有以爲。
하덕위지이유이위.

하급의 덕은 작위함이 있어서 의도하는 바가 있다.

소강사회의 덕치는 법률과 제도로 통제하는 것이기 때문에, 하늘이 부여한 천성에 따르지 않고 억지로 작위하여 다른 의도하는 바가 있는 것이다. 다시 말해서 노자는 대동사회의 천도(天道)는 상덕(上德)을 전제조건으로 하지만, 소강사회의 인도(人道)는 하덕(下德)을 전제조건으로 한다고 말하고 있다. 즉 노자가 38-7에서 말한 "덕을 잃은 후에 인(仁)이 있다."는 말은 다름 아닌 하덕(下德)을 의미하는 것이다. 이제 계속해서 다음 구절을 살펴보자.

38-8

夫禮者, 忠信之薄而亂之首。
부예자, 충신지박이난지수.

무릇 예라는 것은, 공정함과 신뢰의 부족함이며 재난과 변란의 발단이다.

이처럼 '예'라는 것은, 마음이 가운데를 지니는 공정하고도 객관적인 태도와 믿음이 부족해야 나타나는 것이고, 또한 국가혼란의 도화선이 된다.

38-6에 이어서, 노자는 여기서도 역시 예(禮)라는 것은 인의(仁義)보다도 더 못한 것이라고 목소리를 높이고 있다. 그런데 또 다음의 구절을 보면, 노자의 사상에 무언가 심각한 모순이 있음을 발견하게 된다.

31-9

言以喪禮處之。
언이상례처지.

상례로서 그를 처리한다는 것을 이른다.

전쟁은 부득이한 것이라서, 희생자가 생기면 아군과 적군을 불문하고 모두 상례(喪禮)로서 경건하게 애도의 뜻을 표했다.

31-10

殺人之衆, 以哀悲泣之。戰勝, 以喪禮處之。
살인지중, 이애비읍지. 전승, 이상례처지.

많은 사람을 죽이면, 애통함으로서 그것을 걱정한다. 전쟁에서 승리하면, 상례로서 그를 처리한다.

5. 무위자연: 통제하지 않고 천성을 누리도록 하는 것 127

적군을 많이 죽여 전쟁에서 승리하더라도, 오히려 사람을 많이 죽였다고 애통해한다. 또한 전쟁에서 이기더라도, 적군의 희생자들을 상례(喪禮)로서 경건하게 애도해야 하는 것이다.

54-1

善建者不拔, 善抱者不脫, 子孫以祭祀不輟。
선건자불발, 선포자불탈, 자손이제사불철.

잘 세운 것은 뽑히지 않고, 잘 에워싼 것은 벗겨지지 않으니, 자손은 그럼으로써 제사가 단절되지 않게 한다.

항상 삼가여 순일한 '덕'을 쌓고 백성의 뜻을 자신의 뜻으로 삼는 지도자는, 백성이 믿음으로 의지하고 따르기 때문에, 그 명성이 흔들리지 않게 된다. 뿐만 아니라 자손 역시 대대손손 번창하여, 그에게 제사를 지낼 수 있게 되는 것이다.

이처럼 분명히 노자는 예(禮)라는 것이 무위자연에 위배되고, 나아가 인의(仁義)보다도 더 못한 것이라고 일관되게 말한다. 하지만 위의 두 구절에서는 뜻밖에도 예(禮)로서 죽은 이들을 애도해야 한다고 말하는 것이다. 또한 세 번째 구절은 제사를 언급하고 있으니, 바로 제례(祭禮)이다. 이는 어찌된 일일까?

예(禮)는 조화로움의 화(和)에 이르기 위해서 절제하고 통제하는 것이다. 따라서 이는 노자가 강조하는 무위자연에 위배되므로 반대한 것인데, 예(禮)에는 두 가지가 있다. 하나는 주례(周禮)로서 주대

(周代)의 관제(官制)나 정치제도를 뜻하니, 오늘날의 의전(儀典)행사를 뜻한다. 그리고 또 하나는 의례(儀禮)인데, 이는 중국 고대의 지배자 계급의 관례·혼례·장례·제례(冠婚喪祭) 즉 일상생활에 있어서의 예(禮)가 되는 것이다. 따라서 이를 통해서 노자는 의례(儀禮)에 대해서는 동의하지만, 나라를 다스리는 데 있어서의 형식적 가치인 주례(周禮)에 대해서는 반대의 입장을 취했음을 알 수 있다. 반면에 공자는 형식에 치우치는 주례(周禮) 역시 중시했으니, 바로 여기서 노자와 공자의 가치관 중 중요한 차이점 하나를 단편적으로나마 발견할 수 있다.

6. 성인(聖人): 대동사회를 이끈 참 지도자

노자는 [도덕경] 1장부터 81장까지의 서술을 통해서 이상향인 대동사회로 복귀해야 한다는 주장을 견지하고, 나아가 그 방법을 상세하게 설명하고 있다. 그런데 노자는 [도덕경]에서 31차례에 걸쳐 성인(聖人)에 대해 언급한 반면, 군자(君子)에 대해서는 31장에서 겨우 2차례에 걸쳐 말했을 뿐이다. 더욱 흥미로운 것은 [논어]에서 '군자'에 대해 언급한 부분은 무려 107차례나 되는 반면, '성인'에 대해서 언급한 부분은 겨우 4차례에 불과하다는 점이다. 따라서 이제 이 문제에 대해서 짚고 넘어갈 필요가 있는데, 우선 공자가 [논어]에서 '성인'에 대해 언급한 다음의 두 구절을 살펴보자.

7-25

子曰: "聖人, 吾不得而見之矣。得見君子者, 斯可矣。"
자왈: "성인, 오부득이현지의. 득현군자자, 사가의."

미언: 공자가 이르시기를 "성인은, 내가 만나볼 수 없구나. 군자를 만나볼 수 있다면, 이것만으로도 좋겠다."

16-8

孔子曰: "君子有三畏。畏天命, 畏大人, 畏聖人之言。小人不知天命而不畏也, 狎大人, 侮聖人之言。"
공자왈: "군자유삼외. 외천명, 외대인, 외성인지언. 소인부지천명이불외야, 압대인, 모성인지언."

미언: 공자가 이르시기를 "군자는 세 가지 두려워함이 있다. 천명을 두려워하고, 대인을 두려워하며, 성인의 말씀을 두려워한다. 소인은 천명을 알지 못하여 두려워하지 않으니, 대인을 업신여기고, 성인의 말씀을 조롱한다."

공자는 '성인'과 '군자'가 결코 같은 개념이 아니라고 설명하고 있다. 좀 더 구체적으로 말해서, '성인'은 '군자'보다 한 단계 더 높은 최상위의 개념이 된다는 뜻이다. 그러므로 노자 역시 [도덕경]의 71장에서 다음과 같이 서술한 바 있다.

71-2

夫唯病病, 是以不病。
부유병병, 시이불병.

무릇 결점을 꺼리게 되면, 이 때문에 결점이 없다.

백성이 기민함과 얕은꾀를 쓰는 것이 결국 지도자의 잘못이라는 것을 깨닫고, 이에 지도자가 삼가여 순일한 '덕'을 베풀면, 결국 백성이 기민함과 얕은꾀를 쓰지 않게 된다.

71-3

聖人不病, 以其病病, 是以不病。
성인불병, 이기병병, 시이불병.

성인은 결점이 없는데, 그 결점을 결점으로 여기기에, 이 때문에 결점이 없다.

대동사회를 이끈 지도자들은 백성이 기민함과 얕은꾀를 쓰지 않도록 했는데, 그러한 것이 결국 지도자의 잘못이라는 것을 알기 때문에, 삼가여 순일한 '덕'을 베푼 것이다.

결국 노자가 [도덕경]을 집필한 의도는 대동사회의 통치이념인 '도'를 설명하기 위해서인데, 그럼에도 노자는 [도덕경]의 31장에서만은 유독 '군자'라는 단어를 쓰고 있으니, 이제 31장에서 '군자'에 대해 언급하고 있는 구절 및 그와 관련된 부분 전반에 대해서 살펴보기로 하자.

31-1

夫佳兵者, 不祥之器。
부가병자, 불상지기.

무릇 훌륭한 전쟁이라는 것은, 상서롭지 못한 기구이다.

대동의 통치이념은 만물에 퍼져 있어 존재하지 않는 곳이 없으니, 세상의 만물은 각자 하늘로부터 부여받은 천성이 있다. 물론 전쟁이라는 것 역시 하늘로 부여받은 천성이 있으나, 이는 그 본성이 상서롭지 못하여 세상에 도움이 되지 않는 존재이다.

31-2

物或惡之, 故有道者不處。
물혹오지, 고유도자불처.

세상만물이 그것을 싫어하기에, 그러므로 도가 있는 이는 머물지 않는다.

전쟁은 세상 만물이 모두 꺼려하기 때문에, 대동의 통치이념을 이해하는 '성인'은 이러한 무력을 멀리하는 것이다.

31-3

君子居則貴左, 用兵則貴右。
군자거즉귀좌, 용병즉귀우.

군자는 자리함에 곧 왼쪽을 귀히 여기고, 전쟁을 쓰는 이는 곧 오른쪽을 귀히 여긴다.

상고시대의 예의와 풍습에서 왼편은 양(陽: 삶)을, 오른편은 음(陰: 죽음)을 나타냈다. 따라서 대동의 통치이념을 이해하고 실천하는 성인은 길함을 나타내는 왼편을 중시하고, 전쟁을 일삼는 지도자는 불길함을 나타내는 오른편을 중시한다.

31-4

兵者, 不祥之器, 非君子之器, 不得已而用之, 恬淡爲上。
병자, 불상지기, 비군자지기, 부득이이용지, 염담위상.

전쟁은, 상서롭지 못한 기구이니, 군자의 기구가 아니라서, 부득이한 경우에 그것을 씀에, 사리사욕이 없음이 상위에 있게 된다.

전쟁이란 상서롭지 못하여 세상에 도움이 되지 않는 존재이니, 대동사회의 통치이념으로 나라를 이끄는 '성인'들은 쓰지 않는데, 설혹 아주 부득이한 경우에 전쟁을 하더라도 최소한의 목적을 달성하는데 그쳐야지, 이겨서 사리사욕을 채우거나 공을 세우려 하는 마음이 있어서는 안 되는 것이다.

여기서 말하는 "부득이한 무력이나 전쟁"에는 ① 상대방의 공격을 막아내려는 방어 차원의 무력, ② 임금의 폭정(暴政)으로 인한 백성의 기의(起義), 그리고 ③ 임금의 무도(無道)함을 응징하기 위한 무력 등이 있을 수 있다.

31-5

勝而不美, 而美之者, 是樂殺人。
승이불미, 이미지자, 시락살인.

승리하여도 의기양양하지 않는데, 그러나 그것을 의기양양해 하는 자, 이는 살인을 즐기는 것이다.

'성인'은 전쟁에서 이기더라도 기뻐하여 의기양양하지 않았으니, 전쟁에서 이겼다고 기뻐하며 의기양양하는 지도자는 살인을 즐기는 것이다.

31-6

夫樂殺人者, 則不可以得志於天下矣。
부락살인자, 즉불가이득지어천하의.

무릇 살인을 즐기는 자는, 곧 세상에서 뜻을 이룰 수 없다.

이처럼 전쟁에서 이겼다고 기뻐하며 의기양양해 하는 지도자는, 결국 세상이 그에게서 등을 돌리게 되어 지위를 오래 보존할 수 없게 된다.

즉 [도덕경] 31장의 주제는 바로 무력을 통한 전쟁이니, 이 점에 대해서는 공자 역시 언급한 바 있듯이 성인은 결코 무력을 쓰지 않는다는 사실이다. 따라서 노자는 부득이한 무력을 언급할 때에는 어쩔 수 없이 주어를 '군자'로 대체한 것이니, 공자 역시 [논어]에서

이 점에 대해서 동의한 바 있다.

> **14-6**
>
> 子曰: "君子而不仁者有矣夫, 未有小人而仁者也."
> 자왈: "군자이불인자유의부, 미유소인이인자야."
>
> 미언: 공자가 이르시기를 "군자임에도 어질지 않은 사람은 있지만, 소인임에도 어진 사람은 없다."

대의: 공자가 이르시기를 "은나라 주왕(紂王)이 비록 희대의 폭군이었기는 하지만, 주나라 무왕은 신하의 신분으로 임금을 제거하는 역성혁명을 일으켰다. 주나라의 태평성대를 이끈 무왕이 군자(훌륭한 지도자)이기는 하지만, 어진(자기의 임금을 진심으로 따르고 섬긴) 인물은 아닌 것이다. 하물며 소인(도를 따르지 않고 사사로운 이익만을 탐하는 올바르지 못한 인격의 소인배)은 말할 나위가 있겠는가?"

따라서 '**성인**'은 '**삼황오제**'를 일컫는 것으로, **그들은 인류를 창조한 이래 태초부터 존재했으므로 어느 누구한테도 배운 적이 없었지만, 태어나면서부터 '도'를 이해하고 자연스럽게 몸에 받아들여 실천한 대동사회의 지도자**인 것이다. 그러므로 노자는 '성인'이란 다름 아닌 국가를 이끄는 **정치적 지도자**임을 아래와 같이 명확하게 밝히고 있다.

78-3

是以聖人云; 受國之垢, 是謂社稷主; 受國不祥, 是爲天下王。
시이성인운; 수국지구, 시위사직주; 수국불상, 시위천하왕.

이 때문에 성인이 말하길; 국가의 치욕을 책임져야, 사직의 주인이라고 일컫고; 국가의 재난을 책임져야, 세상의 군왕이 된다.

따라서 대동사회를 이끈 지도자들이 말하기를, "나라가 수모를 당했을 때 그 치욕을 모두 짊어질 수 있어야 임금이라고 할 수 있고, 나라에 재난이 발생했을 때, 사사로움을 버리고 오직 백성들을 생각해야 세상이 그를 지도자로 인정하고 따른다."

반면에 '군자'는 비록 '성인'과 같이 태어나면서부터 '도'를 이해하고 실천한 인물은 아니지만, 옛 '성인'의 '도'를 온전하게 배우고 부단히 노력하여 실천한 소강사회의 지도자를 일컫는 것이다. 그렇다면 '군자'는 구체적으로 누구를 지칭하는 것일까?

今大道既隱, 天下爲家。(생략) 禹, 湯, 文, 武, 成王, 周公由此其選也。此六君子者, 未有不謹于禮者也。(생략) 是謂小康。
오늘날에는 큰 도가 사라졌으니, 세상이 가천하(家天下)가 되었다. (생략) 우, 탕, 문왕, 무왕, 성왕, 주공은 이것(예의)으로 그것(시비)을 선별했다. 이 여섯 군자들은, 예의에 삼가지 않는 이가 없

었다. (생략) 이를 일컬어 소강이라고 한다. [禮記(예기)] 〈禮運(예운)〉

따라서 '군자'란 대동사회가 끝난 후인 하나라와 상나라·주나라 3대 중에서 나라를 태평성대로 이끈 여섯 명의 지도자 — 우, 탕, 문왕, 무왕, 성왕, 주공을 지칭하는 것임을 알 수 있다. 그리고 이를 통해서 노자가 왜 [도덕경]에서 성인만을 언급했는지 이해할 수 있으니, 바로 여기서도 노자는 오직 대동사회로의 복귀만을 소리 높여 외쳤던 것임을 다시 한 번 확인할 수 있다.

또한 바로 위에서 소개한 공자의 "군자임에도 어질지 않은 사람은 있다."라는 발언은, 바로 신하된 자로서 각각 하나라와 상나라 마지막 임금이자 희대의 폭군이었던 걸주(桀紂)임금을 무력으로 벌한 상나라 탕왕과 주나라 무왕을 완곡하게나마 애둘러 말한 것임 역시 알 수 있을 것이다. 이 점에 대해서는 '무위자연'편의 '어질 인(仁)'을 풀이한 부분을 참고하기 바란다.

이제 마지막으로 '성인'과 '성스러울 성(聖)'과 '군자'의 '임금 군(君)' 한자를 풀이함으로써, 그 뜻을 보다 명확하게 밝혀보기로 하자.

[설문해자]에 따르면, '성스러울 성(聖)'은 '귀 이(耳)'에서 뜻이 오고 '드릴 정(呈)'에서 소리가 온 형성(形聲)문자이다. 따라서 성스럽다는 것은 양쪽의 귀가 조리가 있어 순탄하다는 뜻이다. 그런데 형성문자에서 소리를 담당하는 부분은 보통 뜻도 함께 주는 경우가

많으므로, '드릴 정(呈)'은 그 뜻도 함께 들어간다. 즉 '드릴 정(呈)'은 아랫사람이 윗사람에게 바치는 것이므로, 이는 바로 보고한다는 것을 뜻한다. 따라서 '성인'이란 신분상 아래에 있는 신하가 백성의 뜻을 모아 위에 보고하면, 그 말에 귀 기울여서 새겨 듣는 인물이 바로 '성인'이라는 의미를 지니게 되는 것이다.

'임금 군(君)'은 '또 우(又)'와 '한 일(一)' 그리고 '입 구(口)'로 나눌 수 있다. 따라서 '임금 군(君)'은 이 세 가지 단어가 합쳐져서 새로운 뜻을 만들어낸 회의(會意)문자가 되므로, 이제 하나씩 살펴보도록 하자.

[설문해자]에 따르면, '또 우(又)'는 본래 오른손을 나타낸 상형(象形)문자이다. 즉 자주 사용하는 오른손을 형상화하여 자꾸 쓰는 손이라는 취지에서 '또, 거듭'이라는 의미가 생겨났다. 손가락 세 개만을 표시한 이유는 다섯 손가락 중에서 주로 쓰는 엄지와 검지 그리고 중지만을 표시하고, 잘 쓰지 않는 나머지 약지와 새끼손가락은 생략했기 때문이다.

'한 일(一)'은 '오직, 다만, 단지'의 뜻을 지녔다. '덕'을 설명하는 부분에서 보다 구체적으로 설명하겠지만, 이는 '모두, 전부, 순일(純一)함, 전일(專一)함'을 의미한다. 따라서 [설문해자]에서는 '또 우(又)'와 '한 일(一)'이 합쳐진 것이 '다스릴 윤(尹)'이라고 풀이하고 있다. 다시 말해서, 나라를 다스리는 지도자는 오로지 '하나'만을 장악하여 다스려야 하는 것이다.

'입 구(口)'는 말을 하거나 음식을 섭취하는 입의 위치를 표시한 상형문자이다. 그런데 노자의 [도덕경]이나 공자의 [논어] 등에서는 모두 지도자의 입을 조심하라고 기록하고 있으므로, 이는 바로 지도자의 명령을 뜻한다.

이제 이 세 글자의 의미를 종합해보면, 군자(君子)란 '하나' 즉 오로지 백성과 나라를 생각하는 마음자세를 잡아서 명령하는 지도자가 됨을 알 수 있는 것이다.

7. 솔선수범(率先垂範):
본을 보이지 않으면 따르지 않는다.

노자는 3장 첫 구절에서 다음과 같이 말한다.

> **3-1**
>
> **不尚賢, 使民不爭。不貴難得之貨, 使民不爲盜。不見可欲, 使民心不亂。**
> 불상현, 사민불쟁. 불귀난득지화, 사민불위도. 불견가욕, 사민심불란.
>
> 재물을 숭상하지 않으면, 백성들이 다투지 않게 할 수 있다. 희귀한 물품을 귀히 여기지 않으면, 백성들이 도둑질하지 않게 할 수 있다. 욕망을 일으킬 만한 일을 접하지 않으면, 민심이 동요하지 않는다.

지도자가 재물을 축적하는 데 급급해하지 않으면, 백성 역시 서로 가지려고 다투지 않게 된다. 지도자가 진귀한 물건을 귀중하게 생각하지 않으면, 백성 역시 이를 본받아 도둑질하지 않게 된다. 지도자가 사리사욕에 집착하지 않고 욕망을 일으킬 만한 일을 접하지 않으면, 지도자를 신뢰하고 따르게 됨으로써 민심이 흔들리지 않게 된다.

이제 이와 관련하여 다음의 기록을 보면 노자의 의도를 쉬이 이해할 수 있을 것이다.

> 分寶玉于伯叔之國, 時庸展親, 人不易物, 惟德其物。德盛不狎侮, 狎侮君子, 罔以盡人心, 狎侮小人, 罔以盡其力。不役耳目, 百度惟貞。玩人喪德, 玩物喪志, (생략)犬馬, 非其土性不畜, 珍禽奇獸, 不育于國。不寶遠物, 則遠人格, 所寶惟賢, 則邇人安。
>
> 보옥을 백숙(같은 성씨)의 나라에 나누어줌으로써, 친함을 펴시면, 사람들이 물건을 경시하지 않고, 그 물건을 덕스럽게 생각할 것입니다. 덕이 성하면 업신여기지 않게 되는데, 군자를 업신여기면, 사람의 마음을 다할 수 없게 되고, 소인(신분이 낮은 백성)을 업신여기면, 그 힘을 다할 수 없게 됩니다. 귀와 눈을 부리지 않으면, 온갖 법도가 바르게 됩니다. 사람을 경시하면 덕을 잃게 되고, 사물을 경시하면 본심을 잃게 됩니다. (생략) 개와 말은, 그 토양의 것이 아니면 기르지 말고, 진귀한 새와 짐승은, 나라에서 키우면 안 됩니다. 멀리 있는 물건을 귀중하게 여기지 않으면, 멀리 있는 사람들이 이르게 될 것이고, 어진 이들이 귀중히 여겨지면, 곧 가까이 있는 사람들이 편안해지게 됩니다. [尙書(상서)]〈旅獒(여오)〉

여기서 민초(民草)의 의미에 대해서 짚고 넘어가도록 하자. 국어사전을 찾아보면, '민초'란 "백성을 질긴 생명력을 가진 잡초에 비유하여 이르는 말이다."라고 풀이하고 있는데, 과연 그럴까? 공자는 [논어]〈顔淵(안연)〉편에서 다음과 같이 언급한 바 있다.

12-19

季康子問政於孔子曰: "如殺無道, 以就有道, 何如?" 孔子對曰: "子爲政, 焉用殺? 子欲善而民善矣。君子之德, 風; 小人之德, 草。草上之風必偃。"

계강자문정어공자왈: "여살무도, 이취유도, 하여?" 공자대왈: "자위정, 언용살? 자욕선이민선의. 군자지덕, 풍; 소인지덕, 초. 초상지풍필언."

미언: 계강자가 공자에게 정치에 대해 묻기를 "만일 무도한 사람을 죽여, 도가 있도록 이루면 어떻겠소?" 공자가 대답하시기를 "그대는 정치를 함에, 어찌 죽임을 사용하십니까? 그대가 선을 행하고자 하면 백성이 선을 행할 것입니다. 군자의 덕은, 바람이고; 소인의 덕은, 풀입니다. 풀 위에 바람이 불면 반드시 쓰러지는 법입니다."

대의: 노나라 임금인 애공(哀公)의 권력을 능가하여 당시 나라를 쥐락펴락하던 계씨 가문의 경(卿) 계강자가 공자에게 정치에 대해 물었다. "만약 강력한 법으로 백성을 통제하고 이를 어기면 엄벌에 처함으로써, 백성들이 이에 겁을 먹고 바르게 살 수 있도록 하는 공포정치를 행하면 어떻소?" 그러자 공자가 대답했다. "그러한 엄격한 법치는 오래갈 수 없으니, 먼저 지도자가 올바른 길을 걸어야 백성 역시 지도자를 믿고 따르게 됩니다. 따라서 지도자가 바람이라면, 백성은 그 바람이 부는 방향에 따라 기울어지는 풀인 민초인 것입니다."

결국 '민초'란 지도자라는 바람이 부는 방향대로 꺾이는 풀과도 같은 존재가 백성이라는 말이니, 필자 개인적으로는 사전적인 의미보다 공자의 민초에 대한 설명이 더욱 설득력이 있어 보인다.

　한 지도자가 있다. 그는 호화로운 삶을 누리면서 외출할 때마다 멋진 고급차를 타고 다닌다. 그런데 공교롭게도 그런 그의 삶을 매일 마주하게 되는 서민계층의 한 백성이 있다. 그렇다면 이 백성은 저 멋진 고급차를 바라보면서, "저건 내 삶이 아니니까, 나와는 상관없어."라고 생각할까? 아니면 "아, 부럽다! 나도 저런 차를 탈 수 있다면 얼마나 좋을까?"라고 생각할까? 나아가 이 백성에게 경제적 구매능력이 없다면, 그냥 거기서 포기하고 말까? 아니면 수단과 방법을 가리지 않고 어떡해서든 내 것으로 만들려고 할까? 따라서 노자는 이어서 다음과 같이 말하고 있다.

3-2

是以聖人之治, 虛其心, 實其腹, 弱其志, 強其骨.
시이성인지치, 허기심, 실기복, 약기지, 강기골.

이 때문에 성인의 다스림은, 그 마음을 비우게 하고, 그 배를 배불리 채워주며, 그 의지를 약화시키고, 그 뼈대를 강화시키는 것이다.

　따라서 대동사회의 지도자들은 나라를 다스림에 있어, 백성의 재물에 대한 욕구와 사리사욕을 버리게 하였고, 그들의 배를 배불리 채워주었으며, 그들이 불만을 가지거나 얕은꾀를 부리지 않도록 하고, 그들이 농사 등 자신들이 해야 할 바에 전념하도록 해주었으니, 이것이 바로 백성들의 천성에 따라 다스리는 도리인 것이다. 즉 지도자가 백성의 천성에 따른다는 것은, 지도자가 백성이 가장 기본적으로 원하는 바인 추위와 배고픔에 허덕이지 않고, 편안하게 자신의 일에 종사할 수 있도록 하는 것이다.

3-3

常使民無知無欲, 使夫智者不敢爲也, 爲無爲, 則無不治.
상사민무지무욕, 사부지자불감위야, 위무위, 즉무불치.

늘 백성들로 하여금 무지하고 욕망도 없게 하여, 무릇 슬기로운 이가 감히 작위하는 바가 없도록 하는 것이니, 무위로서 행하면, 곧 다스리지 못할 것이 없다.

대동의 통치이념이란 현명한 지도자가 솔선수범함으로써, 백성들이 사리사욕을 추구하는 마음을 갖지 않도록 하는 것이다. 그렇게 되면 지도자가 통제할 필요가 없게 되니, 이렇듯 억지로 법률과 제도를 만들어 백성들을 강압하지 않고 그 천성에 따라 나라를 다스리면, 세상이 모두 그에게 귀의하여 순조롭게 통치할 수 있게 되는 것이다.

대동사회의 지도자 즉, '성인'이 통치이념으로 삼은 '도'는 법도(法道)의 줄임말인데, 법도는 "마땅히 지켜야 할 도리"라는 의미를 지니는 형이상학적 추상명사이다. 그러므로 노자는 다음과 같이 말한다.

4-1

道沖, 而用之或不盈。
도충, 이용지혹불영.

도는 비어 있으나, 그것을 씀에는 다함이 없다.

대동사회의 통치이념인 '도'는 자기 것을 자기 것으로 여기지 않아서 겉으로는 마치 없는 듯하지만, 남을 위해 베풀기에 실제로는 끊임없이 생겨나는 것이다. 이렇듯 인위적으로 제도를 만들어 통제하지 않고 천성에 따라 다스리는 대동의 통치이념은 언뜻 보기에는 허술하고도 부족한 점이 많은 듯하지만, 실제로 이러한 통치이념으로 나라를 다스리면 그 통치는 엄격한 제도로 통제하는 것보다 오히려 백성의 끊임없는 지지와 신망을 얻게 되어서 부족함이 없게 된다.

그런데 노자는 이어서 또 다음과 같이 말하고 있다.

4-2

淵兮, 似萬物之宗。
연혜, 사만물지종.

심오하니, 마치 만물의 종주인 듯하다.

이러한 대동사회의 통치이념은 대단히 오묘한 것이니, 엄격하고도 세분화된 제도로 나라를 통제하기 시작한 소강사회보다 훨씬 더 앞서서, 세상이 시작될 때부터 존재했다.

만물의 종주라는 것은 과연 어떠한 의미를 함축하고 있을까? 언뜻 피상적으로만 살펴봐도, 이 세상의 온갖 것들인 만물을 창조한 그 어떠한 존재라는 것을 추측할 수 있을 것이다. 중국인들에게 있어서 인류의 시작은 곧 세상의 시작이고, 인류라는 피조물을 만든 존재는 다름 아닌 삼황오제(三皇五帝), 그중에서도 특히 복희씨(伏羲氏)와 여와씨(女媧氏)로 인지되어 왔으며, 이러한 삼황오제가 이끌었던 대동사회는 세상의 시작과 더불어서 함께 존재해왔다. 다시 말해서 만물의 종주는 세상의 시작과 상통하는 인류 창조주와 같은 개념이 되는 것이고, 그러한 세상의 시작은 다름 아닌 대동사회라는 점에 유의할 필요가 있다.

따라서 노자는 이 구절을 통해서 이러한 대동사회의 통치이념인 '도'는 대단히 오묘한 것이니, 엄격하고도 세분화된 제도로 나라를 통제하기 시작한 소강사회보다 훨씬 더 앞서서 세상이 시작될 때부터 존재했다고 설명하는 것이다.

4-3

挫其銳, 解其紛, 和其光, 同其塵.
좌기예, 해기분, 화기광, 동기진.

그 날카로움을 억누르게 하고, 그 분규를 해결하며, 그 광채를 조화롭게 하고, 그 속세와 함께 한다.

이 문장의 핵심은 화(和)와 동(同)이다. 화(和)는 희로애락의 감정을 숨기지 않고 자연스럽게 모두 드러내 표출시키는 것이니, 기쁨과 분노 그리고 슬픔과 즐거움이 각각 고유의 특성을 유지하면서도 서로 충돌하지 않고 조화를 이룬다는 뜻이다. 즉 화(和)는 서로의 수준이 다름을 인식하면서도 함께 어우러져 사이가 좋은 상태를 말하니, '조화로움' 또는 '어울림'이라고도 표현할 수 있다.

반면에 동(同)이란 같은 수준으로 합쳐져서 서로의 구별이 없이 똑같아지는 상태를 말하니, '같이 함' 또는 '아우름'이라고 표현할 수 있다. 이처럼 노자는 이처럼 화(和)의 '어울림'과 동(同)의 '아우름'을 모두 중시하고 있는데, 그렇다면 공자는 과연 어떨까?

13-23

子曰: "君子和而不同, 小人同而不和."
자왈: "군자화이불동, 소인동이불화."

미언: 공자가 이르시기를 "군자는 조화롭게 지내지만 같이 하지는 않고, 소인은 같이 하지만 조화롭게 지내지는 못한다."

공자는 군자 즉 '도'를 배우고 부단히 노력하여 실천하는 올바른 지도자란 서로 수준이 다른 이들과 함께 어우러져 사이가 좋지만, 그들과 같은 수준으로 합쳐져서 구별이 없이 똑같아지지는 않는다고 말한다. 반면에 소인 즉 하루하루 밥 빌어먹기에도 바쁜 신분이 비천한 이는 다른 이들과 같은 수준으로 합쳐져서 구별 없이 똑같아질 뿐, 서로의 수준이 다름을 인식하면서도 함께 어우러질 수는 없다고 강조하고 있는 것이다.

이해를 돕기 위해서 비근한 예 하나를 들자면, 대동사회에서는 농업을 통치의 가장 중요한 내용 중 하나로 인지했고, 또 그렇기 때문에 임금이 솔선수범하여 백성들과 함께 농사에 참여했다. 따라서 농가사상(農家思想) 역시 농사는 임금과 신하가 함께 경작해야 한다는 취지가 담겨있으니, 단순히 농업기술을 언급한 것이 아니라 농업을 통한 통치사상을 설파하려 한 것으로, 왕을 포함한 모든 사람이 자신의 노동으로 생활을 유지함으로써 대동사회 지도자의 치세방법을 회복해야 한다고 주장한 것이다.

반면에 공자는 [논어]의 여러 지면을 통해서, 지도자가 덕을 배풂에 힘씀으로써 '도'를 행하게 되면 나라가 안녕하니 결국 힘을 쓰는 것은 아랫사람이 하는 것이라고 말하고 있다. 그리고 바로 이것이 노자와 공자의 또 하나 중요한 차이가 된다는 점은 참고할 수 있다.

다시 돌아와서 4-3의 의미를 되새겨보자면, 대동사회의 통치이념인 '도'는 날카로운 사회의 모순을 억눌러 둥글게 하고, 그 혼란과 어지러움을 원만하게 해결하며, 모든 긍정적인 것과 그렇지 못한 것들의 기세를 조화롭게 하고, 속세와 한데 어우러져서 어느 누구 하나 버리지 않고 함께 한다는 것이다.

그리고 노자는 다음과 같이 4장을 마무리하고 있다.

4-4

湛兮似或存, 吾不知誰之子, 象帝之先.
잠혜사혹존, 오부지수지자, 상제지선.

맑고 투명하지만 마치 존재하는 듯하니, 나는 누구의 후대인지는 몰라도, 상제의 앞이다.

대동사회의 통치이념은 눈으로 보이지는 않지만 분명히 존재하는데, 이러한 대동사회의 통치이념이 어떤 존재보다 늦게 나타났는지는 몰라도, 분명 소강사회의 제도보다는 앞서서부터 존재했다.
　그러므로 대동사회를 이끌었던 참된 지도자인 '성인'은 아무런 노력을 하지 않아도 스스로 태평성대를 이뤘던 것이 아니다. 나라를 다스리는 통치이념인 '도'로서 다스리되, 부단히 자신을 갈고닦음으로써 백성들에게 올바른 모습을 먼저 보였던 것이다. 따라서 지도자가 반드시 갖춰야 할 기본적인 태도는 바로 백성에게 시키고자 하는 것이 있다면 먼저 자신이 솔선수범하는 즉, 노블레스 오블리주(noblesse oblige)의 자세가 되는 것이다. 그러므로 노자는 18장과 19장에서 다음과 같이 말한다.

18-2

智慧出, 有大僞。
지혜출, 유대위.

지혜가 나타나면, 심각한 허위가 발생한다.

　지도자가 대동사회의 도리를 지키지 않고 영리함과 얕은꾀를 추구하게 되면 백성 역시 그대로 따라하게 되므로, 사회가 혼란스러워진다.

19-1

絕聖棄智, 民利百倍。
절성기지, 민리백배.

슬기로움을 단절하고 지혜를 버리면, 백성들이 백배 이익을 누릴 수 있다.

지도자가 영리함과 얕은꾀를 생각해내는 태도를 버리고 '덕'으로 나라를 다스리면 백성 역시 지도자를 따르므로, 오히려 더 많은 혜택을 누리며 행복하게 지낼 수 있게 된다.

19-3

絕巧棄利, 盜賊無有。
절교기리, 도적무유.

재주를 단절하고 이익을 버리면 도적이 없어질 수 있다.

지도자가 작은 꾀를 버리고 사사로운 이익을 탐하는 태도를 취하지 않으면, 백성 역시 지도자의 마음을 이해하고 사리사욕에 집착하지 않게 되어 도적질을 하지 않게 된다.

하지만 이러한 이론을 아는 것도 중요하지만, 그보다 더 소중한 가치가 있다.

33-3

知足者富, 強行者有志.
지족자부, 강행자유지.

만족함을 아는 이는 풍요롭고, 굳건히 행하는 자는 의지가 있다.

스스로 만족할 줄 아는 사람은 욕심이 없어서 마음이 풍요롭고, 변치 않고 실천하는 사람은 굳센 의지가 있다.

이와 관련하여 다음의 기록을 살펴보자.

> 說拜稽首曰: 非知之艱, 行之惟艱, 王忱不艱, 允恊于先王成德, 惟說不言有厥咎.
>
> 부열이 절하고 머리를 조아리며 말했다: "아는 것이 어려운 것이 아니라, 행하는 것이 어려운 것입니다. 임금께서 정성껏 하여 어렵다고 여기지 않으시면, 능히 선왕이 이루신 덕을 따를 것이니, 저 부열이 말씀드리지 않는다면 (저에게) 허물이 있는 것입니다." [尙書(상서)] 〈說命(열명)〉

이러한 리더십의 이론을 깨닫고 이해하는 것은 중요하지만, 그 이론을 몸소 실천하지 못한다면 결국 모르는 것과 별반 차이가 없게 되는 것이다.

8. 박(樸): 순일(純一)한 덕(德)

> 42-1
>
> 道生一, 一生二, 二生三, 三生萬物.
> 도생일, 일생이, 이생삼, 삼생만물.
>
> 도는 하나를 낳고, 하나는 둘을 낳으며, 둘은 셋을 낳고, 셋은 만물을 낳는다.

앞에서 언급했다시피, '도' 바로 밑의 하위개념은 '덕'이다. 그런데 노자는 이 '도'가 '하나'를 낳는다고 하고 있으니, '하나' 즉 '한 일(一)'은 과연 어떠한 의미를 지니는 것일까?

덕(德)은 본래 덕(悳)으로 쓰였다가 후대에 '조금 걸을 척(彳)'이 첨가되었다. 따라서 본래의 문자는 덕(悳)인데, 이는 '곧을 직(直)'과 '마음 심(心)'이 합쳐진 회의(會意)문자이다. '곧을 직(直)'은 '열 십(十)'과 '눈 목(目)' 그리고 '숨을 은(乚)'이 합쳐져서 만들어진 회의문자로서, 열 개의 눈으로 숨은 것을 바라보면 바르고 곧아진다는 뜻이니, **덕(悳)이란 마음을 바르고 곧게 하면 타인이 얻는 바가 있게 되**

고, 자기 자신 역시 얻는 바가 있게 된다는 의미가 되는 것이다.

그런데 다음 기록을 보면, '덕'이란 정치와 직결된 것임을 알 수 있다.

> 自太甲, 歷沃丁, 太庚, 小甲, 雍己, 至太戊, 亳有祥桑穀共生于朝, 一日暮大拱, 伊陟曰, 妖不勝德, 君其脩德, 太戊修先王之政, 二日而祥桑枯死, 殷道復興, 號稱中宗.
>
> 태갑으로부터 옥정 태경 소갑 옹기를 거쳐, 태무에 이르러, 박에 요망한 뽕나무와 곡식(또는 닥나무)이 함께 아침에 나서 하루가 지나 저물녘에 크게 한 아름만 해지니 이척(이윤의 아들)이 말하기를, "요망함은 덕을 이기지 못하니 임금님께서는 그 덕을 닦으소서." 하였다. 태무가 선왕(선대의 어진 임금)의 정치를 닦으니 이틀 만에 요망한 뽕나무가 말라죽고 은나라의 왕도가 다시 일어나니 이를 불러 중종이라 일컬었다. [十八史略(십팔사략)] 〈殷王朝篇(은왕조편)〉

그리고 이러한 개념은 [도덕경] 59장에도 보인다.

59-1

治人事天莫若嗇, 夫唯嗇, 是謂早服, 早服謂之重積德.
치인사천막약색, 부유색, 시위조복, 조복위지중적덕.

백성을 다스리고 하늘을 섬김에 있어 인색한 것만한 것이 없는데, 무릇 인색함, 이는 앞서서 따름을 일컫는 것이니, 앞서서 따름 그것은 덕을 쌓는 것을 중시한다는 것을 이른다.

천성에 따라 스스로 그러하도록 백성을 다스리는 데 있어 인색한 것보다 더 좋은 것이 없는데, 인색함이란 남들보다 앞서서 따르는 것을 말하는 것이니, 앞서서 따른다는 것은 바로 '덕'을 쌓는 것을 중시한다는 뜻이다.

　따라서 '덕'이라는 것이 정치의 구체적인 방법임을 알 수 있는데, 이제 그 구체적인 항목들에 대해서 살펴보기로 하자.

> 皋陶曰:"都! 亦行有九德。亦言, 其人有德, 乃言曰, 載采采。"禹曰: "何" 皋陶曰:"寬而栗, 柔而立, 愿而恭, 亂而敬, 擾而毅, 直而溫, 簡而廉, 剛而塞, 彊而義。彰厥有常, 吉哉!日宣三德, 夙夜浚明, 有家。日嚴祗敬六德, 亮采, 有邦。翕受敷施, 九德咸事, 俊乂在官, 百僚師師。百工惟時, 撫于五辰, 庶績其凝。"

고요가 말했다: "아! 행함에는 또한 구덕(아홉 가지 덕)이 있습니다. 그 사람에게 덕이 있으면, 이에 가리고 가려 행했다고 말합니다." 우가 말했다: "어떤 것입니까?" 고요가 말했다: "관대하면서도 엄격하고, 온유하면서도 확고히 서며, 정중하면서도 함께하고, 다스리면서도 공경하며, 길들이면서도 강인하고, 정직하면서도 부드러우며, 질박하면서도 청렴하고, 강직하면서도 정성스러우며, 굳세면서도 의로운 것이니, 항상 그러함을 밝히면, 길합니다. 날마다 세 가지 덕을 널리 펴고, 아침저녁으로 삼가 밝히면 가문을 소유할 수 있습니다. 날마다 여섯 가지 덕을 엄격하게 떨치고 공경하며, 명확하게 분간하면, 나라를 소유할 수 있습니다. 합해 거두어 널리 베풀어서, 아홉 가지 덕을 모두 섬기면, 뛰어난 인재가 관직에 있게 되어, 모든 관료가 기준으로 삼고 따를 것입니다. 모든 관료가

때에 맞춰, 오진(오행)을 따르면, 모든 공적이 이루어질 것입니다."

[尚書(상서)] 〈皐陶謨(고요모)〉

상술한 내용들을 정리해보면, 구덕(九德) 즉 아홉 가지 덕은 ① 관이율(寬而栗): 관대하면서도 엄격함, ② 유이립(柔而立): 온유하면서도 확고히 섬, ③ 원이공(願而共): 정중하면서도 함께 함, ④ 치이경(治而敬): 다스리면서도 공경함, ⑤ 요이의(擾而毅): 길들이면서도 강인함, ⑥ 직이온(直而溫): 정직하면서도 부드러움, ⑦ 간이염(簡而廉): 질박하면서도 청렴함, ⑧ 강이실(剛而實): 강직하면서도 정성스러움, ⑨ 강이의(強而義): 굳세면서도 의로움을 말하는 것이다. 이 중에서 삼덕(三德) 즉 세 가지 덕을 행하면 가문을 소유할 수 있으니 바로 '제가(齊家)'를 뜻하고, 육덕(六德) 즉 여섯 가지 덕을 행하면 나라를 소유할 수 있으니 '치국(治國)'을 의미하며, 이 모두를 합친 구덕(九德) 즉, 아홉 가지 덕을 섬기면 모든 관료들이 엄숙하고 삼가게 되니 '평천하(平天下)'를 가리킨다. 그런데 이 아홉 가지 덕목들을 자세히 살펴보면, 모두 강함과 부드러움의 조화라는 공통점을 발견할 수 있을 것이다. 따라서 **덕(德)**이란 바로 **성인들이 행한 엄격함과 부드러움이 통치법을 조화롭게 실천하려는 절조(절개와 지조)**가 되는 것이다. 따라서 노자는 [도덕경] 55장에서 다음과 같이 말한 바 있다.

55-3

骨弱筋柔而握固, 未知牝牡之合而全作, 精之至也。
골약근유이악고, 미지빈모지합이전작, 정지지야.

뼈대는 약하고 근육은 부드러우나 굳건히 움켜쥐고, 강함과 부드러움의 어울림은 알지 못하나 완전하게 작용하니, 정교함의 절정이다.

갓난아이의 뼈대는 아직 약하고 또 근육은 한없이 부드럽지만 꽉 움켜쥔 손만큼은 너무나도 굳건해서, 비록 강함과 부드러움의 조화가 무엇인지조차 이해하지 못하지만 부지불식간에 양극단을 조화롭게 하는 것이니, 그 핵심이 최고조에 이른 것이다.

55-4

終日號而不嗄, 和之至也。
종일호이불사, 화지지야.

온종일 소리 질러도 목이 잠기지 않으니, 조화로움의 절정이다.

또한 갓난아이는 하루 종일 울어대도 목이 잠기지 않는데, 이는 억지로 작위하는 것이 아니라 그 천성을 따르기 때문인 것이니, 조화로움이 최고조에 달한 것이다.

사람이 온종일 소리를 지르는데 어찌 목이 잠기지 않을 수 있겠는가? 하지만 갓난아이는 온종일 소리를 질러도 목이 잠기지 않으니, 이는 갓난아이의 천성이자 억지로 가하지 않는 자연스러움이기 때문이라고 노자는 말하고 있다.

그런데 정치를 하는 지도자가 어떻게 이 강함과 부드러움을 모두 갖춤으로써 조화롭게 실천할 수 있을까? 타인의 실수는 너그러이 포용하여 감싸주는 반면 자신의 실수는 엄격하게 따짐으로써 그 허물을 고치는 데 부끄러워하지 않는 모습, 그리고 자신은 검소하게 지내면서 백성들에게는 오히려 베푸는 모습이 바로 그것이다.

그렇다면 이 '구덕' 중에서 '삼덕'과 '육덕'은 어떻게 구별해야 할까? 이어서 다음의 기록들을 살펴보자.

> 三德, 一曰正直, 二曰剛克, 三曰柔克, 平康正直, 彊弗友剛克, 燮友柔克, 沈潛剛克, 高明柔克。
> 삼덕(세 가지 덕)이라 함은, 첫 번째는 정직함을 말하는 것이요, 두 번째는 강직함으로 다스림을 말하는 것이요, 세 번째는 유함으로 다스림을 말하는 것이니, 평화롭고 안락하면 정직함으로 하고, 굳어서 따르지 않으면 강직함으로 다스리며, 화해하여 따르면 유함으로 다스리고, 성정이 가라앉아 겉으로 드러나지 않으면 강직함으로 다스리며, 식견이 높으면 유함으로 다스리는 것입니다. [尙書(상서)] 〈周書(주서)〉

즉 '삼덕'은 정직함과 강직함 그리고 부드러움으로 다스리는 것을 말하는 것이니, 이는 위의 구덕 중에서 ② 유이립(柔而立): 온유하면서도 확고히 섬, ⑥ 직이온(直而溫): 정직하면서도 부드러움, ⑧ 강이실(剛而實): 강직하면서도 정성스러움에 해당하고, 나머지는 바로 '육덕'이 됨을 알 수 있다. 이제 이를 그림으로 정리하면 다음과 같다.

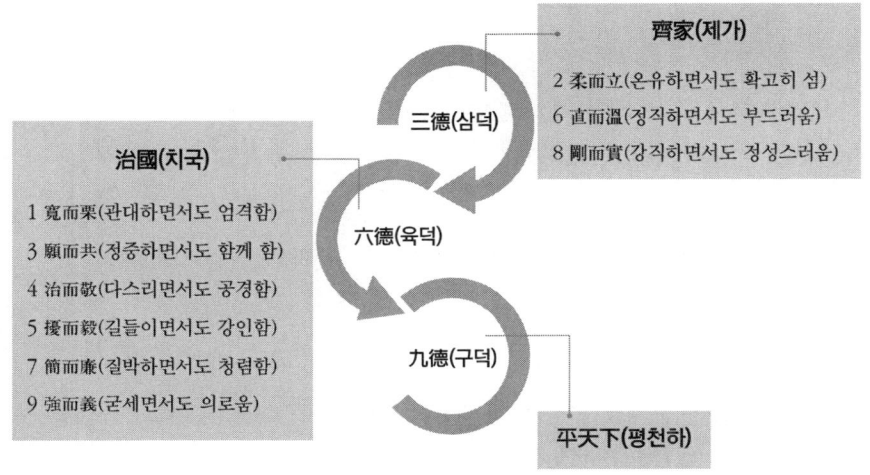

그렇다면 이러한 '삼덕'과 '육덕' 그리고 '구덕'은 언제부터 있었던 개념일까?

> 收九牧之金, 鑄九鼎, 三足象三德。
> (우 임금이) 구주(전 중국)의 쇠를 거두어, 아홉 개의 솥을 주조하니, 세 발은 삼덕을 상징하였다. [十八史略(십팔사략)] 〈夏王朝篇(하왕조편)〉

상술한 기록을 살펴보면 '삼덕'은 우(禹)임금 때 존재했음을 알수 있는데, 그보다 위에서 언급했던 고요의 말을 자세히 살펴보면 순임금 때에 이미 '구덕'의 개념이 확립되어 있음을 엿볼 수 있으니, 이러한 '삼덕' '육덕' '구덕'은 상고시대인 대동의 사회부터 존재했던 것이다.

그리고 노자는 54장에서 다음과 같이 설명한다.

54-2

修之於身, 其德乃眞。
수지어신, 기덕내진.

그것을 잘 닦아 자신에게 행하면, 그 덕은 이에 진실해진다.

이러한 대동의 통치이념을 자신에게 적용하여 닦으면, 그 '덕'은 두 마음을 품지 않는 순일한 '덕'이 된다.

54-3

修之於家, 其德乃餘。
수지어가, 기적내여.

그것을 잘 닦아 가정에 행하면, 그 덕은 이에 남음이 있게 된다.

대동의 통치이념을 가정에 적용하여 닦으면, 그 '덕'은 베풀어서 넘쳐나게 된다.

54-4

修之於鄉, 其德乃長, 修之於國, 其德乃豐.
수지어향, 기덕내장, 수지어국, 기덕내풍.

그것을 잘 닦아 마을에 행하면, 그 덕은 이에 커갈 것이며, 그것을 잘 닦아 나라에 행하면, 그 덕은 이에 풍요로워진다.

대동의 통치이념을 마을에 적용하여 닦으면, 그 '덕'이 베풀어져 더욱 위대해질 것이며, 대동의 통치이념을 나라에 적용하여 닦으면, 그 '덕'이 베풀어져 온 나라에 걸쳐 넉넉해진다.

54-5

修之於天下, 其德乃普.
수지어천하, 기덕내보.

그것을 잘 닦아 세상에 행하면, 그 덕은 이에 보편적으로 두루 미치게 된다.

대동의 통치이념을 온 세상에 적용하여 닦으면, 그 '덕'이 베풀어져 모든 만물에 퍼지게 된다.

> 54-6
>
> 故以身觀身, 以家觀家, 以鄉觀鄉, 以國觀國, 以天下觀天下。
> 고이신관신, 이가관가, 이향관향, 이국관국, 이천하관천하.
>
> 그러므로 자신으로 남을 관찰하고, 자신의 가정으로 남의 가정을 관찰하며, 자신의 마을로서 다른 마을을 관찰하고, 자신의 나라로서 다른 나라를 관찰하며, 세상으로서 세상을 관찰한다.

따라서 대동의 통치이념을 이해하고 실천하는 '성인'은 자신을 살핌으로써 남을 이해할 수 있고, 자신의 가정을 살핌으로써 남의 가정을 이해할 수 있으며, 자신의 마을을 살핌으로써 남의 마을을 이해할 수 있고, 자신의 나라를 살핌으로써 남의 나라를 이해할 수 있으며, 자신의 세상을 살핌으로써 다른 세상을 이해할 수 있는 것이니, 굳이 멀리 나가서 찾지 않는 것이다.

그리고 이는 공자의 이론으로 널리 알려진 수신제가치국평천하(修身齊家治國平天下)의 도리이다. 따라서 이를 통해서, '수신제가치국평천하'는 공자가 처음 언급한 것이 아님을 알 수 있을 뿐 아니라, 그 대상이 바로 '덕'이 됨을 알 수 있다. 즉 **'덕'이란 작은 것에서 큰 것으로 점차 나아가는 step by step(스텝 바이 스텝)의 과정을 밟아야 하는 것이다.** 그러므로 노자는 63장에서 또 다음과 같이 말하고 있다.

63-1

爲無爲, 事無事, 味無味, 大小, 多少, 報怨以德。
위무위, 사무사, 미무미, 대소, 다소, 보원이덕.

무위를 하고, 일이 없음으로 행하며, 무미함을 맛보고, 작은 것을 중히 여기고, 적은 것을 중히 여기며, 원한을 갚음은 덕으로서 한다.

억지로 작위하거나 만들어서 천성을 위배하지 않고, 화려하고 사치스러운 것들을 피해서 평온함을 유지하며, 자신을 아래에 둠으로써 백성을 두려워하고 공경하며, 긍정적인 것과 부정적인 것들을 모두 포용하여 함께 한다.

63-2

圖難於其易, 爲大於其細。
도난어기이, 위대어기세.

어려운 일을 도모하려면 쉬울 때에 착수해야 하고, 큰일을 하려면 자잘한 일부터 시작해야 한다.

행하기 어려운 일은 행하기 쉬울 때에 착수해야 하고, 큰일을 하려면 작은 일부터 시작해야 한다.

63-3

天下難事必作於易, 天下大事必作於細。
천하난사필작어이, 천하대사필작어세.

세상의 어려운 일은 반드시 쉬운 데서 양성되고, 세상의 큰일은 반드시 자잘한 데서 발생한다.

세상에는 처음부터 어렵거나 큰일이란 존재하지 않는다. 따라서 모든 어려운 일은 분명히 쉬울 때 해결하지 않아서 어려워진 것이고, 모든 큰일은 분명히 작을 때 해결하지 않아서 커진 것이다.

63-4

是以聖人終不為大, 故能成其大。
시이성인종불위대, 고능성기대.

이 때문에 성인은 시종 큰일을 하지 않으니, 그러므로 큰일을 이룰 수 있다.

이러한 까닭에 대동사회를 이끈 '성인'들은 일이 커지기를 기다렸다가 하지 않았으니, 유비무환의 자세를 견지했기 때문에 큰일을 이룰 수 있었던 것이다.

> **63-5**
>
> **夫輕諾必寡信, 多易必多難。**
> **부경낙필과신, 다이필다난.**
>
> 무릇 쉬이 승낙하면 반드시 신용이 적어지고, 지나치게 쉽게 보면 반드시 재난이 많아진다.

마찬가지의 도리로, 지도자가 쉬이 승낙하게 되면 나중에 백성이 그를 믿지 못하게 되고, 일을 하찮게 여기면 나중에 더 큰 재난이 계속해서 발생하게 된다.

> **54-7**
>
> **吾何以知天下之然哉? 以此。**
> **오하이지천하지연재? 이차.**
>
> 내가 어찌 세상이 그러함을 알겠는가? 이 때문이다.

내가 어떻게 이렇듯 오묘한 세상의 도리를 깨달을 수 있었겠는가? 바로 상고시대로부터 내려오는 덕치의 실례(實例)들을 보고, 그 안에서 공통점을 이해했기 때문이다.

그리고 위의 구절을 통해서, 노자가 [도덕경]을 통해서 알리고자 한 사상은 노자에게서 나온 것이 아님을 확인할 수 있다. 특히 54-2에서 언급한 것처럼 '덕'은 진실한 것이니, 노자는 먼저 15장에서 다음과 같이 질박함에 대해서 언급하고 있다.

15-7

敦兮其若樸。
돈혜기약박.

돈후하니 그것은 마치 가공하지 않은 목재인 듯하다.

인정이 많고 후하니, 마치 아직 손을 타지 않은 목재인 것처럼 순박하다.

박(樸)은 아직 사람의 손을 타지 않은 통나무를 뜻한다. 따라서 이는 참된 지도자란 인정이 많고 후하므로 마치 아직 세상의 때가 묻지 않은 목재인 것처럼 순박하다는 뜻인데, 이제 이와 관련하여 또 다음의 기록들을 살펴보자.

19-5

見素抱樸, 少私寡欲。絶學無憂。
견소포박, 소사과욕. 절학무우.

수수함을 살피면 질박함을 유지하고, 사사로운 마음을 줄이면 욕망이 줄어든다. 학문을 버리면 근심이 없어진다.

수수함을 드러내면 순박함을 지키게 되고, 사리사욕을 추구하는 마음을 버리면 욕심이 사라지게 된다. 작은 꾀나 궁리를 추구하지 않으면, 오히려 근심이 사라지게 된다.

28-6

爲天下谷, 常德乃足, 復歸於樸。
위천하곡, 상덕내족, 복귀어박.

세상의 계곡이 되면, 상덕이 이에 충족되어, 가공하지 않은 목재로 돌아가게 된다.

백성이 모두 그를 자애롭다고 여겨 신뢰하고 지지하여 따르게 되면, 영원한 '덕'이 이에 조건을 만족하게 되어, 순수한 '덕'으로 나라를 다스리는 대동사회가 실현되는 것이다.

32-1

道常無名, 樸雖小, 天下莫能臣也。
도상무명, 박수소, 천하막능신야.

도는 영원히 이름 지을 수 없으니, 질박하여 비록 미약하지만, 세상이 굴복시킬 수는 없다.

대동의 통치이념이라는 것은 그 어떤 것으로도 정의할 수 없는데, 소박하여서 비록 작게 보이지만, 세상 그 어떤 것에도 종속되지 않는다.

그리고 노자는 여기서도 '도'라는 것이 약하지만 강하다고 말하고 있으니, 다름 아닌 자애로움(부드러움)과 포용을 뜻한다. 이는 뒤에서 보다 구체적으로 설명하겠지만, 물과 공기로 끊임없이 비유되는 메타포(metaphor)와 일치하는 개념이 된다.

37-2

化而欲作, 吾將鎭之以無名之樸。
화이욕작, 오장진지이무명지박.

변화하여 욕망이 생기면, 나는 장차 무명의 질박함으로 그것을 억누를 것이다.

지도자가 사리사욕을 탐하여 나라가 혼란해지면, 나는 대동사회를 이끈 '성인'들처럼 순박함으로 지도자의 사리사욕이 다시 생기지 않게 할 것이다.

37-3

無名之樸, 夫亦將無欲。
무명지박, 부역장무욕.

무명의 질박함은, 무릇 또한 장차 탐욕을 없게 한다.

이러한 대동사회의 통치이념인 순박함은 지도자의 사리사욕을 억누를 수 있으므로, 결국에는 나라를 평안하게 할 수 있다.

41-8

質真若渝。
질진약유.

질박하고 진실된 것은 마치 대충대충 하는 듯하다.

소박하고도 진실한 것은 언뜻 보기에 소홀한 면이 있어 보이는데, 그렇기 때문에 순일한 '덕'으로 나라를 다스리면 엉성하여 부족한 듯해 보이지만, 사실은 그렇지 않은 것이다.

오늘날과 같이 복잡한 법률과 제도들로 통제하는 세상에서 대동의 통치이념으로 백성을 다스렸던 시절을 상상해보면, 상당히 엉성하고 소홀해 보일 수 있다. 하지만 이는 백성을 공경하고 삼가여 그들의 뜻에 따라서 다스리는 것이기 때문에, 오히려 법률이나 제도로 억압하는 것보다 더 백성이 따르게 되는 것이다.

앞에서도 소개했듯이 박(樸)은 "손이 가지 않은 상태" 즉, 억지로 다듬지 않음을 뜻한다. 그런데 여기서 주의해야 할 것이 노자는 결코 무법(無法)주의자가 아니라는 점이다. 그가 주장하는 것은 최소한의 누구나 공감하고 따라야 하는 기본적인 원칙이 필요하다는 것으로, 이러한 원칙을 자꾸 세분화하고 정형화하는 것을 반대할 뿐인 것이니, 그는 작은 범주의 법치(法治)주의보다 더 큰 포괄적 개념인 덕치(德治)주의를 지향했던 것이다. 즉 세분화된 제도와 형벌로 통제하지 말아야 한다는 것이 노자의 변치 않는 관점이니, 이는 다시 한 번 고조선의 8조법을 떠올리면 이해가 쉬울 것이다.

57-7

故聖人云; 我無爲而民自化, 我好靜而民自正, 我無事而民自富, 我無欲而民自樸.
고성인운; 아무위이민자화, 아호정이민자정, 아무사이민자부, 아무욕이민자박.

그러므로 성인이 이르기를: 내가 작위함이 없으면 백성들이 스스로 교화되고, 내가 고요함을 좋아하면 백성들이 스스로 바로잡으며, 내가 일을 만들지 않으면 백성들이 스스로 풍요롭게 되고, 내게 욕망이 없으면 백성들이 스스로 소박해진다.

따라서 대동사회를 이끈 '성인'들은 말한다. "지도자가 억지로 작위하지 않으면 백성이 그 천성에 따라 스스로 그러하게 되고, 지도자가 말이나 명령을 함부로 하지 않으면 백성이 다른 마음을 품지 않게 되며, 지도자가 법률이나 제도로서 억지로 통제하지 않으면 백성 스스로 해야 할 일을 하게 되어 삶이 넉넉해지게 되고, 지도자가 사리사욕을 탐하지 않으면 백성이 지도자를 본받아서 소박하게 지낸다."

아울러서, 이 말은 다음의 기록을 살펴보면 그 뜻을 더욱 명확하게 알 수 있을 것이다.

堯舜帥天下以仁, 而民從之; 桀紂帥天下以暴, 而民從之。其所令反
其所好, 而民不從。

요순이 세상을 거느림에 인으로 하니, 백성들이 따르고; 걸주가 세상을 거느림에 포악함으로 하니, 백성들이 따랐다. 명령하는 바가 좋아하는 바에 반하면, 백성이 따르지 않는다.〈大學, 傳(대학, 전)〉

요임금과 순임금이 '덕'으로 다스리자 백성들이 '덕'을 갖췄고, 걸 임금과 주 임금이 포악함으로 다스리자 백성들이 포악해졌으니, 이는 즉 지도자의 인품이 그만큼 중요함을 강조하는 것으로, 마치 "윗물이 맑아야 아랫물이 맑다." 또는 "풀은 바람의 방향에 따라 기우니, 백성은 지도자의 모습을 그대로 따라서 기울어지는 민초(民草)다."라는 표현과도 일맥상통한다고 볼 수 있을 것이다.

그렇다면 이렇듯 사사로움을 탐하지 않는 질박함의 '덕'은 구체적으로 무엇을 말하는 것일까? 노자는 이와 관련하여, 10장에서 다음과 같이 말하고 있다.

10-1

載營魄抱一, 能無離乎?
재영백포일, 능무리호?

정신을 경영하여 하나로 파악함에 있어, 분리됨이 없을 수 있는가?

정신을 분산시키지 않고 다른 것이 섞이지 않은 순수한 '덕'을 이해함으로써, 사심을 품지 않고 한결같이 대동의 통치이념으로 나라를 다스릴 수 있겠는가?

10-2

專氣致柔, 能嬰兒乎?
전기치유, 능영아호?

기운을 집중하여 유순함에 도달함에 있어, 능히 순수함을 지닐 수 있는가?

기운을 집중하여 자애로움의 덕치를 펼침에 있어서, 딴 마음을 품어서 사리사욕을 탐하지 않고 순수한 덕을 쌓을 수 있겠는가?
이제 이와 관련하여서는, 또 다음의 기록을 살펴보자.

> 夏王弗克庸德, 慢神虐民, 皇天弗保, 監于萬方, 啓迪有命, 眷求一德, 俾作神主。惟尹躬曁湯, 咸有一德, 克享天心, 受天明命。(생략) 非天私我有商, 惟天佑于一德, 非商求于下民, 惟民歸于一德。德惟一, 動罔不吉, 德二三, 動罔不凶。

하나라 왕이 덕을 능히 변치 않게 하지 못하여, 귀신을 업신여기고 백성들을 해치자, 황천이 보호하지 않고, 만방을 살펴보아, 천명이 있는 이를 가르쳐 길을 열었고, 순일(純一)한 덕(德)이 있는 이를 찾아 돌보시니, 귀신을 받드는 주인이 되게 하였습니다. 저 이윤은 몸소 탕(탕왕)과 함께, 모두 순일한 덕을 갖춰서, 능히 천심을 누릴 수 있었으니, 하늘의 밝은 명을 받은 것입니다. (생략) 하늘이 우리 상나라에 사사로움이 있는 것이 아니라, 하늘이 순일한 덕을 도운 것이고, 상나라가 백성들에게 청한 것이 아니라, 백성들이 <u>순일한 덕</u>으로 귀속한 것입니다. 덕이 한결같으면, 움직여서 길하지 않은 것이 없고, 덕이 두셋으로 나뉘면(한결같지 않으면), 움직여서 흉하지 않은 것이 없습니다. [尙書(상서)] 〈咸有一德(함유일덕)〉

위의 문장을 살펴보면 여기서 '하나'란 '순일한 덕'을 암시하는 것임을 알 수 있는데, 이러한 '순일한 덕'은 바로 하늘이 부여한 천성에 따라 두 마음을 품지 않고 한결같게 행하는 순수한 자애로움이다. 따라서 노자는 아래에 제시하는 구절들처럼, 일관되게 '하나'로 나라를 다스리는 것이 얼마나 중요한지를 강조한다.

22-2

是以聖人抱一, 為天下式。不自見故明, 不自是故彰, 不自伐故有功, 不自矜故長。夫唯不爭, 故天下莫能與之爭。
시이성인포일, 위천하식. 불자견고명, 불자시고창, 불자벌고유공, 불자긍고장. 부유부쟁, 고천하막능여지쟁.

이 때문에 성인은 하나로 파악하여, 세상을 다스리는 규범으로 삼는다. 자기의 안목에만 의존하지 않기 때문에 명확하게 판단하고, 스스로 옳다고 여기지 않기 때문에 분명히 하며, 스스로 자랑하지 않기 때문에 공로가 있고, 거만하지 않기 때문에 서열이 높아진다. 무릇 다투지 않기 때문에, 그러므로 세상은 그와 다툴 수가 없다.

이러한 도리를 깨달았기 때문에, 대동사회를 이끈 '성인'들은 순수한 '덕'을 명확하게 이해하여 세상을 다스리는 규범으로 삼은 것이다. 자기의 안목에만 의지하지 않고 많은 이들에게 물어서 옳은지 그른지를 구별했기 때문에 명확하게 판단했고, 스스로 옳다고 여기지 않아서 항상 많은 이들에게 상의했기 때문에 시비를 분명히 가렸으며, 자기가 뛰어나다고 자랑하지 않고 항상 삼가여 노력했기 때문에 위대한 업적을 세울 수 있었고, 자신의 지위에 거만해하지 않았기 때문에 오히려 남들보다 더 두각을 나타나게 되었다. 이처럼 자기를 뒤로하고 백성 아래에 두었기 때문에 백성이 그를 신뢰하고 지지하였으니, 세상 어느 누구 하나 감히 그에게 시비를 걸지 못하고 따르게 되었던 것이다.

> **39-2**
>
> 其致之, 天無以淸將恐裂, 地無以寧將恐發, 神無以靈將恐歇, 谷無以盈將恐竭, 萬物無以生將恐滅, 侯王無以貴高將恐蹶.
> 기치지, 천무이청장공열, 지무이녕장공발, 신무이령장공헐, 곡무이영장공갈, 만물무이생장공멸, 후왕무이귀고장공궐.
>
> 그것을 그만두게 되어, 하늘이 청명하지 않으면 무너질 것이고, 땅이 평온하지 않으면 흩어질 것이며, 오묘함이 영험하지 않으면 멈출 것이고, 계곡이 넉넉하지 않으면 사라질 것이며, 만물이 생동하지 않으면 멸망할 것이고, 천자와 제왕이 귀히 여기고 숭상하지 않으면 와해될 것이다.

두 마음을 품지 않는 순일한 '덕'을 얻지 못하여, 하늘이 맑고도 밝지 않으면 무너질 것이고, 땅이 고요하고 평안하지 않으면 흩어질 것이며, 오묘함은 거룩하고 슬기롭지 않으면 멈출 것이고, 자애로움은 충만하여 여유가 있지 않으면 사라질 것이며, 만물에 생기가 감돌지 않으면 멸망할 것이고, 지도자가 백성을 귀히 여기고 숭상하지 않으면 나라가 와해될 것이다.

이제 이와 관련하여 다음의 기록을 살펴보면, 그 뜻을 보다 명확하게 이해할 수 있을 것이다.

少昊之衰, 九黎亂德, 民神雜糅, 不可方物.

소호가 쇠하자, 구주에서 덕이 문란하게 되고, 백성들과 귀신이 뒤섞여 혼잡해졌으며, 만물이 동등해지지 못했다. [十八史略(십팔사략)] 〈五帝篇(오제편)〉

따라서 노자가 말하는 박(樸)은 일(一) 즉 '하나'로 일관하는 순수함을 뜻하니, 이는 지도자가 사리사욕을 탐하지 않고 오로지 나라와 백성의 안위만을 생각하는 순일(純一)한 덕이 됨을 알 수 있다.

그렇다면 '순수함'이란 과연 어떤 의미를 함축하고 있는 것이기에, 노자는 이처럼 순수함의 덕을 강조하고 있는 것일까? 우리는 살아가면서, '순수함, 순박함과 '순진함'이라는 단어를 종종 사용하곤 한다. 그런데 사람들은 '순수함, 순박함'에 대해서는 긍정적으로 생각하는 반면, '순진함'에 대해서는 상당히 부정적으로 받아들인다. 왜 그럴까? 이제 그 차이점을 설명해보기로 하자.

a와 b라는 투명한 유리컵이 앞에 놓여 있다. 그리고 각각 두 컵에 맑은 물을 따라보자. 과연 두 컵 중에서 어느 것이 순진하고 어느 것이 순수한 것일까? 물론 현재로서는 전혀 차이점이 전혀 보이지 않는다. 그런데 이제 b컵에 숟가락으로 흙 한 숟가락을 붓는다면, 어떻게 될까? 이제 a와 b의 차이점이 명확해질 것이다. a컵은 맑은 상태를 유지하고 있는 반면, b컵은 흙탕물이 되어버렸으니까. 따라서 사람들은 a컵이 맑고 깨끗한 반면, b컵은 더럽다고 말한다. 그렇다면 어느 것이 순수한 것이고, 어느 것이 순진한 것일까? 물론 아직까지 이 문제의 대답을 구하기에는, 시간이 다소 이르다.

하지만 시간이 지날수록 b컵의 흙탕물이 점차 맑아지면서 흙은 아래로 침전되고, 윗부분은 다시 맑은 상태를 회복한다. 이제 여기서 다시 한 번 생각해보자. a컵과 b컵 중에서, 과연 어떤 것이 순수한 것이고 어떤 것이 순진한 것일까?

답부터 말하자면, a컵은 처음부터 지금까지 그저 깨끗함만을 알 뿐 더러움은 알지 못하니, 이는 순진함이다. 반면에 b컵은 더러움을 겪었으나 그것을 극복해내고 다시 깨끗함을 회복했으니, 이것이 바로 순수함인 것이다. 즉 순수함은 세상의 온갖 유혹과 혼란스러움을 극복하고 다시 찾은 깨끗함이요, 이는 검증받은 것이므로 진정한 강함이 되는 것이다.

그러므로 노자는 이미 한 가지 도리를 깨닫고 있었음을 알 수 있다. 참된 순수함을 견지하는 지도자는 다시 세속의 유혹에 부딪혀도 극복할 수 있는 힘을 지니고 있다. 이것이 진정한 강함을 이해하는 지도자라고 말이다.

'덕'이란 '성인'들이 행한 강함과 부드러움의 통치법을 조화롭게 실천하려는 절조(節操: 절개와 지조)이다. 따라서 **일(一)이란 바로 순일(純一)한 덕(德)**을 가리키는 것이고, 이러한 순일(純一)한 '덕'은 천명(天命)에 따라 두 마음을 품지 않고 한결같이 행하는 절조, 다시 말해서 **지도자가 사사로운 이익을 탐하지 않고 오로지 백성들과 나라를 생각하는 절조**를 뜻함을 알 수 있다.

이제 다음으로는 이러한 순일(純一)한 '덕'을 실천하기 위해서 필요한 요소들에는 또 무엇이 있는지 살펴보기로 하자.

9. 중(中): 객관성과 공정성

> **42-1**
>
> **道生一, 一生二, 二生三, 三生萬物。**
> **도생일, 일생이, 이생삼, 삼생만물.**
>
> 도는 하나를 낳고, 하나는 둘을 낳으며, 둘은 셋을 낳고, 셋은 만물을 낳는다.

앞에서 '하나'는 '순일한 덕'을 의미한다고 풀이한 바 있다. 그런데 노자는 이 '하나'가 '둘'을 낳는다고 하고 있으니, '둘'이 의미하는 것은 무엇일까?

노자는 먼저 [도덕경] 5장에서 다음과 같이 운을 떼고 있다.

> **5-4**
>
> **多言數窮, 不如守中。**
> **다언삭궁, 불여수중.**
>
> 말이 많으면 누차 곤궁해지니, 중간을 지키는 것이 낫다.

지도자가 '덕'을 닦지 않아서 함부로 말하거나 명령을 내리게 되면, 나라를 다스리는 데 있어 항상 어려운 문제들이 발생하게 된다. 따라서 어느 한쪽으로 치우치지 않고 객관적이고도 공정한 태도를 유지하는 자세를 취하는 것이 대단히 중요한 것이다.

그렇다면 노자는 왜 중(中)에 대해서 언급하고 있는 것일까? 이어서 10장의 다음 구절을 살펴보자.

> **10-3**
>
> 滌除玄覽, 能無疵乎?
> 척제현람, 능무자호?
>
> 관직을 줌에 깨끗하고 들여다봄에 통달함에 있어, 결점이 없을 수 있는가?

지도자가 관리를 임용할 때 공정한 방법으로 인재를 선발하고, 또 선발한 인재가 과연 덕망이 있는지를 깊이 있게 관찰함에 있어, 모든 이들이 그 선발기준과 자격에 동의하게 할 수 있는가?

이처럼 '중'은 한쪽으로 치우치지 않고 객관적이고도 공정한 자세를 뜻하니, 이제 아래의 기록들을 통해서 옛날의 '성인'들은 과연 어떻게 '중'을 실천했는지 살펴보자.

> 帝嚳漑執中而遍天下, 日月所照, 風雨所至, 莫不從服.
> 제곡은 이미 중을 잡아 두루 세상에 미쳤으므로, 해와 달이 비치는 곳과, 바람과 비가 이르는 곳이면, 복종하지 않는 것이 없었다. [史記(사기)] 〈五帝本紀(오제본기)〉
>
> 帝曰: "來, 禹! 降水儆予, 成允成功, 惟汝賢. 克勤于邦, 克儉于家, 不自滿假, 惟汝賢. 汝惟不矜, 天下莫與汝爭能. 汝惟不伐, 天下莫

與汝爭功。予懋乃德, 嘉乃丕績, 天之歷數在汝躬, 汝終陟元后。人心惟危, 道心惟微, 惟精惟一, 允執厥中。無稽之言勿聽, 弗詢之謀勿庸。可愛非君? 可畏非民? 衆非元后, 何戴? 后非衆, 罔與守邦。欽哉! 愼乃有位, 敬修其可願, 四海困窮, 天祿永終。"

(순)임금이 말했다: "오시오, 우여! 물이 내려(홍수가 발생하여) 나를 주의시켰는데, 믿음을 이루고 공을 이루었으니, 그대의 어짊 때문이오. 나라에 능히 부지런하고, 집안에 능히 검소하며, 스스로 만족하여 위대한 체하지 않으니, 그대의 어짊 때문이오. 그대는 자랑하지 않기에, 세상은 그대와 기량을 다툴 수 없고, 그대가 드러내지 않기에, 세상은 그대와 공을 겨룰 수가 없소. 나는 그대의 덕을 독려하고, 그대의 큰 공을 기리니, 하늘의 헤아림이 그대 몸에 있어서, 그대가 결국에는 임금에 오를 것이오. 사람의 마음은 위태롭고, 도의 마음은 희미하니, 정성스럽고도 한결같이, <u>그 중을 진실로 잡아야 하오</u>. 상의하지 않은 말은 듣지 말고, 상의하지 않은 계책은 쓰지 마시오. 사랑할 만한 것이 임금이 아니겠소? 두려워할 만한 것이 백성이 아니겠소? 백성들은 임금이 아니면 누구를 받들겠소? 임금은 백성이 아니면, 더불어 나라를 지킬 사람이 없소. 공경하시오! 삼가면 이에 자리가 있게 되고, 공경하여 베풀면 바랄 수 있으니, 온 나라가 곤궁해지면, 하늘이 준 복록도 영영 끝나게 되오."[尙書(상서)] 〈大禹謨(대우모)〉

子曰: 舜其大知也與, 舜好問而好察邇言, 隱惡而揚善。執其兩端, 用其中於民, 其斯以爲舜乎。

공자가 말씀하시기를: 순임금은 크게 지혜로우셨으니, 순임금은 묻기를 좋아하시고 천근한 말(깊이가 없는 얕은 말)도 살피기를 좋

아하셨으며, 악함은 숨기시고 선함을 드러내셨다. 그 양 극단을 잡아, 백성들에게 그 중간을 쓰셨으니, 이 때문에 순임금이 되셨다.
[禮記(예기)] 〈中庸(중용)〉

帝曰: "(생략) 予懋乃德, 嘉乃丕績, 天之歷數在汝躬, 汝終陟元后。人心惟危, 道心惟微, 惟精惟一, 允執厥中。"
(순)임금이 말했다: "(생략) 나는 그대의 덕을 독려하고, 그대의 큰 공을 기리니, 하늘의 헤아림이 그대 몸에 있어서, 그대가 결국에는 임금에 오를 것이오. 사람의 마음은 위태롭고, 도의 마음은 희미하니, 정성스럽고도 한결같이, 그 중을 진실로 잡아야 하오." [尚書(상서)] 〈大禹謨(대우모)〉

王曰: "君陳, 爾惟弘周公丕訓, 無依勢作威, 無倚法以削。寬而有制, 從容以和。殷民在辟, 予曰辟, 爾惟勿辟, 予曰宥, 爾惟勿宥, 惟厥中。"
임금(성왕)이 말했다: "군진이여, 그대는 주공의 큰 교훈을 넓히고, 권세에 의지하여 위세를 떨치지 말며, 법에 의거하여 모질게 하지 마시오. 너그럽고도 법도가 있고, 침착하고 덤비지 않음으로써 화합하시오. 은나라 백성들이 벗어났을 때(위법을 했을 때), 내가 벌하라고 말해도, 그대는 벌하지 말고, 내가 용서하라고 말해도, 그대는 용서하지 말며, 오직 중을 따르시오." [尚書(상서)] 〈君陳(군진)〉

無偏無黨, 王道蕩蕩, 無黨無偏, 王道平平, 無反無側, 王道正直, 會其有極, 歸其有極。

치우치지 않고 편들지 않으면, 임금의 도는 평탄하고, 편들지 않고 치우치지 않으면, 임금의 도는 평평하며, 어기지 않고 배반하지 않으면, 왕의 도는 정직해지고, 지극함이 있는 이들을 모으면, 지극함이 있음으로 돌아가게 됩니다. [尙書(상서)]〈洪範(홍범)〉

佑賢輔德, 顯忠遂良, 兼弱攻昧, 取亂侮亡, 推亡固存, 邦乃其昌。德日新, 萬邦惟懷, 志自滿, 九族乃離, 王懋昭大德, 建中于民。以義制事, 以禮制心, 垂裕後昆。予聞曰, 能自得師者王, 謂人莫己若者亡, 好問則裕, 自用則小。嗚呼! 愼厥終, 惟其始, 殖有禮, 覆昏暴。欽崇天道, 永保天命。

현명한 이를 돕고 덕이 있는 이를 도우며, 충성스러운 이를 드러내고 어진 이를 이루게 하며, 약한 이는 포용하고 어리석은 이는 책망하며, 어지러운 이를 돕고 망하는 이를 업신여기며, 없애야 할 것을 밀어내고 존재해야 할 것을 튼튼히 하면, 나라가 이에 번창합니다. 덕이 날로 새로워지면, 만방이 그리워하고, 마음이 자만하면, 구족이 이에 떠날 것이니, 임금께서는 힘써 큰 덕을 밝혀, <u>백성들에게 중을 세워야 합니다.</u> 의로 일을 바로잡고 예로 마음을 바로잡으면, 후대 자손들에게 넉넉함을 드리울 것입니다. 제가 들으니, 능히 스스로 스승을 얻으면 왕이 되고, 남들이 자기만 못하다고 말하는 자는 망하며, 묻기를 좋아하면 넉넉해지고, 자기 것만 쓰면 작아진다고 합니다. 아! 그 끝을 삼가려면 그 시작을 생각해야 하니, 예가 있으면 키우고, 어둡고 포악하면 엎으십시오. 하늘의 도를 삼가 공경해야, 하늘의 도를 영구히 보존할 것입니다. [尙書(상서)]〈仲虺之誥(중훼지고)〉

이처럼 '중'은 양 끝단의 가운데를 짚는 객관적이고도 공정한 자세를 의미하여 지도자가 지키고 실천해야 하는 것이니, 바로 '도'의 중요한 구성요소로서 정치적 색채가 농후한 개념이라고 할 수 있다. 또한 대동사회를 이끌었던 삼황오제의 성인이나 소강사회를 이끌었던 군자를 막론하고, 모두 '도'의 중요한 구성요소 중 하나로 몸소 실천하려 부단히 노력했던 대상이었던 것이다.

사실 [도덕경]에서 이처럼 노골적으로 '중'이라는 단어를 사용하고 있는 경우는 위의 5-4가 유일하다. 하지만 표현을 달리하여 '중'의 중요성을 강조한 경우를 적잖이 찾아볼 수 있는데, 다음과 같은 77장이 그 대표적인 경우이다.

77-1

天之道, 其猶張弓與!
천지도, 기유장궁여!

하늘의 도리는, 그것이 마치 활시위를 당기는 것과 같다!

천성에 따르는 통치이념이란, 마치 목표를 정확하게 맞추기 위해서 여러 조건들을 신중하게 고려하여 조준하고, 그런 후에 활시위를 당기는 것과도 같은 것이다.

77-2

高者抑之, 下者擧之, 有餘者損之, 不足者補之.
고자억지, 하자거지, 유여자손지, 부족자보지.

높으면 그것을 낮추고, 낮으면 그것을 높여주며, 남으면 그것을 덜어주고, 부족하면 그것을 보충해준다.

조준한 것이 목표보다 높으면 낮춰주고, 낮으면 높여주며, 힘이 남으면 빼고, 부족하면 더해주는 것이니, 이것이 바로 '중'의 어느 한 쪽에 치우치지 않고 그 중간 즉 객관적이고도 공정한 태도를 유지하는 것과 "화(和: 어느 것 하나 소외됨이 없이 함께 어우러짐)"이다.

77-3

天之道, 損有餘而補不足.
천지도, 손유여이보부족.

하늘의 도리는, 남는 것을 덜어 부족함을 보충해준다.

천성에 따르는 통치이념은, 이처럼 남음이 있으면 그것을 덜어서 부족한 쪽으로 보충해주는 것이다.

이제 이와 관련하여 다음의 기록을 살펴보자.

帝舜謂禹曰:"女亦昌言." 禹拜曰:"於, 予何言! 予思日孶孶." 皐陶難禹曰:"何謂孶孶?" 禹曰:"(생략) 與益予衆庶稻鮮食. (생략) 與

稷予衆庶難得之食。食少, 調有餘補不足, 徙居。衆民乃定, 萬國爲治。"皐陶曰: "然, 此而美也。"

순임금이 우에게 말했다: "그대 또한 덕이 있는 말을 해보시오." 우가 절하여 답했다: "아! 제가 어찌 말하겠습니까! 저는 하루 종일 부지런함을 생각하고 있습니다." 고요가 삼가 우에게 말했다: "무엇을 부지런한다고 일컫습니까?" 우가 말했다: "(생략) 직과 더불어 백성들에게 구하기 어려운 음식을 주고, 음식이 모자라면, 남음이 있는 것을 옮겨 부족함을 보충해주었으며, 옮겨 살게 했습니다. 백성들이 이에 안정되고, 온 나라가 다스려졌습니다." 고요가 말했다: "그렇습니다. 이는 훌륭합니다."[史記(사기)] 〈夏本紀(하본기)〉

이처럼 대동사회에서는 남는 곳에서 덜어와 부족함을 보충함으로써 소외됨 없이 모두가 함께 더불어 지냈으니, 어찌 노자가 그러한 사회를 그리워하지 않을 수 있었고 또 그러한 사회로 돌아가자고 주장하지 않을 수 있었겠는가?

그런데 이 점에 대해서, 다음의 [논어] 〈雍也(옹야)〉편 기록을 살펴보면 공자 역시 같은 주장을 하고 있음을 알 수 있다.

6-3

子華使於齊, 冉子爲其母請粟。子曰:"與之釜。"請益。曰:"與之庾。"冉子與之粟五秉。子曰:"赤之適齊也, 乘肥馬, 衣輕裘。吾聞之也, 君子周急, 不繼富。"原思爲之宰, 與之粟九百, 辭。子曰:"毋。以與爾鄰里鄕黨乎。"

자화시어제, 염자위기모청속. 자왈: "여지부." 청익. 왈: "여지유." 염자여지속오병. 자왈: "적지적제야, 승비마, 의경구. 오문지야, 군자주급, 불계부." 원사위지재, 여지속구백, 사. 자왈: "무. 이여이인리향당호."

미언: 자화가 사신으로 제나라에 가니, 염자가 그 어머니를 위해서 식량을 청했다. 공자가 이르시기를 "여섯 말 넉 되를 주라." 더 청했다. (공자가) 이르시기를 "열여섯 말을 주라."(하지만) 염자는 식량 여든 섬을 주었다. 공자가 이르시기를 "적이 제나라에 갈 때, 살찐 말을 타고, 가벼운 갓옷을 입었다. 내가 듣기로는, 군자는 궁핍한 이를 돕지, 부유한 이에게 보태 주지는 않는다고 했다." 원사가 원님이 되었다. (공자가) 구백의 식량을 주자, 사양했다. 공자가 이르시기를 "(사양하지) 말라. 네 이웃마을과 네가 사는 마을에게 나누어주라."

대의: 공서화가 사신으로 제나라에 가니, 염구가 공서화의 어머니를 봉양하기 위해서 스승에게 식량을 청했다. 공자가 이르시기를 "여섯 말 넉 되를 주라." 그러자 염구가 더 달라고 청했다. 공자가 이르시기를 "열여섯 말을 주라." 하지만 염구는 공자의 말을 따르지

않고 식량 여든 섬을 주었다. 공자가 이르시기를 "공서화가 제나라에 갈 때, 살찐 말을 타고, 가벼운 갓옷을 입었다. 내가 상고(上古)의 대동사회로부터 소강사회까지 이어온 공통적인 도에 대해서 듣기로, 참된 지도자는 궁핍한 이를 돕지, 부유한 이에게 보태 주지는 않는다고 했다." 공자의 손자인 자사가 한 고을의 원님이 되었다. 공자가 구백의 많은 식량을 주자, 자사가 사양했다. 공자가 이르시기를 "사양하지 말라. 네 이웃마을과 네가 사는 마을의 여러 사람들에게 나누어주라."

특히 공자는 "내가 듣기로는, 군자는 궁핍한 이를 돕지 부유한 이에게 보태주지는 않는다."라고 지적하였으니, 이를 통해서 공자는 자신의 군자에 대한 가치관이 예로부터 전해 내려오는 가치관을 오롯이 전승하려고 했던 것이지, 결코 자신이 임의적으로 만들어낸 것이 아님을 간접적으로나마 밝히고 있음을 알 수 있다.

계속해서 77장의 내용을 살펴보기로 하자.

77-4

人之道則不然, 損不足以奉有餘。
인지도즉불연, 손부족이봉유여.

사람의 도리는 그렇지 않아서, 부족함을 착취하여 그럼으로써 남는 것을 돕는다.

하지만 억지로 작위하는 통치는 그렇지 못해서, 오히려 부족한 백성을 더욱 착취하여 자신들의 배를 채운다.

> **77-5**
>
> **孰能有餘以奉天下?**
> **숙능유여이봉천하?**
>
> 누가 풍족함으로써 세상을 받들 수 있겠는가?

과연 누가 남음이 있으면 그것을 덜어서 부족한 쪽으로 보충해 주어서 백성들을 섬길 수 있겠는가?

> **77-6**
>
> **唯有道者。**
> **유유도자.**
>
> 도가 있는 자이다.

바로 대동의 통치이념을 이해하고 실천하는 '성인'이다.

> **77-7**
>
> **是以聖人爲而不恃, 功成而不處, 其不欲見賢。**
> **시이성인위이불시, 공성이불처, 기불욕견현.**
>
> 이 때문에 성인은 행하지만 의지하지 않고, 공을 이루지만 머무르지 않으며, 그 현명함을 드러내려 하지 않는다.

이처럼 대동사회를 이끌었던 지도자인 '성인'은 자신을 객관적이고도 공정한 자세로서 바로잡기 때문에, 자기가 통치를 잘하고 있다고 여기지 않았다. 나아가 작은 허물이라도 찾아내 그것을 미화하지 않고 오히려 크게 부끄러워할 뿐 아니라, 나아가 고치려고 적극적으로 노력했던 것이다.
　따라서 노자는 자신이 주장하는 천도(天道) 즉, '하늘의 도'를 다음과 같이 개괄하고 있다.

79-4

天道無親, 常與善人。
천도무친, 상여선인.

하늘의 도리는 편애함이 없으니, 항상 선한 이와 함께 한다.

　천성에 따르는 통치이념은 공정하고도 객관적이니, 항상 순일한 '덕'을 베푸는 지도자와 더불어 존재한다.
　이처럼 객관적이고 공정함을 나타내는 '중'은 바로 천도(天道)에 이르기 위한 전 단계인 '순일한 덕'을 구성하는 두 가지 요소 중 하나가 된다. 그렇다면 '중'과 더불어 '순일한 덕'을 이루는 또 하나의 요소는 과연 무엇일까?

10. 화(和): 상생(相生)과 공생(共生)

노자는 [도덕경]의 주제가 응축되어 있는 1장 다음인 2장 첫머리에서 다음과 같이 서술하고 있다.

> **2-1**
>
> **天下皆知美之爲美, 斯惡已; 皆知善之爲善, 斯不善已。**
> **천하개지미지위미, 사악이; 개지선지위선, 사불선이.**
>
> 세상이 모두 아름다움이 아름다움이 되는 것을 아는 것, 이는 바로 추함일 따름이고; 모두 선함이 선함이 되는 것을 아는 것, 이는 선하지 못함일 따름이다.

세상이 모두 어떤 것이 아름다운지를 아는 것은, 바로 추함이 존재하기 때문에 상대적으로 아름답다고 느끼는 것이다. 모두 어떤 것이 선인지를 아는 것은, 선하지 못함이 존재하기 때문에 상대적으로 선하다고 느끼는 것이다.

세상에는 아름다움과 추함이 공존하는데, 대다수의 사람들이 아름다움을 추구하고 추함을 배격한다. 그런데 생각해보자. 우리는 어떻게 아름다움을 느낄 수 있는 것일까? 만약 이 세상에 우리가 원하는 아름다움만이 존재한다면, 우리는 그것을 여전히 아름답다고 느낄 수 있을까? 이 세상에 우리가 원하는 선함만이 존재한다면, 우리는 그것을 여전히 선하다고 느낄 수 있을까?

아폴로 신드롬(Apollo syndrome)이라는 용어가 있다. 경제학자

메러디스 벨빈(Meredith Belbin)이 처음 제기한 이론으로 이는 뛰어난 인재들이 모인 집단에서 오히려 성과가 낮게 나타나는 현상을 설명할 때 많이 인용된다. 다시 말해서, 아폴로 우주선을 만들려면 우수한 인재들이 많이 필요하지만, 이들을 모아놓은 우수한 인재 집단일수록 서로 자신의 의견만을 주장하고 쓸데없는 논쟁을 벌이다가 시간만 허비하는 등 정치 역학적 위험이 존재해 성과로 이어지지 않았다는 것이다.

그러므로 노자는 다음과 같이 계속해서 말한다.

2-2

故有無相生, 難易相成, 長短相較, 高下相傾, 音聲相和, 前後相隨。
고유무상생, 난이상성, 장단상교, 고하상경, 음성상화, 전후상수.

그러므로 있음과 없음이 함께 생겨나고, 어려움과 쉬움이 함께 형성되며, 길고 짧음이 함께 견주고, 높고 낮음이 함께 기울며, 소리와 음률이 함께 조화를 이루고, 앞과 뒤가 함께 따른다.

따라서 대동사회의 이치는 있음과 없음이 함께 조화를 이루는 것이고, 어려움과 쉬움이 함께 조화를 이루는 것이며, 길고 짧음이 함께 조화를 이루는 것이고, 높고 낮음이 함께 조화를 이루는 것이며, 소리와 음률이 함께 조화를 이루는 것이고, 앞과 뒤가 함께 조화를 이루는 것이다.

사실 이러한 가치관은 노자만이 이야기한 것이 아니다. 관포지교(管鮑之交)로 유명한 제(齊)나라의 재상 관중(管仲) 역시 그의 저서 편에서 다음과 같이 언급한 바 있다.

> 海不辭水, 故能成其大. 山不辭土石, 故能成其高. 名主不厭人, 故能成其衆.
> 바다는 유입되는 물의 좋고 나쁨을 가리지 않기에, 고로 그 거대함을 이룰 수 있다. 산은 토석의 좋고 나쁨을 가리지 않기에, 고로 그 높음을 이룰 수 있다. 뛰어난 군주는 사람의 좋고 나쁨을 가리지 않기에, 고로 그 무리를 이룰 수 있다. [管子(관자)] 〈形勢解(형세해)〉

좋은 것만을 취하려 들고 그렇지 못한 것은 배척하려 든다면, 이 세상은 아름다운 세상이 될까? 가진 이들만이 대접받고 그렇지 못한 취약계층들을 무시하여 돌보지 않는다면, 이 세상은 가진 이들만 존재하는 세상이 될 수 있을까? 돈과 권력만 있으면 안 될 것이 없다고 생각하는 이들에게 묻고 싶다. 그 돈과 권력을 사용할 수 있는 대상이 없다면, 그러한 돈과 권력이 여전히 효용가치가 있는 것이냐고 말이다. 부릴 사람이 없으면, 결국 내가 직접 소매를 걷어붙이고 하는 수밖에 없다. 그렇다면 과연 누가 이렇듯 매정하게 변해버린 현 상황을 타개해낼 수 있을까?

하(夏)나라의 태강(太康)은 임금 자리에 오르자 멋대로 즐기며 놀았으니, 놀고 게으름만 피우며 덕을 망쳤다. 수많은 백성이 다 두 마음을 갖게 되었는데, 이에 즐거이 놀고 절도가 없었으니, 낙수의 바깥으로 사냥을 가서 백날이 지나도 돌아오지 않았다. 이에 태강의 다섯 아우 중 그 첫째가 말했다.

其一曰: 皇祖有訓, 民可近, 不可下。民惟邦本, 本固邦寧。予視天下, 愚夫愚婦, 一能勝予。一人三失, 怨豈在明, 不見是圖。予臨兆民, 懍乎若朽索之馭六馬, 爲人上者, 柰何不敬。

그 첫째가 말했다: "선조께서 훈계하심이 있으니, 백성들은 가까이 할 수 있으나, 얕잡아 보면 안 된다. 백성은 나라의 근본이고, 근본이 단단해야 나라가 안녕하다. 내가 세상을 살피니, 어리석은 남자와 어리석은 여자가, 모두 나보다 훌륭하다. 한 사람이 거듭 실수함에, 원망이 어찌 드러나기를 살피노니, 보지 않고도 알 수 있다. 내 백성들을 다스림에, 썩은 새끼줄로 말 여섯 마리를 모는 듯 삼가니, 위에 있는 사람이, 어찌 공경하지 않겠는가?"[尙書(상서)] 〈五子之歌(오자지가)〉

온전한 밧줄로도 말 여섯 마리를 몰기가 어려운데, 썩은 새끼줄로 말 여섯 마리를 모는 것은 얼마나 힘든 일이겠는가? 따라서 이는 한 나라의 통치라는 것은 그만큼 신중에 신중을 기해 조심스럽게 해야 한다는 의미를 비유적으로 표현한 것이다.

또한 상(商)나라 탕(湯)임금의 신하였던 이윤(伊尹) 역시 다음과 같이 말한 바 있다.

后非民罔使, 民非后罔事, 無自廣以狹人。匹夫匹婦, 不獲自盡, 民主罔與成厥功。

임금은 백성이 아니면 부릴 수 없고, 백성은 임금이 아니면 섬길 이가 없으니, 스스로 크다고 하여 다른 사람을 경시하면 안 됩니다. 평범한 남녀가, 정성을 다함을 얻지 못하게 되면, 백성의 주인은 더불어 그 공을 이룰 수 없습니다. [尙書(상서)] 〈咸有一德(함유일덕)〉

그러므로 노자는 다음과 같이 말한다.

2-3

是以聖人處無爲之事, 行不言之敎。
시이성인처무위지사, 행불언지교.

이 때문에, 성인은 무위의 일로서 일을 처리하고, 불언의 가르침을 행한다.

이러한 이유 때문에, 대동사회를 이끈 지도자들은 억지로 작위하여 법률과 제도로 통제하지 않고, 천성에 따라서 백성들과 나라를 다스렸으며, 함부로 말하거나 명령을 내리지 않음으로써 대동의 통치이념을 실천했다.

2-4

萬物作焉而不辭, 生而不有, 爲而不恃, 功成而弗居。
夫唯弗居, 是以不去。
만물작언이불사, 생이불유, 위이불시, 공성이불거. 부유불거, 시이불거.

만물을 만들지만 간섭하지 않고, 낳아 기르지만 소유하지 않으며, 행하지만 의지하지 않고, 공적을 이루지만 머무르지 않는다. 무릇 머무르지 않기에, 이 때문에 사라지지 않는다.

대동사회를 이끌었던 지도자들은 만물을 만들지만 백성들의 천성을 따르지 않거나 간섭하지 않았고, 그들을 낳아 기르지만 자신의 것으로 여겨 소유하려 들지 않았으며, 통치하지만 통치를 잘하고 있다고 자부하지 않았고, 공로를 세우지만 그 공로가 자신의 것이라고 집착하지 않았다. 무릇 그 공로가 자신의 것이라고 집착하지 않았기 때문에, 그들의 공로는 영원히 잊히지 않고 지금까지 내려오게 되었던 것이다.

　결국 노자가 2장에서 말하고자 한 것은 지도자가 마땅히 지켜야 할 통치이념인 '도'의 중요한 구성요소 중 한 가지이니, 다름 아닌 조화로움의 화(和)이다. 화(和)란 어느 누구 하나 버리지 않고 모두가 함께 하는 것이니, 이를 현대어로 표현해보자면 진정한 의미로서의 상생(相生) 또는 공생(共生)이라는 단어로 바꿔줄 수도 있을 것이다.

　그런데 이러한 '상생'과 '공생'을 실현하기 위해서는 하나의 전제가 필요한데, 바로 어느 한쪽이 아닌 반드시 쌍방이 필요하다는 사실이다. 그렇다면 진정한 의미로서의 '상생'과 '공생'은 과연 누가 먼저 시작해야 하는 것일까? 이 질문에 대해서, 노자는 61장에서 다음과 같이 답하고 있다.

61-3

故大國以下小國, 則取小國; 小國以下大國, 則取大國。
고대국이하소국, 즉취소국; 소국이하대국, 즉취대국.

그러므로 대국은 소국에게 낮춤으로써, 곧 소국을 얻고; 소국은 대국에게 낮춤으로써, 곧 대국을 얻는다.

따라서 큰 나라는 작은 나라에게 낮춤으로써 작은 나라가 따르게 하고; 작은 나라는 큰 나라에 낮춤으로써 큰 나라의 지지를 얻는 것이니, 서로 삼가여 존중해야 한다.

61-4

故或下以取, 或下而取。
고혹하이취, 혹하이취.

그러므로 낮춤으로써 얻게 되고, 낮추지만 얻는다.

따라서 상대방에게 낮춤으로써 오히려 따르게 하고, 상대방에게 낮추지만 오히려 지지를 얻게 된다.

61-5

大國不過欲兼畜人, 小國不過欲入事人。
대국불과욕겸휵인, 소국불과욕입사인.

대국은 마땅히 사람을 포용하여 사랑해야 할 따름이고, 소국은 마땅히 사람에 들어가 섬겨야 할 따름이다.

큰 나라는 작은 나라의 백성들을 자애로움으로 포용해야 하고, 작은 나라는 큰 나라의 사람들을 믿고 따라야 한다.
　노자는 사방 즉 주변의 이웃나라를 대함에 신중해야 한다고 보았는데, 여기서 신중함이란 포용과 사랑 그리고 섬김의 자세를 포함

하는 포괄적 태도를 일컫는다. 그렇게 하면 모든 제후국과 외부 부족국가들의 지지를 받아서, 능히 천자의 나라로 존립할 수 있다는 것이다. 이와 관련하여 다음의 기록들을 살펴보면, 노자의 의도를 좀 더 명확하게 이해할 수 있을 것이다.

咨十有二牧曰: "食哉惟時! 柔遠能邇, 惇德允元, 而難任人, 蠻夷率服."
(순임금이) 열두 고을의 수장인 십이목과 상의하여 말했다: "먹는 것은 때를 맞춰야 하나니! 먼 곳을 편안하게 하여 능히 가깝게 하고, 덕에 힘써 백성들에게 진심으로 대하며, 사람을 씀에 삼가면, 오랑캐인 만이족이 좇아 복종할 것이오."[尚書(상서)] 〈舜典(순전)〉

益曰: "吁! 戒哉! 儆戒無虞, 罔失法度. 罔游于逸, 罔淫于樂.(생략) 罔違道以幹百姓之譽, 罔咈百姓以從己之欲. 無怠無荒, 四夷來王."
익이 말했다: "아! 경계하소서! 근심이 없을 때 경계하고, 법도를 잃지 말아야 합니다. 편안히 놀지 말고, 즐거움을 탐하지 말아야 합니다. (생략) 도를 어김으로써 귀족들의 찬양을 일으키지 말고, 귀족들을 어김으로써 자기의 욕망에 따르지 말아야 합니다. 게으르지 않고 허황되지 않으면, 사방의 오랑캐들이 임금에게 올 것입니다."[尚書(상서)] 〈大禹謨(대우모)〉

대국으로서 이처럼 소국을 포용하여 사랑하였으니, 소국이 어찌 대국을 따르고 섬기지 않을 수 있었겠는가? 하지만 노자가 주장하는 바대로 하지 못하면 정반대의 결과를 낳게 되니, 다음의 기록 역시 주의 깊게 살펴볼 만하다.

穆王將征犬戎, 祭公謀父諫曰:"不可。先王燿德不觀兵。夫兵戢而時動, 動則威; 觀則玩, 玩則無震。(생략) 至于文王·武王, 昭前之光明而加之以慈和, 事神保民, 無不欣喜。(생략) 布令陳辭而有不至, 則增脩於德, 無勤民於遠。是以近無不聽, 遠無不服。(생략) 王遂征之, 得四白狼四白鹿以歸。自是荒服者不至。

목왕이 장차 견융을 정벌하려 하자, 제공 모보가 간하여 말했다: "불가합니다. 선왕께서는 덕을 밝혔지 무력을 보이지는 않으셨습니다. 무릇 무력이란 거두었다가 때가 되면 움직이는 것이니, 움직이면 위엄이 있으나; 보이면 곧 장난이 되니, 장난하면 곧 위엄이 없게 됩니다. (생략) 문왕과 무왕에 이르러, 전대의 광명을 밝히고 자애와 화목을 더하여, 신을 섬기고 백성을 보호하였으니, 기뻐하지 않는 이들이 없었습니다. (생략) 명령을 선포하고 타일러도 이르지 않으면, 곧 한층 더 덕을 수양했고, 백성들이 먼 곳에서 근무하지 않게 했습니다(원정에 동원하지 않았습니다).

이 때문에 가까이는 듣지 않는 이가 없고, 멀리는 복종하지 않는 이가 없게 되었습니다. (생략) 왕은 마침내 그들을 정복하고, 흰 이리 네 마리와 흰 사슴 네 마리를 얻어서 돌아왔다. 이때부터 황복 지역이 이르지 않았다(귀속하지 않았다)." [史記(사기)] 〈周本紀(주본기)〉

즉 노자는 대국이 포용하지 않으면 소국이 복속하지 않게 되니, 결국 이는 화목해지지 못하게 되는 것이라고 본 것이다. 여기서 말하는 화목해지지 못한다는 것은 바로 어느 누구 하나 버리지 않고 모두 함께 같이 가는 '화'에 위배되는 것이니, 이에 '덕'이 베풀어지지 못하게 되어, 결국에는 '도' 즉 대동의 통치이념에 미치지 못하게 됨을 뜻한다.

> **61-6**
>
> **夫兩者各得其所欲, 大者宜爲下。**
> 부양자각득기소욕, 대자의위하.
>
> 무릇 양자는 각기 그 바라는 바를 얻게 될 것이니, 대국은 마땅히 아래에 처해야 한다.

　그렇게 되면 큰 나라와 작은 나라 모두 각자가 원하는 바를 얻게 될 것이니, 큰 나라는 자신을 낮춰야 한다.
　따라서 노자는 진정한 의미로서의 '상생'과 '공생'을 이루기 위해서는, 먼저 높은 사람이 아랫사람에게, 가진 자가 그렇지 못한 자에게 그리고 강한 이가 약한 이에게 먼저 다가가야 한다고 목소리를 높이고 있음을 알 수 있다.
　키 큰 어른과 키 작은 아이가 함께 길을 걷다가 아이가 어른에게 무언가를 묻는데, 소리가 잘 들리지 않는다. 그렇다면 키 작은 아이가 목이 터질 듯한 큰 소리로 다시 물어야 할까, 아니면 키 큰 어른이 무릎을 굽혀 아이의 말에 귀를 기울여야 할까? 물론 여기서 키 큰 어른을 대인(大人) 즉 지도자로, 그리고 키 작은 아이를 소인(小人) 즉 서민으로 봐도 무방할 것이다.
　그리고 이러한 정치적 지도자와 백성 간의 관점을 나라와 나라의 관계로 확대하여 풀이한 것이 61장의 주된 내용이므로, 노자는 여기서 자신의 정치적 견해를 외교적 관점으로 확대하여 서술하고 있음을 확인할 수 있다.
　그리고 노자는 11장에서도 일관되게 '화'를 강조하고 있다.

11-1

三十輻共一轂, 當其無, 有車之用。
삼십복공일곡, 당기무, 유거지용.

서른 개의 바퀴살이 하나의 바퀴통에 모였는데, 바퀴통 속이 비어 있어야 수레의 작용이 있다.

서른 개의 바퀴살이 하나의 바퀴통에 연결되어 있는데, 그 바퀴통이 비어서 바퀴살에 힘이 고르게 전달되어야만이, 수레가 앞으로 나가게 된다.

바퀴는 맨 바깥쪽의 둥근 테와 정중앙의 바퀴통 그리고 이 둘을 연결하는 바퀴살들로 구성되어 있다. 그리고 바퀴가 앞으로 굴러가는 원리는, 한가운데에 있는 바퀴통 안이 비어 있어야 앞으로 가려는 힘을 바퀴살로 전달하게 되어 비로소 테가 굴러간다. 즉 바퀴는 '있어야' 하지만, 바퀴통은 텅 비어 '없어야' 비로소 바퀴의 작용이 존재하게 되는 것이다.

11-2

埏埴以爲器, 當其無, 有器之用。
선식이위기, 당기무, 유기지용.

진흙을 빚어 그릇을 만드는데, 그릇에 빈 공간을 만들어야 그릇의 쓰임이 있다.

진흙을 빚어 그릇을 만드는데, 그릇의 중간 부분을 움푹 패어 비워둬야 비로소 물건을 담을 수 있는 것이다.

11-3

鑿戶牖以爲室, 當其無, 有室之用。
착호유이위실, 당기무, 유실지용.

창문을 내어 집을 짓는데, 집에 빈 공간을 만들어야 집의 쓰임이 있다.

창문을 내어 집을 짓는데, 벽과 지붕을 두른 집의 안 부분을 비워둬야 사람이 살 수 있고 물건을 둘 수 있는 것이다.

11-4

故有之以爲利, 無之以爲用。
고유지이위리, 무지이위용.

그러므로 있음으로써 이롭게 되고, 없음으로써 쓰이게 되는 것이다.

이처럼 세상의 모든 이치는 '있음'이 존재하기 때문에 이로움을 주는 것이고, '없음'이 존재하기 때문에 세상에 쓰임이 있게 되는 것이니, 어느 한 쪽만 존재해서는 안 되고 '좋음'과 '좋지 못함' '긍정'

과 '긍정적이지 못함'이 모두 공존해야 한다.

그렇다면 과연 누가 이러한 '화'를 실천할 수 있을까?

27-3

是以聖人常善救人, 故無棄人; 常善救物, 故無棄物。
시이성인상선구인, 고무기인; 상선구물, 고무기물.

이 때문에 성인은 항상 사람을 잘 구제하여, 그러므로 버려지는 사람이 없고; 항상 사물을 잘 바로잡아, 그러므로 버려지는 사물이 없다.

이처럼 대동사회를 이끈 '성인'들은 어느 누구 하나 버리지 않고 함께 했기 때문에, 모든 백성이 조화롭게 살았다. 또한 하늘이 부여한 천성에 따라 다스렸기 때문에, 만물이 조화를 이루게 되었다.

27-5

故善人者, 不善人之師; 不善人者, 善人之資。
고선인자, 불선인지사; 불선인자, 선인지자.

그러므로 선량한 이는 선량하지 못한 이의 스승이고; 선량하지 못한 이는 선량한 이의 자원이다.

따라서 '덕'을 밝혀서 따르는 이는 그렇지 못한 이들의 스승이 되어 모범을 보이고, '덕'을 밝혀서 따르지 못하는 이들은 '덕'을 밝혀서 따르는 이의 밑바탕이 되는 것이니, 이 모두를 포용해야 한다.

27-6

不貴其師, 不愛其資, 雖智大迷, 是謂要妙。
불귀기사, 불애기자, 수지대미, 시위요묘.

스승을 존중하지 않고, 자원을 사랑하지 않으면, 비록 총명하더라도 어리석게 될 수 있으니, 이것을 오묘한 도리라고 한다.

'덕'을 밝혀서 따르는 이를 모범으로 삼지 않고, 덕을 밝혀서 따르지 못하는 이들일지라도 이러한 밑바탕을 자애롭게 포용하지 못하면, 비록 지혜롭더라도 결국에는 길을 잃게 될 수 있으니, 이를 심오하다고 일컫는 것이다.

그러므로 노자는 49장에서도 다음과 같이 설파한다.

49-2

善者吾善之, 不善者吾亦善之, 德善。
선자오선지, 불선자오역선지, 덕선.

선량한 자는 내가 그를 선량하게 대하고, 선량하지 못한 자도 내가 그를 선량하게 대하면, 덕이 선해진다.

지도자가 선량한 이를 선하게 대우하고, 선량하지 못한 이조차도 선하게 대우하면, 그 지도자의 '덕'이 순박해진다.

49-3

信者吾信之, 不信者吾亦信之, 德信也。
신자오신지, 불신자오역신지, 덕신야.

믿을 수 있는 자는 내가 그를 신임하고, 믿을 수 없는 자도 내가 그를 신임하면, 덕에 신의가 있어진다.

지도자가 믿을 수 있는 이를 믿고, 믿을 수 없는 이조차도 믿으면, 그 지도자의 '덕'에 믿음이 생긴다.

49-4

人在天下歙歙, 為天下渾其心。聖人皆孩之。
성인재천하흡흡, 위천하혼기심. 성인개해지.

성인은 세상에서 거두어, 세상이 그 뜻을 뒤섞이도록 한다. 성인은 그들 모두를 어르고 달랜다.

대동사회를 이끈 지도자들은 선하고 믿을 수 있는 이와 그렇지 못한 이들을 다 포용함으로써, 세상이 한데 어우러져 조화를 이루도록 하였다. 이처럼 대동사회의 지도자들은 백성을 어르고 달래서, 어느 누구 하나 버리지 않고 모두 함께 하였던 것이다.

하지만 여기서 주의해야 할 것이 있는데, 바로 악한 이들까지도 포용해야 한다는 논리로서 설명한 것은 아니라는 점이다.

74-2

若使民常畏死, 而爲奇者吾得執而殺之, 孰敢?
약사민상외사, 이위기자오득집이살지, 숙감?

만약 백성들로 하여금 늘 죽음을 두려워하게 하고, 이상한 행동을 하는 이를 내가 잡아다 죽인다면 누가 감히 또 그리하겠는가?

나와 같이 대동사회의 통치이념을 이해하는 지도자가 천성에 따라 다스림으로써 백성이 죽음을 두려워하게 하고, 또 나라의 기강을 어지럽히는 이들을 모두가 수긍하는 범위 내에서 정당하게 처벌한다면, 어느 누가 감히 또 그러하겠는가?

74-3

常有司殺者殺, 夫代司殺者殺, 是謂代大匠斲.
상유사살자살, 부대사살자살, 시위대대장착.

항상 살인을 담당하는 이가 죽여야 하니, 무릇 살인을 담당하는 이를 대신하여 살인하는 것, 이는 뛰어난 기술자를 대신하여 베는 것을 이른다.

형벌이라는 것은 대동사회를 이끈 '성인'처럼 백성들이 믿고 따르는 지도자가 공정하게 판단하여 내려야 모두가 수긍하는 것이니, 만약 백성이 따르는 지도자가 아닌데 형벌을 내린다면, 이는 마치 전문 목수를 대신하여 나무를 베는 것과도 같다.

> **74-4**
>
> **夫代大匠斲者, 希有不傷其手矣.**
> **부대대장착자, 희유불상기수의.**
>
> 무릇 뛰어난 기술자를 대신하여 베면서, 그 손을 다치지 않는 자는 드물다.

대동사회를 이끈 '성인'들처럼 백성들이 믿고 따르는 지도자가 아닌데도 함부로 형벌을 내리고 또 모두가 수긍하지 못하면, 이는 마치 전문 목수를 대신하여 나무를 베면 손을 다치게 되듯이, 백성의 원성을 사게 된다. 따라서 정치는 반드시 정치그릇이 있는 자가 해야 하는 것이다.

따라서 노자는 성(性) 즉 인간의 타고난 성품을 크게 세 가지로 나누고 있으니, 이는 그간 알려진 성선설(性善說)이나 성악설(性惡說)과는 분명한 차이점을 지닌다. 그러므로 노자는 이에 대해서 다음과 같이 말한 바 있다.

50-1

出生入死, 生之徒十有三, 死之徒十有三, 人之生動之死地, 亦十有三。夫何故? 以其生生之厚。
출생입사, 생지도십유삼, 사지도십유삼, 인지생동지사지, 역십유삼. 부하고? 이기생생지후.

초탈하면 살고 얽매이면 죽는데, 사는 이가 열에 셋이 있고, 죽는 이가 열에 셋 있으며, 사람의 삶이 사지로 움직이는 이, 역시 열에 셋이 있다. 무릇 어떤 연유인가? 생계에 대한 중시가 생겨나기 때문이다.

지도자가 세속적인 것에서 벗어나 대동의 통치이념을 실천하면 그 자리를 보존하고 반대로 집착하면 잃게 되는데, 그 지도자의 자리를 지키는 이가 열에 셋이고, 잃는 이 역시 열에 셋이며, 본래 그 자리를 지킬 수 있었는데도 대동의 통치이념을 실천하지 못하여 결국 잃게 되는 이 역시 열에 셋이다. 이는 어떤 까닭에서일까? 세속적인 삶과 재물 등 사사로운 이익에 집착하기 때문이다.

50-2

蓋聞善攝生者, 陸行不遇兕虎, 入軍不被甲兵。
개문선섭생자, 육행불우시호, 입군불피갑병.

무릇 듣건대, 양생을 잘하는 이는, 길을 가도 코뿔소나 맹호를 만나지 않고, 군대에 가도 무기가 미치지 않는다.

사관의 신분으로 고문헌을 살펴보았더니, 대동사회를 이끈 '성인'들은 순일한 '덕'을 계속해서 쌓음으로써, 어떠한 상황에서도 고난이나 위험에 맞닥뜨리지 않는다고 하였다.

> **50-3**
>
> 兕無所投其角, 虎無所措其爪, 兵無所容其刃, 夫何故? 以其無死地。
> 시무소투가각, 호무소조기조, 병무소용기인, 부하고? 이기무사지.
>
> 코뿔소도 그 뿔을 휘두르지 못하고, 맹호도 그 발톱을 쓰지 못하며, 병기도 그 칼날을 용납하지 못하니, 무릇 어떤 까닭인가? 그가 사지에 들어서지 않았기 때문이다.

대동사회의 지도자들은 어떠한 상황에서도 고난이나 위험에 맞닥뜨리지 않았으니, 이는 어떠한 연유에서인가? 그들이 항상 삼가여 순일한 '덕'을 쌓음으로써, 지도자의 지위를 망각하지 않았기 때문이다.

이렇듯 대동사회를 이끈 '성인'은 모두를 아울러서 함께 하려 했던 지도자인 것이니, 따라서 노자는 15장에서 '화'를 다음과 같이 얼음이 녹아 물이 되어 섞인다는 자연의 도리로 빗대어 설명했던 것이다.

15-6

渙兮若冰之將釋。
환혜약빙지장석.

풀어지니 마치 얼음이 장차 녹는 것과 같다.

풀어져 없어지니, 마치 얼음이 장차 녹는 것과도 같이 상호간의 갈등과 오해가 풀어지게 하였다. 얼음은 딱딱한 고체로서 각각 독립되어 서로 간에 영향을 미치지 않는다. 하지만 이러한 얼음이 녹아내려서 액체인 물로 변하게 되면, 서로 섞여서 하나가 되는 것이다.

11. 삼보(三寶): 중(中)과 화(和)를 이루는 세 가지 보물

42-1

道生一, 一生二, 二生三, 三生萬物。
도생일, 일생이, 이생삼, 삼생만물.

도는 하나를 낳고, 하나는 둘을 낳으며, 둘은 셋을 낳고, 셋은 만물을 낳는다.

앞에서 '하나'는 '순일한 덕'을 의미한다고 했고, '둘'은 '덕'을 구성하는 '중'과 '화'라고 했다. 그런데 노자는 이 '둘'이 '셋'을 낳는다고 했으니, '셋'은 다름 아닌 '중'과 '화'에 이르게 하는 구성요소들에 틀림이 없다. 이에 노자는 67장에서 다음과 같이 말한다.

67-4

我有三寶, 持而保之。
아유삼보, 지이보지.

나에게는 세 가지 보물이 있어, 그것을 지키고 보호한다.

나에게는 이러한 이상적인 대동의 통치이념을 지키고 보호하는 세 가지 보물이 있다.

67-5

一曰慈, 二曰儉, 三曰不敢爲天下先。
일왈자, 이왈검, 삼왈불감위천하선.

첫 번째는 자애로움을 말하고, 두 번째는 검소함을 말하며, 세 번째는 감히 세상의 앞에 서지 않음을 말한다.

그 첫 번째는 지도자가 선한 것과 그렇지 못한 것을 모두 포용하는 자애로운 태도이고, 두 번째는 사치와 향락에 빠지지 않고 검소한 태도이며, 세 번째는 백성들의 뜻을 자신의 뜻보다 앞에 놓는 겸손한 태도이다.

따라서 '중'과 '화'에 이르기 위해서는 바로 자애로움의 자(慈)와 검소함의 검(儉) 그리고 감히 세상의 앞에 서지 않는 겸손함의 겸(謙)이 됨을 알 수 있는 것이다.

67-6

慈, 故能勇; 儉, 故能廣; 不敢爲天下先, 故能成器長。
자, 고능용; 검, 고능광; 불감위천하선, 고능성기장.

자애롭기 때문에 용감할 수 있고; 검소하기 때문에 넓힐 수 있으며; 감히 세상의 앞에 서지 않기 때문에, 천하의 우두머리가 될 수 있다.

대동사회를 이끈 지도자들은 자애로웠기 때문에 용감할 수 있었고, 검소한 생활을 함으로써 덕을 쌓아 백성들의 신망을 얻어 자신을 넓힐 수 있었으며, 백성의 마음을 자신의 마음으로 여겼기 때문에 그들이 지도자로 인정하여 따르게 되었던 것이다.

67-7

今舍慈且勇, 舍儉且廣, 舍後且先, 死矣。
금사자차용, 사검차광, 사후차선, 사의.

오늘날 자애로움은 버리고 용감함만을 우선시하고, 검소함을 버리고 넓히는 것만을 우선시하며, 뒤로 물러남을 버리고 나설 것만을 우선시하니, 사경에 이른다.

오늘날의 지도자는 자애로움을 뒤로한 채 용감하기만 하고, 검소한 생활을 하지 않으면서 백성의 신망을 얻으려고 하며, 백성의 뜻을 뒤로한 채 자신의 뜻만을 펴려고 하니, 자신의 자리를 보존할 수 없을뿐더러 나라가 혼란스러워진다.

67-8

夫慈, 以戰則勝, 以守則固。天將救之, 以慈衛之。
부자, 이전즉승, 이수즉고. 천장구지, 이자위지.

무릇 자애로움이란, 그것으로서 전쟁에 쓰면 곧 승리하고, 그것으로서 수비에 쓰면 곧 견고해진다. 하늘이 장차 그를 구원하려 하면, 자애로움으로 그를 지킨다.

이처럼 어느 누구 하나 버리지 않고 모두 포용하는 자애로움으로 전쟁을 하면 상대가 감복하여 승리할 수 있고, 자애로움으로 적군을 막게 되면 백성들이 화합하여 더 견고해진다. 이러한 자애로움을 지키고 실천하면 천성에 따라서 스스로 그러하게 하므로, 어떠한 위험에서도 벗어날 수 있는 것이다.

검소하다는 것은 사리사욕을 탐하지 않는 태도이니, 자기 자신보다 백성을 배려하면 오히려 그들의 마음을 얻을 수 있다. 따라서 검소한 태도는 오히려 자신을 넓힐 수 있는 것이다. 겸손하다는 것은 자기를 낮추는 태도이니, 자기 자신을 백성 아래에 두면 오히려 그들의 마음을 얻을 수 있다. 따라서 겸손한 태도는 오히려 자신을 올릴 수 있는 것이다. 그런데 67-6의 "자애롭기 때문에 용감할 수 있다."는 말은 과연 무슨 뜻일까?

'무위자연' 부분에서 먼저 자신이 처한 신분을 명확하게 하고 그 신분에서 마땅히 지켜야 할 의무를 목숨을 걸고 지키는 태도인 의(義)는 부모가 자식을 아끼고 보호하는 자(慈)의 사회적 확장형태라고 설명한 바 있다. 이제 이와 관련하여 공자의 발언을 살펴볼 필요가 있는데, 공자는 [논어] 〈爲政(위정)〉편에서, 의(義)를 논하면서 그와 함께 용(勇)에 대해서도 언급하고 있다.

2-24

> 見義不爲, 無勇也。
> 견의불위, 무용야.
>
> 미언: 의를 보고도 행하지 않으면, 용기가 없는 것이다.

대의: 의로움을 보고도 지키고 실천하지 못한다면 이는 용감함이 없는 것이다. 다시 말해서, 의로움이 없다면 용감함 역시 존재할 수 없다.

의(義)는 계급상의 서열을 명확하게 하고 그 서열에서 마땅히 지켜야 할 바를 목숨을 걸고 지키는 자세라고 설명한 바 있다. 그런데 공자는 이러한 의(義)를 보고도 지키고 실천하지 못한다면 용(勇) 즉 용감함이 없다고 하고 있으니, **용(勇)이란 바로 의(義)를 몸소 실천하는 것**이다.

즉 의(義)는 부모가 자식을 아끼고 보호하는 자(慈)의 사회적 확장형태이므로, 의(義)의 기본 출발점은 자(慈)가 되는 것이니, 의(義)와 자(慈)는 범위와 행하는 대상만 다를 뿐 본질이 같다. 따라서 자(慈)는 의(義)의 기본이 되고, 의(義)를 실천하는 것이 용(勇)이 되므로, 노자의 "자애롭기 때문에 용감할 수 있다."는 말은 공자의 발언과 일치하고 있음을 확인할 수 있다. 이제 '중'과 '화'에 이르게 하는 세 가지 보물에 대해서 하나씩 살펴보기로 하자.

1) 자(慈): 백성을 아끼는 자애로움

노자는 먼저 [도덕경] 5장에서 다음과 같이 운을 떼고 있다.

> **5-2**
>
> **天地之間, 其猶橐籥乎?**
> **천지지간, 기유탁약호?**
>
> 세상은, 탁약과 같을지니?

대동사회를 다스리는 통치이념은, 마치 제사 때나 대장간에서 바람을 일으켜 불을 지피는데 쓰는 도구인 풀무와도 같을지니?

> **15-6**
>
> **渙兮若冰之將釋.**
> **환혜약빙지장석.**
>
> 풀어지니 마치 얼음이 장차 녹는 것과 같다.

풀무는 안이 비어 있기 때문에 공기를 담아 바람을 일으킬 수 있는 것이고, 또 비어 있지만 끊임없이 바람을 일으킬 수 있다. 인위적으로 제도를 만들어 통제하지 않고 천성에 따라 다스리는 대동사회의 통치이념은 풀무처럼 비어 있어서 허술하고도 부족한 점이 많은 듯하지만, 실제로는 대단히 합리적이다. 이러한 대동의 통치이념으로서 나라를 다스리면, 엄격한 제도로 통제하는 것보다 오히려 백성의 끊임없는 지지와 신망을 얻게 되어서 부족함이 없게 되는 것이다.

이처럼 지도자가 백성을 다스린다는 것은 법과 제도를 강화하고 세분화하여 통제하는 것이 아니라, 오히려 자신을 비우는 자애로움으로 다가가야 하는 것이다. 그러므로 노자는 10장에서도 같은 논조로 말을 이어가고 있다.

10-5

天門開闔, 能爲雌乎?
천문개합, 능위자호?

하늘의 문이 열고 닫힘에 있어, 모성이 될 수 있겠는가?

만물을 낳고 키움에 있어서, 모성과도 같은 자애로움으로 다스릴 수 있겠는가?

10-7

生之畜之, 生而不有, 爲而不恃, 長而不宰, 是謂玄德.
생지휵지, 생이불유, 위이불시, 장이부재, 시위현덕.

그것을 낳고 기르며, 낳지만 소유하지 않고, 행하지만 의지하지 않으며, 자라게 하지만 지배하지 않으니, 이를 현덕이라고 이른다.

대동사회를 이끌었던 지도자들은 백성을 낳아 길렀는데, 낳지만 자신의 것으로 여겨 소유하려 들지 않았고, 통치하지만 통치를 잘하고 있다고 자부하지 않았으며, 백성이 그들의 타고난 천성에 따라 생활하도록 하였지만 제도로 누르고 강압하지는 않았으니, 이를 바로 대동사회의 심오한 덕이라고 하는 것이다. 그리고 이러한 자애로움은 바로 무력으로 상대방을 제압하지 않는 비폭력주의 가치관으로 연결된다.

30-1

以道佐人主者, 不以兵强天下, 其事好還.
이도좌인주자, 불이병강천하, 기사호환.

도로서 군주를 보좌하는 이는, 무기로 세상을 강박하지 않으니, 그러한 일은 좋은 보답을 받는다.

대동사회의 통치이념으로 임금을 보필하는 '성인'들은 전쟁 등의 무력으로 세상을 억압하지 않고, 오히려 '덕'을 베풀어 모순을 해결했기 때문에, 결국 세상이 그들에게 감화되어 복종하게 되었다.

30-2

師之所處, 荊棘生焉.
사지소처, 형극생언.

군대의 주둔지에는, 가시덤불이 자란다.

군대가 주둔한 지역은 전쟁으로 황폐해져서, 사람의 발길이 끊기게 되어 가시덤불이 자라게 된다.

30-3

大軍之後, 必有凶年。
대군지후, 필유흉년.

큰 전쟁 후에는, 반드시 흉년이 든다.

큰 전쟁이 일어나게 되면 농지가 쑥대밭이 되고, 또한 백성이 군대에 동원되어서 농사를 지을 수가 없게 되니, 흉년이 들 수밖에 없다.

46-1

天下有道, 卻走馬以糞。
천하유도, 각주마이분.

세상에 도가 있게 되면, 군마를 돌아가게 하여 그럼으로써 거름을 준다.

대동의 통치이념을 견지하여 나라가 평온해지면, 전쟁이 없어지게 되어 전쟁에 쓰이는 말들조차도 논밭에 거름을 주는 역할을 하게 된다.

46-2

天下無道, 戎馬生於郊。
천하무도, 융마생어교.

세상에 도가 없게 되면, 군마가 변방에서 낳는다.

대동의 통치이념을 베풀지 않아 세상이 혼란스러워지면, 세상이 너나할 것 없이 서로 사리사욕을 탐하게 되어 전쟁이 빈번하게 발생하게 되니, 말이 차분하게 새끼를 낳아야 할 시기조차도 전쟁에 동원되어 결국 전쟁터에서 새끼를 낳게 된다.

그렇다면 노자의 비폭력주의 가치관은 과연 무엇에 기인하는 것일까? 이와 관련하여 다음의 기록을 살펴보기로 하자.

三旬, 苗民逆命。益贊于禹曰: "惟德動天, 無遠弗屆。滿招損, 謙受益, 時乃天道。帝初于歷山, 往于田, 日號泣于旻天, 于父母, 負罪引慝。祇載見瞽瞍, 夔夔齋栗, 瞽亦允若。至誠感神, 矧茲有苗。"禹拜昌言曰: "俞!"班師振旅。帝乃誕敷文德, 舞干羽于兩階, 七旬, 有苗格。

삼십 일 동안, 묘족이 명을 거역했다. 익이 우를 도와 말했다: "오직 덕만이 하늘을 움직이니, 먼 곳이라도 굴복합니다. 자만은 손해를 부르고, 겸손은 이익을 받으니, 늘 이와 같은 하늘의 도리입니다. (순)임금께서는 처음 역산에서, 밭에 나가셨을 때, 매일 하늘과 부모에게 울부짖으시며, 죄를 스스로 짊어지고 사특함을 이끌었습니다(모든 죄를 자기 탓으로 돌렸습니다). 고수를 공경하여 받들고, 조심하고 재계하여 삼가시니, 고수 역시 진실로 따르게 되었습니다. 지극한 정성은 귀신을 감동시키니, 하물며 이 묘족이야." 우는 훌륭한 말에 절하며 말했다: "그렇습니다!" 군사를 돌려 제사를 바로잡았다. (순)임금은 이에 위엄과 덕망을 넓게 펴고, 두 섬돌에서 방패춤(武舞)과 깃털춤(文舞)을 추시니, 칠십 일이 지나, 묘족들이 감복했다. [尙書(상서)] 〈大禹謨(대우모)〉

순(舜)임금이 우(禹)에게 오직 묘족만이 다스려지지 않으니 가서 정벌하라고 명하자, 이에 '우'는 군대를 이끌고 묘족을 치려 하였으나 쉽게 정복하지 못했다. 이때 '익'이 '우'에게 '덕'으로 상대방을 감화시켜야 한다고 말했으니, 이처럼 노자는 태평성대 '성인'들의 행적을 빌려서, 전쟁이나 무력으로 상대방을 강박하거나 제압하는 것을 대단히 반대하였던 것이다. 그러므로 다음과 같이 경고한 바 있다.

42-6

強梁者不得其死, 吾將以爲敎父。
강량자부득기사, 오장이위교부.

포악한 자는 그 죽음을 얻지 못하게 되니, 나는 장차 그럼으로써 가르침의 규범을 삼는다.

법률과 제도로 백성을 억압하는 폭군들은 그 자리를 보존하지 못할뿐더러 비명횡사하게 되었으니, 나는 고대의 문헌들을 통해서 그러한 대동사회의 통치이념을 이해하여 세상에 알리는 규범으로 삼는다.

따라서 노자는 또 다음과 같이 말하고 있다.

> **36-2**
>
> **柔弱勝剛強。**
> **유약승강강.**
>
> 유약함이 강직함을 이긴다.

자애로움으로 통치하면 백성이 따르지만, 엄격한 법률이나 제도를 강화하여 누르려 하면 백성이 등을 돌리게 된다.

> **43-1**
>
> **天下之至柔, 馳騁天下之至堅。**
> **천하지지유, 치빙천하지지견.**
>
> 세상의 지극히 유약한 것이, 세상의 지극히 단단한 것을 제어한다.

자애로움의 덕치로 세상을 다스리는 것이, 법률과 제도로 백성을 통제하는 것보다 더 훌륭한 정치이다.

43-2

無有入無間。
무유입무간.

형태가 없는 것이 공간이 없는 틈에 들어간다.

부드러운 것이 단단한 것의 틈에 들어가 메울 수 있듯이, 자애로움의 덕치로 백성들을 다스리게 되면 법률과 제도로는 해결할 수 없는 어려움을 극복할 수 있는 것이다.

여기서 노자는 물과 공기를 자애로움으로, 그리고 돌을 엄격하고도 세분화된 법과 제도로 빗대어 설명하고 있다. 즉 여기서도 돌과 같은 법과 제도로 다스리는 것보다 물이나 공기와도 같은 자애로움의 통치가 더 중요하다고 역설하는 것이다. 그러므로 노자는 또 다음과 같이 표현하기도 한다.

76-1

人之生也柔弱, 其死也堅强。
인지생야유약, 기사야견강.

사람이 살아있을 때는 유연하지만, 죽으면 뻣뻣해진다.

부드러움은 살아있음을 뜻하기 때문에 길하지만, 강경함은 죽음을 의미하기 때문에 불길하다.

76-2

萬物草木之生也柔脆, 其死也枯槁.
만물초목지생야유취, 기사야고고.

만물의 초목이 살아 있을 때는 부드럽지만, 죽으면 말라버린다.

만물의 초목이 연하고 부드러운 것은 살아 있음을 뜻하지만, 시들어 말라버린 것은 죽음을 의미한다.

76-3

故堅强者死之徒, 柔弱者生之徒. 是以兵强則不勝, 木强則兵. 强大處下, 柔弱處上.
고견강자사지도, 유약자생지도. 시이병강즉불승, 목강즉병. 강대처하, 유약처상.

그러므로 강경한 것은 죽음의 부류이고, 연약한 것은 삶의 부류이다. 이 때문에 무기로 강박하면 곧 패배하고, 나무가 단단하면 곧 무기가 된다. 강대함은 아래에 처하고, 부드러움이 위에 처한다.

따라서 강경함은 죽음 즉 불길한 것에 속하는 것이고, 부드러움은 살아 있음 즉, 길한 것에 속하는 것이다. 이러한 까닭에, 지도자가 강제적인 수단으로 억압하면 백성이 등을 돌려서 결국 그 자리를 보존하지 못하게 되고, 나무가 단단하면 곧 베여서 무기가 되니, 천성에 따라서 주어진 삶을 다할 수 없게 된다. 제도로 억압하여 통제하는 것은 하등의 통치이고, 자애로운 '덕'으로 다스리는 것이 상등의 통치인 것이다.

결국 노자가 말하는 **자애로움이란 엄격함과 강함에 반대되는 부드러움과 연약함**인데, 엄격함은 죽음이고 부드러움은 삶이 된다. 그러므로 또 다음과 같이 말한다.

61-2

牝常以靜勝牡, 以靜為下。
빈상이정승모, 이정위하.

모성이 항상 고요함으로 부성을 제압하는 것은, 고요함으로 아래에 처하기 때문이다.

백성은 법과 제도로 억압하여 통제하는 지도자보다 항상 말과 명령을 함부로 하지 않고 자애로운 '덕'을 베푸는 지도자를 더욱 따르는데, 그 이유는 바로 지도자가 말과 명령을 함부로 하지 않고 항상 자신을 백성 아래에 두기 때문이다.

이와 관련하여, 이제 공자의 관점은 어떠한지 확인할 필요가 있다.

> 子路問強。子曰: 南方之強與, 北方之強與, 抑而強與? 寬柔以教, 不報無道, 南方之強也, 君子居之。衽金革, 死而不厭, 北方之強也, 而強者居之。故君子和而不流, 強哉矯! 中立而不倚, 強哉矯! 國有道, 不變塞焉, 強哉矯! 國無道, 至死不變, 強哉矯。

자로가 강함을 물었다. 공자가 말씀하시기를: 남방의 강함인가, 북방의 강함인가, 아니면 너의 강함인가? 너그럽고 부드러움으로 가르치고, 무도함에 보복하지 않는 것은, 남방의 강함이니, 군자가 머문다. 병기와 갑옷을 깔고(늘 전쟁을 하고), 죽어도 싫증내지 않는 것은, 북방의 강함이니, 따라서 흉포한 자가 머문다. 따라서 군자는 중에 서지 한쪽에 기대지 않으니, 강하도다 꿋꿋함이여! 중에 서서 기울어지지 않으니, 강하도다 꿋꿋함이여! 나라에 도가 있으면, 성실함이 변하지 않으니, 강하도다 꿋꿋함이여! 나라에 도가 없으면, 죽음에 이르러도 변하지 않으니, 강하도다 꿋꿋함이여!

[禮記(예기)] 〈中庸(중용)〉

따라서 공자의 표현을 빌어서 설명하자면, 노자의 '모성(부드러움)'은 바로 '남방의 강함' 즉 '너그럽고 부드러움'이요, '부성(강경함)'은 '북방의 강함' 즉 '무도하고 흉포함'인 것이다. 그러므로 이를 통해서도 노자와 공자의 '강함'에 대한 관점 역시 일치하고 있음을 확인할 수 있다.

2) 검(儉): 집착으로 인한 망신(亡身)을 피하는 길

먼저 노자는 [도덕경] 53장에서 자신이 처한 상황을 다음과 같이 묘사하고 있다.

53-3

朝甚除, 田甚蕪, 倉甚虛。
조심제, 전심무, 창심허.

조정은 관직을 줌이 심하고, 밭에는 잡초가 무성함이 심하며, 창고는 비어 있음이 심하다.

나라의 조정은 공정하게 관리를 선발해야 함에도 부패하기가 그지없고, 백성이 전쟁에 동원되어 밭을 갈지 못하니 온통 잡초 투성이가 되었으며, 지도자가 사치하여 나라의 창고는 텅 비어 있다.

53-4

服文綵, 帶利劍, 厭飲食, 財貨有餘。
복문채, 대리검, 암음식, 재화유여.

화려한 비단을 입고, 날카로운 검을 차며, 음식에 빠지고, 재물은 넘쳐난다.

오늘날의 지도자는 사치스러움에 빠져서 나라를 돌보지 않고 착취하며, 자애로운 '덕'으로 다스리지 않고 오히려 전쟁을 일삼거나 강압적인 수단으로 백성들을 통제하는 등의 권위의식만을 내세우고 있다.

75-1

民之饑, 以其上食稅之多, 是以饑。
민지기, 이기상식세지다, 시이기.

백성들이 굶주리는 것은, 그 위쪽이 부세를 많이 받기 때문이니, 이 때문에 기아에 허덕인다.

백성이 기아에 허덕이는 이유는, 지도자가 제도를 강화하여 세금을 더 착취하기 때문이다.

75-2

民之難治, 以其上之有爲, 是以難治。
민지난치, 이기상지유위, 시이난치.

백성들을 통치하기가 어려운 것은, 그 위쪽이 작위함이 있기 때문이니, 이 때문에 통치하기 어렵다.

백성이 지도자를 믿고 따르지 않는 이유는, 지도자가 백성들의 뜻을 헤아리지 않고 법률과 제도로 통제하기 때문이다.

75-3

民之輕死, 以其求生之厚, 是以輕死。
민지경사, 이기구생지후, 시이경사.

백성이 죽음을 가벼이 하는 것은, 그들이 생계에 대한 중시를 추구함이 많기 때문이니, 이 때문에 죽음을 가벼이 여긴다.

지도자가 천성에 따르지 않고 사리사욕을 탐하게 되면, 백성 역시 그 생계에 집착한 나머지 물질적이고 현실적인 삶을 중시하고 추구하게 되니, 결국 백성은 이러한 생계를 위해서 죽음조차도 두려워하지 않게 된다.

75-4

夫唯無以生為者, 是賢於貴生。
부유무이생위자, 시현어귀생.

무릇 생계때문에 작위함이 없는 자, 이는 생계를 귀히 여기는 이보다 현명하다.

따라서 사리사욕을 탐하지 않는 지도자는 백성 역시 각자의 천성에 따라서 평온하게 살도록 하기 때문에, 나라를 오랫동안 평온하게 다스릴 수 있다. 하지만 백성을 착취하여 사리사욕을 채우는 지도자는 백성이 등을 돌리고, 그들 역시 사리사욕을 채우려 하게 되므로, 결국 나라가 혼란스러워진다.

53-5

是謂盜夸, 非道也哉!
시위도과, 비도야재!

이를 일컬어 훔쳐서 자랑한다고 하니, 도가 아니다!

이처럼 지도자가 백성들을 착취하여 호의호식하는 것을 일컬어서 남의 것을 훔쳐서 자랑한다고 하니, 이는 대동사회의 통치이념과 너무나도 거리가 먼 것이다!

따라서 노자는 9장에서 다음과 같이 이야기한다.

9-1

持而盈之, 不如其已。
지이영지, 불여기이.

그것을 가득 움켜지는 것은, 그것을 멈추느니만 못하다.

나라를 다스리는 지도자가 재물이나 희귀한 물건 또는 권력 등에 지나치게 집착하게 되면 곧 자신의 자리를 오래할 수 없거니와 심지어 망국으로까지 치닫게 되기 때문에, 지도자는 결코 사리사욕에 얽매여서는 안 된다.

이와 관련하여 다음의 기록을 살펴보자.

湯出, 見野張網四面, 祝曰: "自天下四方皆入吾網。" 湯曰: "嘻, 盡之矣!" 乃去其三面, 祝曰: "欲左, 左; 欲右, 右; 不用命, 乃入吾網." 諸侯聞之, 曰: "湯德至矣, 及禽獸."

탕이 나가서, 들에 사면으로 그물을 펼쳐 놓고, "세상 사방 모두가 내 그물로 들어오게 하소서"라고 비는 이를 보았다. 탕이 말했다: "아, 다 잡으려 하는구나!" 이에 삼면을 거두고, "왼쪽으로 가려면, 왼쪽으로, 오른쪽으로 가려면, 오른쪽으로 가게 하소서; 명령을 따르지 않으면, 이에 내 그물로 들어오게 하소서."라고 빌었다. 제후들이 듣고, 말했다: "탕의 덕이 지극하니, 금수에게까지 미쳤구나."

[史記(사기)] 〈殷本紀(은본기)〉

우리는 수많은 교훈과 사례들을 통해서, '집착'이 초래하는 결과를 잘 알고 있다. 여기 동전이 가득 담겨진 유리병이 있고, 그 유리병의 주둥이는 겨우 손 하나가 들어갈 정도의 크기에 불과하다. 그리고 누군가 우리에게 다가와서는, 유리병에 손을 집어넣어 자기가 원하는 만큼의 동전을 꺼내가라고 한다. 과연 우리는 원하는 만큼의 동전을 움켜쥐고 손을 꺼낼 수 있을까? 빠지지 않는 손을 다시 유리병 주둥이 밖으로 꺼내려면 어떻게 해야 할까? 따라서 노자는 44장과 46장에서도 다음과 같이 말한다.

44-1

名與身孰親? 身與貨孰多? 得與亡孰病?
명여신숙친? 신여화숙다? 득여망숙병?

명예와 몸 중에서 어느 것이 친밀한가? 몸과 재물 중에서 어느 것이 중요한가? 득과 실 이 중에서 어느 것이 해를 끼치는가?

길이 사라지지 않는 명예와 곧 사라지는 육체 중에서 어느 것이 더 사랑할 만한가? 생명과 재물 중에서 어느 것이 더 중시되어야 하는가? 얻는다는 것과 잃는다는 것 이 중에서 어느 것이 더 해로운 것인가?

44-2

是故甚愛必大費, 多藏必厚亡。
시고심애필대비, 다장필후망.

이 때문에 지나치게 아끼면 반드시 큰 소비가 있고, 과다하게 보관하면 큰 손실이 있다.

그러한 이유 때문에, 쓰지 않으려고 하면 더 크게 쓰게 되는 것이고, 숨겨두면 더 크게 잃는 것이다.

44-3

知足不辱, 知止不殆, 可以長久。
지족불욕, 지지불태, 가이장구.

만족할 줄 알면 욕되지 않고, 그칠 줄 알면 위험하지 않으니, 오래할 수 있다.

따라서 지도자가 욕심을 탐하지 않고 그 자리에 만족하면 곤욕스럽지 않을 수 있고, 더 큰 것을 바라지 않고 멈출 줄 알면 백성의 신뢰와 지지를 받게 되니, 오랫동안 그 자리를 보존할 수 있고 나아가 백성에게서 잊히지 않게 되는 것이다.

46-3

禍莫大於不知足, 咎莫大於欲得。故知足之足, 常足矣。
화막대어부지족, 구막대어욕득. 고지족지족, 상족의.

재앙은 만족할 줄 모르는 것보다 더 큰 것이 없고, 환난은 얻고자 하는 욕망보다 더 큰 것이 없다. 그러므로 만족의 넉넉함을 알면 영원히 넉넉하다.

지도자가 자신의 자리에 만족하지 않으면 전쟁과도 같은 엄청난 재앙을 일으키게 되고, 자꾸만 사리사욕을 탐하면 결국 백성이 등을 돌려서 그 자리조차도 지킬 수 없게 되는 것이다. 따라서 지도자가 자신의 자리를 지키고 욕심을 가지지 않게 되면, 백성이 믿고 따르게 되어 오랫동안 나라를 평온하게 다스릴 수 있다.

이어서 노자는 다음과 같이 말한다.

9-2

揣而銳之, 不可長保。
췌이예지, 불가장보.

날카로운데도 그것을 날카롭게 하면, 오래 보존할 수 없다.

마찬가지의 도리로 칼의 날이 이미 충분히 예리한데도 불구하고 계속 날카롭게 갈면, 결국 그 칼은 마모되어 오래 쓸 수 없듯이, 백성을 억압하여 불만이 팽배한데도 그들을 누르기 위해 법률이나 형벌 등의 제도를 더욱 강화한다면, 그 정치는 오래 갈 수 없다. 이미 나라를 다스리는데 필요한 기본적인 제도가 있음에도 불구하고 제도를 더욱 강화하여 백성을 탄압하게 되면, 결국에는 지도자의 자리에 오래 있을 수 없거니와 나아가 나라를 보존할 수 없게 되는 것이다.

> 帝乙崩, 子辛立, 是爲帝辛, 天下謂之紂. 帝紂資辨捷疾, 聞見甚敏; 材力過人, 手格猛獸; 知足以距諫, 言足以飾非; 矜人臣以能, 高天下以聲, 以爲皆出己之下.(생략) 厚賦稅以實鹿臺之錢而盈鉅橋之粟. (생략) 百姓怨望而諸侯有畔者, 於是紂乃重刑辟, 有炮格之法.
>
> 을임금이 죽고, 아들 신이 즉위하니, 이 사람이 신제이다. 세상은 그를 주라고 불렀다. 주임금은 천성적으로 말솜씨가 좋고 행동이 빨랐으며, 보고 들음에 매우 영리했고; 능력이 일반인을 능가했으며, 맨손으로 맹수와 맞섰고; 지혜는 충분히 간언을 막을 수 있었으며, 말은 충분히 거짓으로 꾸며낼 수 있었고; 능력을 신하들에게 자랑하고, 명성을 세상에 드높이려 했으며, 모두가 자기 아래라고 여겼다. (생략) 부세를 두터이 함으로써 녹대의 돈을 채우고 거교를 곡식을 메웠다. (생략) 귀족들이 원망하고 제후들 중에는 배반하는 이들이 있었으니, 그래서 주는 이에 형벌을 무겁게 하여, 포락이라는 형벌이 있게 되었다. [史記(사기)] 〈殷本紀(은본기)〉

결국 주임금은 상(商)나라의 마지막 임금이 되었고, 지금까지 폭군의 대명사로 불리고 있으니, 노자의 이러한 관점은 다음의 15장에도 나타난다.

> **15-11**
>
> **保此道者不欲盈, 夫唯不盈, 故能蔽不新成.**
> **보차도자불욕영, 부유불영, 고능폐불신성.**
>
> 이러한 도리를 견지하는 자는 가득 채우려 하지 않고, 무릇 가득 채우지 않으므로, 그러므로 능히 포괄하여 새로이 만들지 않는다.

만족하지 못하거나 부족함을 느끼면 자꾸 새로운 것을 추구하고 만들어 채우게 되지만, 비움으로써 능히 모든 것을 포용한다면 굳이 새로운 것을 찾아 만들 필요가 있겠는가? 상고의 태평성대에는 천명 즉 자연의 순리에 따랐기 때문에, 사람들의 마음에 사적인 욕망이 생기지 않았던 것이다. 따라서 대동사회의 통치이념을 이해하고 실천하는 성인은 자꾸 새로운 제도를 만들어 백성을 통제하려 들지 않는다. 이처럼 굳이 새로운 제도를 만들어 통제하려 들지 않게 되므로, 긍정과 부정, 좋음과 나쁨을 모두 포용하고 화해시켜 함께 가려 하지, 부정과 나쁨을 버리고 긍정과 좋음만을 선별하는 제도를 자꾸 만들어 백성을 통제하려 하지 않는다.

이제 계속해서 9장을 살펴보자.

9-3

金玉滿堂, 莫之能守.
금옥만당, 막지능수.

금과 옥이 집에 가득하면, 그것을 지킬 수 없다.

사리사욕에 눈이 멀어 재물을 늘리려 하면, 결국 원래 있었던 재물까지도 모두 잃게 되니, 지도자는 결코 재물에 집착해서는 안 된다.

9-4

富貴而驕, 自遺其咎.
부귀이교, 자유기구.

부귀하고도 교만하면, 스스로 그 재앙을 남기는 것이다.

충분히 재물을 보유하여 부귀한데도 겸손해하지 않고 오히려 교만하면, 이는 자기에게 재앙을 남기게 되는 것이니, 결국 지도자의 자리를 잃게 될 뿐만 아니라 비참한 최후를 맞이하게 되는 것이다.

> 帝堯者, 放勳. 其仁如天, 其知如神. 就之如日, 望之如雲. 富而不驕, 貴而不舒.(생략) 能明馴德, 以親九族. 九族旣睦, 便章百姓. 百姓昭明, 合和萬國.
> 요임금은, 방훈이다. 그 인자함은 하늘과 같았고, 그 지혜로움은

11. 삼보: 중과 화를 이루는 세 가지 보물 235

귀신과도 같았다. 그를 좇으면 태양과 같았고, 그를 바라보면 구름과도 같았다. 부유하면서도 교만하지 않고, 고귀하면서도 오만하지 않았다. (생략) 능히 덕을 밝히고 따름으로써, 구족(같은 종족의 9대: 고조부터 현손까지)이 가까워졌다. 구족이 이미 화목해지니, 수많은 성씨(귀족)를 상의하여 처리했다. 수많은 성씨(귀족)가 명확히 구분되어지자, 온 나라가 합하여 잘 어울리게 되었다. [史記(사기)] 〈五帝本紀(오제본기)〉

요임금은 이처럼 부귀하면서도 교만하지 않았기에 나라를 화합으로 이끌 수 있었다. 이제 이와 상반되는 예를 살펴보기로 하자.

厲王卽位三十年, 好利, 近榮夷公. 大夫芮良夫諫厲王曰: "王室其將卑乎. 夫榮公好專利而不知大難. 夫利, 百物之所生也, 天地之所載也, 而有專之, 其害多矣. 天地百物皆將取焉, 何可專也?(생략) 夫王人者, 將導利而布之上下者也. 使神人百物無不得極, 猶日怵惕, 懼怨之來也.(생략) 匹夫專利, 猶謂之盜, 王而行之, 其歸鮮矣.

여왕은 30년 동안 재위했는데, 이익을 좋아하고 영이공을 가까이 했다. 대부 예량부가 여왕에게 간하여 말했다: "왕실이 장차 쇠할 것입니다. 무릇 영이공은 이익을 독점하기를 좋아하나 큰 재앙은 알지 못합니다. 무릇 이익이란 만물에서 생기는 바이고, 천지가 완성하는 바인데, 독점하게 되면, 그 피해가 많아집니다. 천지와 만물은 모두가 얻기를 바라는데, 어찌 사사로이 할 수 있겠습니까? (생략) 무릇 왕이란 사람은, 장차 이익을 이끌어 위아래로 베푸는 사람입니다. 귀신과 사람 만물로 하여금 지극함을 얻지 못하는 바가 없도록 하고, 오히려 날마다 두려워 조심해야 하며, 원망이 이르게 될까 걱정해야 합니다. (생략) 필부가 이익을 독점해도, 가히 도적이라 일컫는데, 왕이 그것을 행하면, 귀속하는 이들이 드물 것입니다. [史記(사기)] 〈周本紀(주본기)〉

신하들의 간언에도 불구하고, 여왕은 영이공에게 국사를 맡기는 등 포악하고 사치스러운 생활을 계속하자, 급기야 백성이 반란을 일으키게 되고 결국 쫓겨나 타지에서 객사하였으니, 이에 주(周)나라의 국세도 약해지게 되었다.

9-5

功遂身退, 天之道。
공수신퇴, 천지도.

공을 이루면 자신은 물러나는 것이, 하늘의 도리이다.

이처럼 대동사회의 지도자들은 공로를 세워도 그 공로를 자신의 것으로 여기지 않고 겸손해 했기 때문에 지금까지도 존경을 받고 있으니, 이는 지도자가 지켜야 할 하늘의 도리 즉 순리인 것이다.

중국 춘추시대 남쪽에 위치해 있던 오(吳)와 월(越)은 국경을 접하고 있어서, 끊임없이 영토분쟁을 해왔던 철천지원수지간의 나라였다. 오죽했으면 오월동주(吳越同舟)라는 고사성어까지 등장했겠는가! 한 번은 오나라 왕 합려(闔閭)가 친히 군대를 이끌고 전쟁에 나섰다가 큰 상처를 입고 돌아왔는데, 상처가 아물지 못해 끝내 목숨을 잃게 되었다. 죽을 때까지 편히 눈을 감지 못한 합려의 모습을 본 아들 부차(夫差)는 복수의 칼을 갈고, 수년 후 부차는 드디어 원수인 월나라를 멸망시키고 또 임금 구천(句踐)을 생포했다.

당연히 부차는 구천의 목을 베어 부친의 원한을 풀었어야 했지만, 구천의 모신(謀臣)이었던 범려(范蠡)의 치밀한 사전 로비와 부차의 안일한 생각(전승국 임금으로서 패전국 임금이 목숨을 구걸하는 걸 받아들이지 못했다는 후세의 비난을 염려)으로 인해서, 그만 구천을 귀양 보내고 만다. 그리고 나서 부차는 주색에 빠져 정사를 돌보지 않게 된다.

구천과 범려는 감시를 피해 수년 간 와신상담(臥薪嘗膽: 이 성어는 바로 여기서 유래한다.)하여 복수의 칼을 갈고, 흩어졌던 월나라 유민들을 불러 모아서 드디어 역사적인 거사에 성공하게 된다. 범려는 임금 구천에게 부차의 목을 베어야 한다고 간언하지만 구천은 범려의 말을 귀담아듣지 않았고, 바로 그때 범려는 자신이 섬기던 임금 구천의 관상을 다시 한 번 살피게 되었다. 그랬더니 구천은 머리가 작고 목은 길며 어깨는 좁은 것이 마치 학의 형상과도 같은 것이 아니겠는가! 학의 관상은 어려움은 함께 할 수 있지만, 즐거움은 함께 나눌 수 없다고 했다. 범려는 그날 밤 필수품 몇 가지만 수레에 태운 채 월나라를 벗어났다. 그리고 가는 도중에 절친한 벗이었던 한 장군의 집에 잠시 들러, 자기와 함께 떠나자고 설득했다. 하지만 범려의 벗이었던 장군은 오히려 황당하다는 듯이 말한다. "아니 임금께서 크게 연회를 열어 우리의 공을 치하하신다고 했는데, 그 무슨 당치도 않은 소리요!"라고. 이에 범려는 미련 없이 홀로 월나라를 벗어나 초나라고 건너갔고, 월나라 임금 구천이 연 연회에 참석한 공신들은 모두 죽임을 당하고 말았다.

결국 공수신퇴(功遂身退)는 "공을 이루면 자신은 물러난다."는 도리이니, 태평성대를 이끈 지도자들은 눈앞의 것에 집착하지 않고 하늘의 뜻 즉, 천성에 따랐기 때문에 나라를 평안하게 할 수 있었고 또 자신을 지킬 수 있었던 것이다.

노자의 집착에 대한 경고는 12장과 13장에서도 계속된다.

12-1

五色令人目盲, 五音令人耳聾, 五味令人口爽, 馳騁畋獵令人心發狂, 難得之貨令人行妨。
오색령인목맹, 오음령인이롱, 오미령인구상, 치빙전렵령인심발광, 난득지화령인행방.

화려한 색은 사람의 눈을 어지럽히고, 번잡한 소리는 사람의 귀를 영활하지 못하게 하며, 푸짐한 음식은 사람의 입을 어긋나게 하고, 질주하여 하는 사냥은 사람의 마음을 방탕하게 하며, 희소한 물건은 사람으로 하여금 순조롭지 못하게 한다.

화려한 색채는 사람의 눈을 현란하게 어지럽혀서 정확하게 보지 못하게 하고, 화려한 소리는 사람의 귀를 현란하게 어지럽혀 정확하게 듣지 못하게 하며, 지나치게 풍성한 음식은 사람의 미각을 상하게 하여 올바르게 음미하지 못하게 하고, 절제 없이 마음껏 하는 사냥은 사람의 마음을 방탕하게 하여 올바른 정치를 펴지 못하게 하며, 진귀한 보물은 사람의 마음을 어지럽혀 규칙을 어기게 한다.

이와 관련하여서는 다음의 기록들을 참고하기로 하자.

> 太康尸位以逸豫, 滅厥德。黎民咸貳, 乃盤遊無度, 畋于有洛之表, 十旬弗反。

태강은 덕이 없이 임금 자리에 오름으로써 멋대로 즐기며 놀았으니, 그 덕이 놀고 게으름만 피우며 덕을 망쳤다. 수많은 백성들이 다 두 마음을 갖게 되었는데, 이에 즐거이 놀고 절도가 없었으니, 낙수의 바깥으로 사냥을 가서, 백날이 지나도 돌아오지 않았다. [尚書(상서)] 〈五子之歌(오자지가)〉

其二曰, 訓有之, 內作色荒, 外作禽荒, 甘酒嗜音, 峻宇彫牆, 有一于此, 未或不亡。
그 둘째가 말했다: "훈계하심이 있으니, 안으로 여색에 빠지거나, 밖으로 사냥에 빠지거나, 술을 달게 여기거나 음악을 즐기거나, 집을 크고 높게 짓거나 담장에 무늬를 새기거나, 이들 중에 한 가지가 있으면, 나라가 망하지 않은 이가 없다." [尚書(상서)] 〈五子之歌(오자지가)〉

즉 노자는 이처럼 역사기록들을 통해서, 통치자로서 사치스럽고 방탕한 생활을 하면 안 된다고 경각심을 불러일으키고 있는 것이다.

12-2

是以聖人為腹不為目, 故去彼取此。
시이성인위복불위목, 고거피취차.

이 때문에 성인은 배부름에 종사하지 눈에 종사하지 않는데, 그러므로 저것을 버리고 이것을 취한다.

이 때문에 태평성대를 이끈 지도자들은 인간의 가장 기본적인 욕구인 배부름만을 해결하려고 하였지, 눈의 유혹 즉 화려하고 방탕한 생활과 재물에 집착하지 않았다. 그러므로 덕치에 방해가 되는 유혹들을 모두 버리고, 인간의 가장 기본적인 욕구인 배부름만을 해결하려고 하였다.

이와 관련하여 다음의 기록들을 살펴보자.

> 帝堯陶唐氏, 伊祈姓, 或曰名放勛, 帝嚳子也。其仁如天, 其知如神, 就之如日, 望之如雲, 以火德王, 都平陽, 茅茨不剪, 土階三等。
> 제요 도당씨는, 이기가 성인데, 혹자가 말하기를 이름은 방훈이라 하니, 제곡의 아들이다. 그 인자함은 하늘과 같았고, 그 지혜로움은 귀신과 같아서, 따르기를 마치 해와 같이 하고, 우러르기를 마치 구름과 같이 하였으니, 불의 덕으로 임금이 되고, 평양을 도읍으로 하여, <u>지붕을 이는 짚을 자르지 않고, 흙 계단은 세 단이었다.</u>
> [十八史略(십팔사략)] 〈五帝篇(오제편)〉

> 觀于華, 華封人曰: 噫, 請祝聖人, 使聖人壽富多男子。堯曰: 辭, 多男子則多懼, 富則多事, 壽則多辱。
> 화 지역을 살피니, 화의 봉인(수령)이 말했다: 아, 성인을 축복하나니, 성인께서 장수하고 부유하며 아들이 많기를 바랍니다. 요임금이 말했다: 사양하겠소. 아들이 많으면 곧 두려워할 일이 많고, <u>부유하면 곧 일이 많으며, 장수하면 곧 욕된 일이 많소.</u> [十八史略(십팔사략)] 〈五帝篇(오제편)〉

이는 요(堯)임금과 관련된 기록들인데, 이처럼 태평성대를 구가한 '성인'들은 나라와 백성들을 위해서 사적으로 부(富)를 축적하지 않고 검소한 생활을 했기 때문에 오랫동안 임금의 자리에 있으면서 백성의 추앙을 받을 수 있었던 것이다.

그리고 노자는 13장에서, 이러한 '집착'에 대한 경고를 총애를 얻고자 급급해하는 모습으로 확대하여 설명하고 있다.

13-1

寵辱若驚, 貴大患若身。
총욕약경, 귀대환약신.

총애함과 모욕에 마치 놀란 듯하는 것은, 자신을 중시하는 것처럼 큰 재앙을 중시하는 것이다.

총애를 얻기 위해 급급해 하고 또 총애를 얻지 못하는 수모를 겪었다고 실망하는 것은 자기에 대한 집착이다. 이렇듯 나라를 이끄는 일에 종사하는 자가 자기를 버리지 않고 오히려 그 자리에 너무 집착하게 되면, 결국에는 큰 불행을 당하게 되는 것이다.

이제 이와 관련하여 다음의 기록을 살펴보기로 하자.

> 君罔以辯言亂舊政, 臣罔以寵利居成功。邦其永孚于休。
> 임금이 교묘한 말 때문에 옛 정치를 어지럽히지 않고, 신하가 총애와 이익 때문에 성공에 머무르지 않으면, 나라가 오래도록 아름답게 빛날 것입니다. [尙書(상서)] 〈太甲下(태갑하)〉

> 慮善以動, 動惟厥時。有其善, 喪厥善, 矜其能, 喪厥功。惟事事乃其有備, 有備無患。無啓寵納侮。無恥過作非。惟厥攸居, 政事惟醇。

黷于祭祀, 時謂弗欽, 禮煩則亂, 事神則難.

선하다고 생각되면 움직이고, 행동은 그때에 맞아야 합니다. 선하다고 여기면 선함을 잃고, 재능을 자랑하면 그 공을 잃게 됩니다. (해야 할) 일에 종사하면 이에 준비하게 되니, 준비함이 있으면 후환이 없습니다. 총애하거나 업신여기지 말고, 허물을 부끄러워하여 잘못을 저지르지 말아야 합니다. 그 머무르는 바를 생각하면(자신의 자리에 있으면), 정치가 순박해집니다. [尙書(상서)] 〈說命(열명)〉

따라서 총애를 얻기 위해 급급해 하고 또 총애를 얻지 못하는 수모를 겪었다고 실망하는 것은 자기에 대한 집착이다. 이렇듯 나라를 이끄는 일에 종사하는 자가 총애를 얻기 위해 급급해 하고 자기에 대해 집착하는 것을 하등의 부류라고 일컫는 것이다.

13-2

何謂寵辱若驚, 寵爲下.
하위총욕약경, 총위하.

어떠한 것을 총애를 얻음과 굴욕을 받음에 놀란 듯하다고 일컫는가 하니, 총애를 얻음은 아래에 있는 것이다.

총애를 얻기 위해 급급해 하고 또 총애를 얻지 못하는 수모를 겪었다고 실망하는 것은 자기에 대한 집착이다. 이렇듯 나라를 이끄는 일에 종사하는 자가 총애를 얻기 위해 급급해 하고 자기에 대해 집착하는 것을 하등의 부류라고 일컫는 것이다.

13-3

得之若驚, 失之若驚, 是謂寵辱若驚.
득지약경, 실지약경, 시위총욕약경.

그것을 얻음에 놀라는 듯하고, 그것을 잃음에 놀라는 듯하니, 이를 총애를 얻음과 굴욕을 얻음에 놀라는 듯하다고 이른다.

총애를 받았다고 놀란 듯 크게 기뻐하고 총애를 받지 못했다고 놀란 듯 크게 실망하는 것을 일컬어, 총애를 얻기 위해 급급해 하고 또 총애를 얻지 못하는 수모를 겪었다고 실망한다고 하는 것이다.

13-4

何謂貴大患若身?
하위귀대환약신?

어떠한 것을 자신을 중시하는 것처럼 큰 재앙을 중시한다고 이르는가?

무엇을 나라를 이끄는 일에 종사하는 자가 자기를 버리지 않고 오히려 너무 집착하게 되면, 결국에는 큰 불행을 당하게 되는 것이라고 일컫는가?

13-5

吾所以有大患者, 爲吾有身。
오소이유대환자, 위오유신.

내게 큰 화가 있는 것은, 나 자신을 돌보기 때문이다.

태평성대 특히 대동사회를 이끈 지도자들은 자기를 버리고 백성 아래에 처함으로써 백성의 신망과 지지를 받았는데, 그와 반대로 자기를 버리지 않고 집착하여 백성 위에 군림하려 들어 덕치를 펴지 못하면, 결국 지도자의 자리를 지킬 수 없거니와 나아가 불행한 최후를 맞이하게 된다.

13-6

及吾無身, 吾有何患?
급오무신, 오유하환?

이에 나 자신을 돌보지 않는다면, 내게 무슨 화가 있겠는가?

태평성대를 이끈 지도자들은 이처럼 자기를 버리고, 백성의 마음을 자기의 마음으로 삼았다. 자기를 아래에 두어 항상 백성을 두려워하고 공경하였기에, 그들의 신망과 지지를 한꺼번에 받을 수 있었으니, 지도자에게 어떠한 재앙이 닥칠 수 있었겠는가?

우리는 "충성(忠誠)을 다한다."라는 표현을 참으로 많이 접하며 살아가고 있다. 그런데 과연 '충성'이란 무엇일까? 다소 막연하게나마 '복종'과 흡사한 의미로 이해했던 것이 사실이다. 그러나 충(忠)이란 '가운데 중(中)'과 '마음 심(心)'이 합해진 형성문자(形成文字: 하나는 소리를, 그리고 또 하나는 의미를 지니는 문자)이니, 바로 마음을 한쪽으로 치우치지 않고 공변되게 한다는 뜻이다. 또한 성(誠)이란 '말씀 언(言)'과 '이룰 성(成)'이 합해진 역시 형성문자이니, 다름 아닌 내뱉은 말은 반드시 이룬다는 의미인 것이다. 그러므로 허신은 [설문해자]에서 "믿을 신(信)과 정성 성(誠)은 사실상 같은 의미를 지닌다."라고도 설명한 바 있고.

13-7

故貴以身爲天下, 若可寄天下; 愛以身爲天下, 若可託天下。
고귀이신위천하, 약가기천하; 애이신위천하, 약가탁천하.

그러므로 귀히 여김이라 함은 자신을 돌보듯 세상을 귀히 여기는 것이니, 만약 그럴 수 있다면 세상을 맡길 수 있다; 우러러 섬김이라 함은 자신을 돌보듯 세상을 사랑하는 것이니, 만일 그럴 수 있다면 세상을 부탁할 수 있다.

따라서 귀중하게 여긴다는 것은 자기 자신을 아끼는 마음으로 나라와 백성들을 아낀다는 뜻이다. 만약 그렇게 할 수 있다면, 백성들이 그를 지도자로 추대하여 나라를 이끌게 할 것이다. 우러러 섬긴다는 것은 자기 자신을 사랑하는 마음으로 나라와 백성들을 사랑한다는 뜻이다. 만약 그렇게 할 수 있다면, 백성들이 그를 지도자로 추대하여 나라를 이끌게 할 것이다.

이와 관련하여 먼저 다음의 기록을 살펴보도록 하자.

> 后非民罔使, 民非后罔事, 無自廣以狹人。匹夫匹婦, 不獲自盡, 民主罔與成厥功。
> 임금은 백성이 아니면 부릴 수 없고, 백성은 임금이 아니면 섬길 이가 없으니, 스스로 크다고 하여 다른 사람을 경시하면 안 됩니다. 평범한 남녀가, 정성을 다함을 얻지 못하게 되면, 백성의 주인은 더불어 그 공을 이룰 수 없습니다. [尙書(상서)] 〈咸有一德(함유일덕)〉

이제 [孟子(맹자)] 〈離婁(이루)〉편에 나오는 한 구절 "禹稷顔子易地則皆然(우직안자역지즉개연)"을 소개하고자 한다. 이 구절은 "우와 후직과 안회는 입장 바꿔도 곧 모두 그렇게 하였을 것이다."라고 직역할 수 있는데, 우리가 잘 알고 있는 역지사지(易地思之)라는 성어는 바로 이 구절에서 비롯된 것으로, 오늘날 통용되고 있는 "입장을 바꿔서 생각하라."라는 뜻과는 분명한 차이가 있다. 하긴 이렇듯 의미가 변용된 것이 어디 이뿐이겠는가? "친척이 밭을 사면 배가 아프다."라는 격언 역시 본래는 "친척이 밭을 사면 그 밭에 가서 배가 아플 정도로 대변을 보아 거름이 되도록 보태준다."라는 의미였는데, 언제부터인가 이기적인 뜻으로 변질되지 않았던가!

어쨌든 다시 돌아와서, 이제 이 구절을 좀 더 구체적으로 풀어보자면 다음과 같다. 아버지 곤(鯀)이 요(堯)임금의 명을 받아 치수를 시도했으나 성과가 없어서, 순(舜)임금 때 참형을 당하고(혹은 귀양을 가서 죽었다고도 함) 아들 우(禹)가 그 자리를 이어받았으니, 우는 아버지를 잃은 슬픔이 컸을 것이다. 하지만 우는 슬픔을 딛고 13년 동안 전국을 돌아다니면서 치수에 힘썼는데, 수차례 자기 집 앞을 지나면서도 단 한 차례도 들르지 않는 등의 노력 끝에 드디어 치수에 성공하게 된다. 그런 우가 치수의 명을 받아 전국을 도는 중, 하루는 홍수에 떠내려가는 백성들의 모습을 보고는 그 자리에서 주저앉아 대성통곡을 했다고 한다. "내 탓이다, 내 탓이다! 내가 일을 바로 하지 못해서 죄 없는 백성들이 그 피해를 입었다!"라고.

후직(后稷)은 순과 같은 시절 농업을 관장하던 인물이었는데, 하루는 기근으로 굶주리는 백성들을 보자, 역시 그 자리에서 주저앉아 대성통곡을 했다고 한다. "내 탓이다, 내 탓이다! 내가 일을 바로 하지 못해서 죄 없는 백성들이 굶주린다!"라고.

안자 즉 안회는 공자가 가장 아끼던 제자였는데, [논어] 〈雍也(옹야)〉편을 보면 다음의 기록이 남아 있다.

6-9

子曰: "賢哉, 回也。一簞食, 一瓢飮, 在陋巷, 人不堪其憂。回也, 不改其樂。賢哉, 回也。"

자왈: "현재, 회야. 일단사, 일표음, 재루항, 인불감기우. 회야, 불개기락. 현재, 회야."

미언: 공자가 이르시기를 "현명하구나, 안회여. 대나무 그릇의 밥, 표주박의 물, 누추하고 좁은 마을에 기거함, 사람들은 그 고통을 견디지 못한다. 안회는, 그 즐거움을 고치지 않으니, 현명하구나, 안회여."

대의: 공자가 이르시기를 "사람들은 굶주림과 가난함의 고통을 견디지 못한다. 현명함은 예(禮)로 이성과 감성을 조율하여 중(中)과 화(和)로 이르는 것을 뜻하는데, 안회는 굶주림과 누추함이라는 어려운 환경 속에서도 '도'를 배우는 즐거움을 견지하고 있으니, 현명하구나, 안회여."

만약 우가 후직이었다면, 후직이 안회였다면, 그리고 안회가 우였다면 그들은 자세를 달리하였을까? 결국 노자는 다시 한 번 지도자의 자세를 언급하여, "백성들을 어려워하고 자신을 사랑하듯 그들을 사랑할 수 있다면, 만일 그럴 수 있다면 세상을 부탁할 수 있다." 즉 백성들의 지도자가 될 수 있다고 목소리를 높이고 있는 것이다.

3) 겸(謙): 나를 버리므로, 나를 이룬다.

노자는 [도덕경] 7장에서 다음과 같이 말한 바 있다.

7-1

**天長地久。天地所以能長且久者, 以其不自生, 故能長生。
천장지구. 천지소이능장차구자, 이기불자생, 고능장생.**

천지는 장구히 존재한다. 천지가 장구할 수 있는 것은, 그가 자기만 살려고 하지 않기 때문에, 그러므로 장구히 존재할 수 있다.

하늘과 땅은 변치 않고 오랫동안 존재해왔다. 이렇듯 하늘과 땅이 변치 않고 오랫동안 존재할 수 있었던 이유는, 바로 하늘과 땅만이 살려고 했던 것이 아니라, 그 안에 있는 세상의 모든 존재들 즉 자연의 모든 생물 및 무생물들과 어우러져 함께 살려고 했기 때문이다. 따라서 나라가 변치 않고 오래 유지되려면 이처럼 좋은 것만 취하고 나쁜 것은 버리는 것이 아니라, 어느 누구 하나 버리지 않고 함께 어우러져 살아야 하는 것이다.

이처럼 노자는 또한 공생하기 때문에 장구할 수 있다고 피력하고 있는데, 이와 관련하여서는 다음 문장을 살펴보면 그 취지를 더욱 명확하게 파악할 수 있을 것이다.

> 予違, 汝弼, 汝無面從, 退有後言。欽四鄰! 庶頑讒說, 若不在時, 侯以明之, 撻以記之, 書用識哉, 欲並生哉! 工以納言, 時而颺之, 格則承之庸之, 否則威之。
> 나의 어긋남을, 그대가 바로잡아야 하니, 그대는 면전에서는 따르고, 물러나서 뒷말을 남기지 마시오. 사방을 공경하시오! 모든 요사스럽고 간특한 말은, 만약 좋지 않으면, 과녁으로 밝히고, 회초리로 기억하며, 글로 기록하여, 함께 살고자 하오! 악관이 바친 말로서, 때에 맞춰 드높이니, 바로잡으면 곧 받아들여 그를 등용하고, 그렇지 않으면 그를 떨치겠소. [尙書(상서)] 〈益稷(익직)〉

7-2

是以聖人後其身而身先, 外其身而身存.
시이성인후기신이신선, 외기신이신존.

이 때문에, 성인은 자기를 뒤에 두지만 자기가 앞서게 되고, 자기를 도외시하지만 자기를 보존할 수 있다.

따라서 태평성대 그중에서도 특히 대동사회를 이끈 지도자들은 자신을 백성 아래에 두었지만, 오히려 백성의 신망을 받아 위에 올라서 지도자가 될 수 있었고, 자기를 버리고 백성의 뜻에 따랐지만, 오히려 백성의 지지를 받아 그 지도자의 자리를 오랫동안 지킬 수 있었던 것이다.
　그런데 여기서 "자기를 버리고 백성의 뜻에 따랐다."는 의미는 어떠한 것을 두고 하는 말일까? 이에 대해서 노자는 49장에서 다음과 같이 대답하고 있다.

49-1

聖人常無心, 以百姓心爲心。
성인상무심, 이백성심위심.

성인은 늘 의지가 없어서, 백성의 마음을 의지로 삼는다.

　대동사회를 이끈 '성인'들은 주관적인 생각이나 의지를 주장하지 않고, 백성의 뜻을 깊이 헤아려서 실천하였다. 이처럼 백성이 바라는 바를 본인이 바라는 바로 삼아서 그들의 뜻에 따르는 것이 바로 주어진 천성에 따르는 것이다.
　그렇다면 노자는 왜 상생의 도리가 태평성대의 주된 특징이라고 보았을까? 다음 문장을 살펴보면, 보다 쉽게 이해할 수 있을 것이다.

　曰: "(생략) 稽于衆, 舍己從人, 不虐無告, 不廢困窮, 惟帝時克."
　(우가) 말했다: "(생략) 여러 사람들에게 상의하고, 자기를 버리고

남을 따르며, 의지할 곳이 없는 이들을 깔보지 않고, 곤궁한 이들을 버리지 않는 것은, 오직 (요)임금만이 늘 해내셨소."[尙書(상서)] 〈大禹謨(대우모)〉

高辛生而神靈, 自言其名。普施利物, 不於其身。聰以知遠, 明以察微。順天之義, 知民之急。仁而威, 惠而信, 脩身而天下服。
고신(제곡)은 태어나면서 신통하고 영묘하여, 스스로 자신의 이름을 말했다. 두루 베풀어 만물을 이롭게 하였지만, 자신에게는 아니었다(자신을 돌보지 않았다). 귀가 밝아 멀리까지 알았고, 눈이 밝아 작은 것을 살폈다. 하늘의 법도를 따르고, 백성의 긴요함을(백성들이 무엇을 긴요하게 생각하는지를) 알았다. 어질면서도 위엄 있고, 은혜로우면서도 믿음이 있었으며, 자신을 닦았기에 세상이 복종했다. [史記(사기)] 〈五帝本紀(오제본기)〉

즉 노자는 상고시대 성군과 성현들의 치세법을 통해서, 자신을 버리고 돌보지 않으면 오히려 세상을 평안하게 다스릴 수 있음을 역설하고 있는 것이다.

7-3

非以其無私邪? 故能成其私。
비이기무사야? 고능성기사.

자기를 사사로이 하지 않기 때문이 아닌가? 그러므로 사사로움을 이룰 수 있는 것이다.

대동사회를 이끌었던 지도자들이 백성의 신망을 받아 위에 올라서 지도자가 될 수 있었고, 또 백성의 지지를 받아 그 지도자의 자리를 오랫동안 지킬 수 있었다. 그 이유는 바로 자기를 버리고 백성의 마음을 자기의 마음으로 삼았기 때문이 아니었던가? 따라서 그들은 오히려 그처럼 지도자의 자리에 올랐고, 또 그 자리를 오랫동안 지키는 사사로움을 이룰 수 있었던 것이다.

이와 관련하여서는 다음 기록들을 살펴보면, 노자의 뜻을 보다 명확하게 이해할 수 있을 것이다.

> 大旱七年, 太史占之曰: 當以人禱。湯曰: 吾所爲請者, 民也, 若必以人禱, 吾請自當。
> 큰 가뭄이 칠년이라, 태사가 점을 쳐 말했다: 마땅히 사람으로서 (사람을 제물로 바쳐서) 기도를 해야 합니다. 탕이 말했다: 내가 바라는 바는 백성을 위해서이니, 만약 반드시 사람으로서 기도해야 한다면, 나는 스스로 담당하기를(제물이 되기를) 청한다. [十八史略(십팔사략)] 〈殷王朝篇(은왕조편)〉

이는 상(商)=은(殷)나라의 탕(湯)임금이 백성을 위해 자신이 기꺼이 아래에 처하여 희생되기를 원했다는 사실(史實)을 기록한 내용으로, 이러한 그의 백성을 사랑하는 마음이 있었기에 지금까지도 존경을 받는 임금이 될 수 있었던 것이다.

> 今王嗣厥德, 罔不在初, 立愛惟親, 立敬惟長, 始于家邦, 終于四海。嗚呼! 先王肇修人紀, 從諫弗咈, 先民時若。居上克明, 爲下克忠, 與人不求備, 檢身若不及。以至于有萬邦, 茲惟艱哉。
> 이제 임금(태갑)께서 그 덕을 이으시려면, 처음부터 살피지 않으면

안 되니, 사랑을 세우는 것은 부모를 생각하시고, 공경함을 세우는 것은 연장자를 생각하시며, 집안과 나라에서 시작하여 온 천하에서 마쳐야 합니다. 아! 선왕께서는 백성의 기강을 바로잡아 다스리셨고, 간언을 따라 어기지 않으셨으니, 이전의 백성들은 늘 따랐습니다. 윗자리에 있으면 능히 밝히고, 아랫자리에 있으면 능히 충성하며, 사람들과 함께 함에 모든 것을 갖추기를 바라지 않았고, 자신의 몸을 단속함에 미치지 못하는 것처럼 하셨습니다. 그럼으로써 만방을 소유하기에 이르렀으니, 이것은 어려운 것입니다. [尙書(상서)] 〈伊訓(이훈)〉

자신의 사사로움을 버리고 백성들을 위함으로써 결국에는 온 나라를 소유하기에 이르렀으니, 이것이야말로 노자가 말하는 "사사로움을 버리니, 사사로움을 얻는다."는 도리가 아니겠는가?

결국 노자가 말하는 "나를 버리므로, 나를 이룬다."라는 도리는, 다름 아닌 도(道)의 중요한 구성요소 중 하나인 겸(謙: 겸손함)의 도리인 것이다.

그러므로 노자는 또 계속해서 다음과 같이 말하고 있다.

39-3

故貴以賤爲本, 高以下爲基。
고귀이천위본, 고이하위기.

따라서 귀함은 비천함을 근본으로 삼고, 높음은 낮음을 기반으로 삼는다.

그러므로 지도자와 같이 귀한 신분은 반드시 자신을 낮춰서 백성을 나라의 근본으로 귀히 여기고, 지도자와 같이 높은 신분은 반드시 자신을 낮춰서 백성을 숭상해야 하는 것이다.

39-4

是以侯王自謂孤寡不穀。
시이후왕자위고과불곡.

이 때문에 천자와 제후는 스스로를 고, 과, 불곡이라고 칭하였다.

이러한 이유 때문에, 지도자는 스스로를 외로운 존재, 작고 미약한 존재, 곡식만도 못하여 백성들을 잘 기르지 못하는 존재라고 불렀던 것이다.

환과고독(鰥寡孤獨)은 늙어서 아내 없는 홀아비와 늙어서 지아비 없는 홀어미, 부모 없는 고아와 의지할 곳 없는 독거노인이니, 국가가 책임지고 돌봐주어야 하는 사회의 최약자층을 뜻한다.

그렇다면 불곡(不穀)은 어떠한 뜻을 함축하고 있는가? 주지하다시피 곡(穀) 즉 곡식은 사람을 기르는 물건인데, 불(不: 아님)이라고 하였으니 이는 곡식보다도 못하다는 의미를 지닌다. 결국 이는 임금과 제후 등의 최고지도자가 백성을 잘 기르지 못한다고 스스로를 책망하는 태도를 뜻하니, 이러한 이유 때문에, 지도자는 스스로를 외로운 존재, 작고 미약한 존재, 곡식만도 못하여 백성을 잘 기르지 못하는 존재라고 불렀던 것이다. 그러므로 우리나라의 임금들 역시 자고 이래로 왜 스스로를 과인(寡人) 혹은 짐(朕)이라고 불렀는지 알고도 남음이 있다.

39-5

此非以賤爲本邪? 非乎?
차비이천위본야? 비호?

이는 비천함을 근본으로 삼는 것이 아닌가? 아니한가?

이야말로 지도자가 자신을 낮춰서 백성을 나라의 근본으로 귀히 여긴다는 것이 아니겠는가? 그렇지 않은가?

노자는 이러한 스스로를 낮추는 리더십에 대해서 [도덕경] 곳곳에서 역설하고 있다.

41-6

上德若谷, 大白若辱.
상덕약곡, 대백약욕.

높은 덕은 마치 계곡과 같고, 대단히 깨끗한 것은 마치 욕된 듯하다.

고상한 '덕'을 지닌 지도자는 밑에 처해 있는 계곡과도 같이 자신을 백성 아래에 놓고, 때 묻지 않고 순박한 지도자는 욕보이는 듯이 백성을 위해 수치스러움을 감수한다.

이제 아래의 기록을 보면, 그 의미가 더욱 명확해진다.

古公亶父復脩后稷·公劉之業, 積德行義, 國人皆戴之. 薰育戎狄攻之, 欲得財物, 予之. 已復攻, 欲得地與民. 民皆怒, 欲戰. 古公曰: "有民立君, 將以利之. 今戎狄所爲攻戰, 以吾地與民. 民之在我, 與其在彼, 何異? 民欲以我故戰, 殺人父子而君之, 予不忍爲." 乃與私屬遂去豳, 度漆·沮, 踰梁山, 止於岐下. 豳人舉國扶老攜弱, 盡復歸古公於岐下. 及他旁國, 聞古公仁, 亦多歸之.

고공단보는 후직과 공류의 공적을 다시 닦아, 덕을 쌓고 의를 행하자, 나라 사람들이 모두 그를 받들었다. 훈육과 융적이 그를 공격하여, 재물을 얻으려고 하자, 재물을 주었다. 얼마 되지 않아 다시 공격하여, 땅과 백성을 얻고자 했다. 백성들이 모두 노하여, 싸우려 했다. 고공이 말했다: 백성들이 있어 임금을 세우는 것은, 장차 그들을 이롭게 하려는 것이다. 지금 융적이 공격하는 바는, 나의 땅과 백성 때문이다. 백성들이 나에게 있는 것이, 저들에게 있는 것과, 어찌 다르겠는가? 백성들이 나 때문에 고로 싸우면, 사람들의 부자를 죽여 임금이 되는 것이니, 나는 차마 못하겠다." 이에 고공은 가신들과 더불어 마침내 빈 지역을 떠나, 칠수와 저수를 건너, 양산을 넘어, 기산 아래에 머물렀다. 빈 지역 사람 전부 노인을 부축하고 어린이의 손을 이끌어, 모두 다시 기산 아래의 고공에게 귀속했다. 더불어 다른 이웃나라에서, 고공의 어짊을 듣고, 역시 많은 이들이 그에게 귀속했다. [史記(사기)]〈周本紀(주본기)〉

이처럼 고공단보와 같은 참된 지도자들은 자신을 백성 아래에 두고 그들을 위해서 수치스러움을 감수하였으니, 오히려 그로 인해 그들의 '덕'은 더욱 높아지고 그들의 정신은 더욱 순결해진 것이 아니겠는가?

41-7

廣德若不足, 建德若偸。
광덕약부족, 건덕약투.

넓은 덕은 마치 부족한 듯하고, 덕을 세움은 마치 남몰래 하는 듯하다.

세세한 제도로 일일이 통제하지 않고 하늘이 부여한 천성에 따라 세상을 모두 수용하는 지도자는 언뜻 보기에는 허술한 듯하고, 백성에게 순일한 '덕'을 베풀 때 드러내지 않고 남몰래 슬그머니 하는 지도자는 마치 한 것이 없는 듯하다. 그렇기 때문에 '성인'은 세상을 위해 한 바가 없지만 하지 않는 바도 없는 것이다.

여기서 노자가 말하고자하는 바는 과연 무엇일까? 그 요지를 이해하기 위해서, 다음의 고복격양가(鼓腹擊壤歌)를 읽어보자.

> 治天下五十年, 不知天下治歟, 不治歟, 億兆願戴己歟, 不願戴己歟。問左右, 不知, 問外朝, 不知, 問在野, 不知。乃微服, 游於康衢, 聞童謠曰: 立我烝民, 莫非爾極, 不識不知, 順帝之則, 有老人, 含哺鼓腹, 擊壤而歌曰: 日出而作, 日入而息, 鑿井而飮, 耕田而食, 帝力, 何有於我哉。
>
> 세상을 다스린 지 50년, 세상이 다스려지는지 다스려지지 않는지, 억조(수많은 백성)가 자기를 원하는지 원하지 않는지 알 수가 없었다. 좌우에 물었으나, 알지 못하고, 조정 바깥으로 물었으나, 알지 못했으며, 재야에 물었으나, 알지 못했다. 이에 미복하고, 큰 거리로 나아가니, 동요가 들렸는데 이르기를: 우리 많은 백성을 일으킴

에, 그대의 지극함이 아닌 것이 없네. 알지 못하는 사이에, 임금의 법을 따르네. 한 노인이 있어, 입에 음식을 잔뜩 물고 배를 두드리며, 땅을 치며 노래하기를: 해가 뜨면 일하고, 해가 지면 쉬며. 우물을 파서 마시고, 밭을 갈아서 먹으니, 임금의 힘이, 어찌 나에게 있을까라고 하였다. [十八史略(십팔사략)] 〈五帝篇(오제편)〉

따라서 우리는 '덕'을 쌓음에 있어서 그것을 음덕(陰德)이라고 칭하는 이유가 다름 아닌 자기를 드러내지 않는 겸손함에 있음을 알 수 있다.

42-2

萬物負陰而抱陽, 沖氣以爲和。
만물부음이포양, 충기이위화.

만물은 음을 등에 업고 양으로 향하며, 기운이 합해져 그럼으로써 조화롭게 된다.

세상 만물은 부드러움과 부정적인 것들을 함께 짊어지고 강함과 긍정적인 것들을 향해 나아가니, 이 두 기운이 합쳐져 결국 어느 누구 하나 버려지지 않고 모두가 조화롭게 어울린다.

따라서 이 구절을 통해서도 화(和)를 이루기 위한 기본 전제조건 중 하나가 바로 겸(謙)이 됨을 확인할 수 있으니, 다시 한 번 "둘은 셋을 낳는다."의 의미를 확인할 수 있을 것이다.

42-4

故物或損之而益, 或益之而損。
고물혹손지이익, 혹익지이손.

그러므로 사물은 때로는 손해를 입는 것이 오히려 이익을 얻을 수 있고, 때로는 이익을 얻는 것이 오히려 손해를 입을 수 있다.

이처럼 대동사회를 이끈 '성인'들은 자신을 백성 아래에 두었지만 오히려 백성의 신뢰와 지지로 위에 오를 수 있었고, 폭군들은 자신을 백성 위에 두려다가 그 자리를 잃게 된 것이다.

그러므로 노자는 또 다음과 같이 말한다.

68-1

善爲士者不武, 善戰者不怒, 善勝敵者不與, 善用人者爲之下。
선위사자불무, 선전자불노, 선승적자불여, 선용인자위지하.

뛰어난 선비는 용맹을 뽐내지 않고, 전쟁에 뛰어난 선비는 분노하지 않으며, 적을 이기는데 뛰어난 선비는 더불어 함께하지 않고, 사람을 씀에 뛰어난 선비는 그에게 낮춘다.

대동의 통치이념을 이해하는 '성인'은 자애롭기 때문에 용감하다는 도리를 깨우쳐서 감히 강압하지 않고, 또 그러한 '성인'은 전쟁을 하더라도 자애로움으로 적을 대하기 때문에 분노하지 않으며, 또 그러한 '성인'은 상대방과 직접 부딪쳐 싸우지 않고 감화시키고, 또 그러한 '성인'은 백성에게 자신을 낮춤으로써 그들의 신망과 지지를 얻는다.

68-2

是謂不爭之德, 是謂用人之力, 是謂配天, 古之極。
시위부쟁지덕, 시위용인지력, 시위배천, 고지극.

이를 다투지 않는 덕이라고 이르고, 이를 사람을 쓰는 능력이라고 이르며, 이를 하늘에 부합한다고 일컬으니, 상고의 극치이다.

이러한 도리를 상대방과 다투지 않는 '덕'이라고 하고, 사람을 다스릴 줄 아는 능력이라고 하며, 하늘이 부여한 천성에 따라서 스스로 그러하도록 한다고 일컬으니, 오랜 옛날 대동시대를 이끈 '성인'들의 통치 핵심인 것이다.

72-1

民不畏威, 則大威至。
민불외위, 즉대위지.

백성들이 위엄을 두려워하지 않으면, 곧 더 큰 위엄이 도래한다.

지도자가 형벌과 제도로 백성을 억압하면, 이에 신뢰를 잃게 되어 백성이 지도자를 따르지 않게 되고, 지도자는 다시 형벌과 제도를 더욱 강화하여 더 큰 권위를 내세움으로써 백성을 억압하려 든다.

72-2

無狎其所居, 無厭其所生。
무합기소거, 무엽기소생.

그 처지를 업신여기지 말고, 그 생계를 짓누르지 말아야 한다.

지도자는 백성 아래에 처하여 항상 공경해야하고, 또한 그들의 천성을 거슬러서 억압해서는 안 된다.

72-3

夫唯不厭, 是以不厭。
부유불엽, 시이불염.

무릇 누르지 않으니, 이 때문에 싫어하지 않는다.

지도자가 백성을 억압하지 않고 그들의 천성에 따라서 스스로 그러하도록 배려하니, 백성은 이에 지도자를 믿고 따르게 된다.

72-4

是以聖人自知不自見, 自愛不自貴。
시이성인자지불자견, 자애불자귀.

이 때문에 성인은 자신을 주재하려고 하지 자신의 안목에 의존하지 않고, 자신을 가엾게 여겼지 자신을 귀히 여기지 않는다.

따라서 대동사회를 이끈 지도자들은 스스로를 통제하여 신중하려고 했지 자기의 안목에 의지하지 않았으며, 스스로를 가엾게 여겨 백성 밑에 있으려고 했지 그들 위에서 군림하려 들지 않았다.

72-5

故去彼取此。
고거피취차.

그러므로 저것을 버리고 이것을 취하는 것이다.

따라서 대동사회를 이끈 '성인'들은 자신을 통제하고 가엾게 여겼지, 자신의 안목에 의지하거나 귀히 여기지 않았던 것이다.

42-5

人之所教, 我亦教之。
인지소교, 아역교지.

사람들이 가르치는 바대로, 나 역시 그것을 가르친다.

    나는 사관(史官)의 신분으로 고대의 문헌들을 통해서 대동사회를 이끌었던 성인들의 통치이념을 이해했고, 이제 나 역시 그러한 가르침을 세상에 알려주려고 한다.
    따라서 노자는 여기서도 자신이 [도덕경]을 통해서 전하고자 한 말은 자기가 스스로 터득한 도리가 아니라, 예로부터 내려오는 [尙書(상서)] 등의 기록을 통해서 내려온 말씀들을 정리해서 오롯이 전달하고자 하는 것임을 확인시키고 있다.

12. 메타포(Metaphor): 도(道)를 연상시키는 매개체

　메타포(metaphor)는 사전적으로 '은유' 또는 '상징'이라는 의미를 지니고 있는데, 거슬러 올라가 그 어원을 살펴보면 '전이(metastasis)'라는 뜻을 지니고 있다. 메타포는 특징에 따라서 거시적 관점의 메타포와 미시적 관점의 메타포로 나눌 수 있는데, 미시적 관점의 메타포는 일반적으로 '은유법'으로 풀이되는 반면, 거시적 관점의 메타포는 그 자체라고 할 수 있다. 다시 말해서 거시적 관점의 메타포는 단순히 '은유'의 기능을 가질 뿐 아니라, 심지어 '은유'의 대상과 하나가 되는 것이다. 예를 들어서 당신이 마음에 드는 이성이 아이스크림을 먹고 있는 모습을 보고 첫눈에 반한다면, 이후에 아이스크림을 먹는 사람을 보았을 때 그 첫눈에 반한 이성이 생각날 수 있다. 그렇다면 이제 당신에게 있어서 아이스크림은 그 첫눈에 반한 이성의 메타포가 되는 것이다. 즉 아이스크림은 첫눈에 반한 이성을 비유하는 미시적 관점의 메타포가 되기도 하지만 나아가 둘은 혼연일체가 되는데, 이것이 바로 거시적 관점의 메타포가 된다.
　이제 노자가 [도덕경]에서 어떻게 메타포를 활용하고 있는지 살펴보기로 하자.

1) 곡(谷): 포용과 겸손의 메타포

　[도덕경]을 보면 수차례에 걸쳐 곡(谷)이라는 단어가 출현하고 있다. 그렇다면 노자는 과연 곡(谷) 즉 '계곡'으로 어떠한 개념을 설명하고자 한 것일까? 이 질문에 대한 해답을 얻기 위해서, 먼저 6장을 살펴보기로 하자.

> **6-1**
>
> 谷神不死, 是謂玄牝, 玄牝之門, 是謂天地根。
> 곡신불사, 시위현빈, 현빈지문, 시위천지근.
>
> 계곡의 오묘함은 그침이 없으니, 이를 심오한 모성이라고 일컫고, 심오한 모성의 문, 이를 천지의 근원이라고 일컫는다.

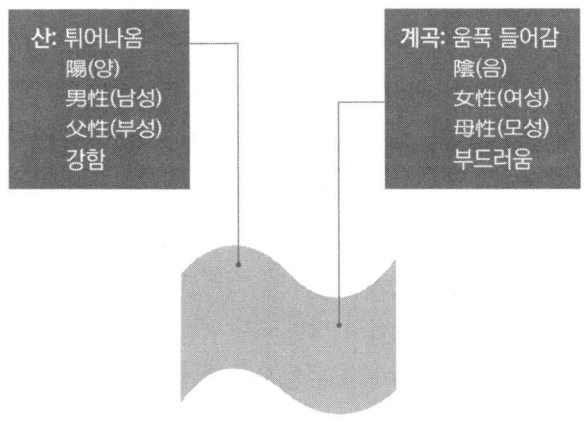

주지하다시피 '곡'의 특징은 튀어나온 양(陽)의 산과 달리 움푹 들어갔다는 점이다. 따라서 노자에게 있어서 '곡'은 움푹 들어간 음(陰)을 일컫고, 이는 '모성, 여성, 부드러움'과 같은 의미로 쓰인 것이다. 특히 '곡'이 천지의 근원이라고 하였으니, 노자는 1장 1-2에서 "무명(無名)은 천지의 시작이고, 유명(有名)은 만물의 근원이다."라고 언급했다시피, '부드러움(모성)'을 '무명 = 도'와 같은 개념으로까지 보고 있는 것이다.

[1]따라서 이 문장의 의미를 풀어보자면 다음과 같다. "자애로움의 오묘함은 백성의 끊임없는 지지와 신망을 얻게 되어서 영원하다는 것이니, 이를 심오한 모성 즉 부드러움이라고 일컫는다. 부드럽고도 자애로운 '덕'으로 세상을 다스리는 덕치를 일컬어 세상을 다스리는 근본이라고 하니, 이는 소강사회의 엄격한 법률이나 제도로 다스리는 것보다 더 중요하다."

그런데 여기서 노자는 '귀신 신(神)'에 대해서 언급하고 있으니, 이 부분에 대해서 짚고 넘어가자.

氣也者, 神之盛也; 魄也者, 鬼之盛也。合鬼與神, 敎之至也。衆生必死, 死必歸土, 此之謂鬼。骨肉斃于下, 陰爲野土; 其氣發揚于上, 爲昭明。焄蒿悽愴, 此百物之精也 神之著也

기(氣)는 신(神)의 왕성함이고; 백(魄)은 귀(鬼)의 왕성함이다. 귀(鬼)와 신(神)을 합한 것이, 교(敎: 가르침)의 지극함이다. 살아 있는 모든 것은 반드시 죽고, 죽으면 반드시 흙으로 돌아가는데, 이를 귀(鬼)라고 한다. 뼈와 살은 아래(흙)로 엎어져서, 음(陰)으로 들판의 흙이 되고; 그 기(氣)는 위로 일어나서, 밝고 명확하게 된다. 기운이 서려 올라 오싹해지는 것, 이는 온갖 것들의 정기이니, 신(神)의 분명히 드러남이다. [禮記(예기)] 〈祭義(제의)〉

이를 통해서 귀(鬼)는 음(陰)의 흙으로 돌아간 육신을, 반면에 신(神)은 양(陽)의 하늘로 올라간 영혼을 뜻함을 알 수 있다. 특히 신(神)은 '보일 시(示)'와 '아홉째지지 신(申)'으로 이뤄진 형성(形聲)문자인데, 뜻이 되는 '보일 시(示)'는 다시 하늘을 나타내는 '二(上)'과 기운을 나타내는 '川(드리워진 기운)'으로 나눌 수 있다.[6] 따라서 '보

---

6 이에 대해서는 앞의 '수사' 편을 참조하기 바란다.

일 시(示)'는 하늘에서 아래로 드리워진 기운이 보인다는 것이니, 이는 눈에는 보이지 않지만 그 존재를 믿을 수 있는 영혼이나 신묘함을 가리키는 즉 형이상학적 추상명사인 것이다. 따라서 '보일 시(示)'가 붙는 '조상 조(祖)'나 '예도 예(禮)' '제사 제(祭)' 등은 모두 그러한 의미를 지님을 알 수 있다.

6-2

綿綿若存, 用之不勤。
면면약존, 용지불근.

끊이지 않고 존재하는 듯하니, 작용에 다함이 없다.

이처럼 자애로움의 덕치는 백성의 끊임없는 지지와 신망을 얻게 되어서 영원하기 때문에, 아무리 그 자애로움의 덕치를 마음껏 베풀더라도 결코 바닥이 나지 않아 변치 않을 수 있는 것이다.
그러므로 노자는 이러한 논조를 계속해서 유지하여 또 다음과 같이 말한다.

15-5

儼兮其若容。
엄혜기약용.

정중하니 그것은 마치 포용하는 듯하다.

정중하니, 이는 마치 상대방을 가리지 않고 모두 포용하는 듯 삼가 공손한 태도를 보였다.

이 문장은 바로 고대 '성인'들의 포용하는 모습을 형용하였는데, 다음 문장들을 통해서 태평성대의 면모를 엿볼 수 있다.

> 堯子丹朱, 舜子商均, 皆有疆土, 以奉先祀。服其服, 禮樂如之。以客見天子, 天子弗臣, 示不敢專也。
> 요의 아들 단주, 순의 아들 상균, 모두 봉토를 얻어, 그럼으로써 선조께 제사를 올렸다. 그 옷(천자의 아들이 입는 옷)을 입었고, 예악 역시 마찬가지였다. 빈객으로써 천자를 만났고, 천자는 신하로 대하지 않았으니, 감히 전횡하지 않았음을 보여준다. [史記(사기)] 〈五帝本紀(오제본기)〉

이처럼 우(禹)는 임금이 되고 나서도 선왕들의 후손을 홀대하지 않고 정중하게 대했으며 포용하였다.

> 王若曰: "猷! 殷王元子, 惟稽古崇德象賢, 統承先王, 修其禮物。"
> 임금이 이와 같이 말했다: "아! 은나라 임금의 큰아들이여, 오직 옛날을 상고하여 덕을 높이고 어짊을 본받아, 거느려 선왕의 전통을 계승하고, 그 예와 문물을 닦으시오."[尙書(상서)] 〈微子之命(미자지명)〉

이는 성왕(成王)이 미자(微子)를 제후로 봉하며 한 말인데, 이처럼 '덕'이 있는 임금은 이전의 왕조를 멸망시키고도 후사를 끊지 않았다. 즉 옛 성군들은 상대를 배척하기 보다는, 포용을 앞세우는 덕치를 몸소 실천한 것이다. 또 다음 기록을 살펴보면 "정중하니 포용하는 듯하다"는 것이 어떠한 의미인지 더욱 잘 이해할 수 있을 것이다.

> 公季卒, 子昌立, 是爲西伯。西伯曰文王。遵后稷・公劉之業, 則古公・公季之法, 篤仁, 敬老, 慈少。禮下賢者, 日中不暇食以待士, 士以此多歸之, 伯夷・叔齊在孤竹, 聞西伯善養老, 盍往歸之。
> 공계가 죽고 아들 창이 즉위하니, 이 사람이 서백이다. 서백은 (후대에) 추존된 문왕으로, 후직과 공류의 사업을 따르고 고공과 공계의 법도를 본받아 성실하고 인자하며 늙은이를 공경하고 아랫사람에게 사랑을 베풀었다. 어진 사람에게는 예의로 자신을 낮추었는데, 한낮에는 식사할 겨를도 없이 사(士: 선비)들을 접대하였으므로, 士들은 이 때문에 서백에게 많이 몰려들었다. 백이와 숙제는 고죽에 있었는데 서백이 노인을 잘 봉양한다는 소문을 듣고 함께 가서 서백에게 귀의했다. [史記(사기)] 〈殷本紀(은본기)〉

15-8

曠兮其若谷。
광혜기약곡.

깊고 넓으니 그것은 마치 깊은 계곡과도 같다.

따라서 노자는 참된 지도자의 통치이념인 '도'라는 것은 이처럼 "넓고 탁 트여있으니, 마치 깊은 계곡과도 같이 포용과 자애로움을 갖췄다."라고 직유법을 써서 설명하기도 한 바 있으니, '곡'은 다름 아닌 포용과 자애로움의 메타포가 되는 것이다. 그러므로 노자는

22장에서도 다음과 같이 말하고 있다.

22-1

曲則全, 枉則直, 窪則盈, 敝則新, 少則得, 多則惑。
곡즉전, 왕즉직, 와즉영, 폐즉신, 소즉득, 다즉혹.

굽히면 도리어 온전할 수 있고, 휘면 도리어 곧을 수 있으며, 움푹 파이면 도리어 가득 찰 수 있고, 낡고 해지면 도리어 참신할 수 있으며, 적으면 도리어 얻을 수 있고, 많으면 도리어 홀린다.

이 문장을 좀 더 구체적으로 풀이하자면 다음과 같다. "참된 지도자의 통치이념인 '도'를 따르게 되어 덕치를 행하면, 성기고 불완전해 보여서 불합리한 것 같지만 오히려 흠이 없이 나라를 온전히 다스릴 수 있다. 참된 지도자의 통치이념을 따르게 되면, 오히려 세상을 대함에 굳세고 당당해져 몸을 펼 수 있다. 움푹 파여서 빈 공간이 생기면, 오히려 가득 담을 수 있다. 쇠락하면 오히려 새로워지는 기회를 갖게 된다. 지도자가 자신을 버려서 적게 취하면, 오히려 더 많은 것들을 얻을 수 있다. 지도자가 사리사욕을 탐하여 많이 취하면, 오히려 그 마음이 현혹되어 결국 다 잃게 되는 것이다."

노자는 여기서도 '곡' 즉, '계곡'의 특징인 움푹 파임으로 '음(陰)=모성=부드러움=자애로움'을 빗대어 표현함으로써, 자애로운 지도자는 백성을 포용해야 한다고 강조하는 것이다. 그러므로 노자는 '도'의 특징을 다음과 같이 말한 바 있다.

40-1

反者, 道之動; 弱者, 道之用。
반자, 도지동; 약자, 도지용.

반대는, 도의 움직임이요; 유약함은, 도의 효용이다.

대동의 통치이념이라는 것은 우리가 알고 있던 상식과는 정반대로 움직이는 것이다. 그동안 우리는 행복하기 위해서 남보다 내가 하나라도 더 가져야 하고, 남을 밟고 올라가야 위에 설 수 있다고 배워왔다. 하지만 '도'에 따르면 우리가 행복하기 위해서는 남을 위해 베풀고 남의 밑에 처해야 하는 것이다. 또한 자애로움으로 행하는 순일한 덕은 바로 대동의 통치이념이 추구하는 바를 만족시키는 구체적인 효능이 된다.

40-2

天下萬物生於有, 有生於無。
천하만물생어유, 유생어무.

세상 만물은 유에서 생겨나고, 유는 무에서 생겨난다.

소강사회에서는 법과 제도를 강화하고 세분화하여 억지로 통제하게 되자, 순일한 '덕'이 사라져 만물이 하나에서 여럿으로 나뉘어 서로 분리되었다. 하지만 법과 제도로 통제하던 소강사회 이전 태고의 대동사회에서는, 오로지 순일한 '덕'으로 백성의 천성에 따르는 무위의 통치를 했던 것이다.

65-5

玄德深矣, 遠矣, 與物反矣, 然後乃至大順。
현덕심의, 원의, 여물반의, 연후내지대순.

현덕은 심오하고, 아득하여, 사물과 반대되니, 그러한 후에야 대순에 이른다.

심오한 '덕'은 깊이 감춰져 있고 너무나도 아득하여, 우리가 그간 알고 있던 보편타당한 가치관들과는 정반대로 움직이니, 이처럼 정반대로 행해야 비로소 지극히 자연에 순응하는 경지에 도달하게 된다.

따라서 노자는 대동사회의 통치이념인 '도'를 밝히기 위해서 반(反)의 수사(修辭)를 펼치고 있으니, 노자의 수사학은 바로 반(反)의 수사학이 된다.

대순(大順)의 구체적인 의미에 대해서는 다음의 기록을 살펴보자.

四體既正, 膚革充盈, 人之肥也。父子篤, 兄弟睦, 夫婦和, 家之肥也。大臣法, 小臣廉, 官職相序, 君臣相正, 國之肥也。天子以德爲車, 以樂爲御, 諸侯以禮相與, 大夫以法相序, 士以信相考, 百姓以睦相守, 天下之肥也。是謂大順。大順者, 所以養生送死, 事鬼神之常也。

사지가 모두 바르고, 피부가 완전한 것은, 사람의 넉넉함이다. 부자가 돈독하고, 형제가 화목하며, 부부가 조화로운 것은, 집안의 넉넉함이다. 대신은 본받고, 소신은 청렴하며, 관직에 서로 질서가 있고, 임금과 신하가 서로 바로 잡아주는 것은, 나라의 넉넉함이다. 천자는 덕으로 수레를 삼고, 음악으로 (수레를) 몰며, 제후는 예로서 서로 같이하고, 대부는 법도로 서로 따르며, 사(士: 선비)는 믿음으로 서로 헤아리고, 귀족들은 화목함으로 서로 지키면, 세상의 넉넉함이다. 이를 대순이라고 이른다. 대순이란 것은, 따라서 산 사람을 기르고, 죽은 사람을 보내며, 귀신을 섬기는 일을 변함없이 행하는 것이다. [禮記(예기)] 〈禮運(예운)〉

따라서 참된 도리는 항상 우리가 알고 있는 상식과 반대되는 차원에서 그 본질을 찾아야 한다. 마치 그간 우리가 늘 들어왔던 "남을 밟고 올라서야, 성공하고 행복할 수 있다."는 논리와는 정반대인 "약자를 배려하고 이끌어 함께 감으로써 행복할 수 있다."는 도리의 실천을 통해서 참된 행복을 찾을 수 있듯이 말이다.

계속해서 이제 또 다음의 구절을 살펴보자.

28-5

知其榮, 守其辱, 爲天下谷。
지기영, 수기욕, 위천하곡.

그 영화로움을 알고, 그 치욕을 지키면, 세상의 계곡이 된다.

최고지도자의 지위에 올랐지만 그 지위나 부귀영화에 집착하지 않고, 오히려 자신을 낮추고 백성을 공경하게 되면, 백성이 모두 그를 자애롭다고 여겨서 신뢰하고 지지하여 따르게 된다.

그런데 노자는 여기서 참된 지도자의 통치이념 즉 "'도'라는 것이 움푹 들어간 계곡과도 같이 아래에 처하는 것이다."라고 설명하기도 하는 있으니, '곡'은 또 하나의 '겸손'의 메타포가 되기도 하는 것이다.

28-6

爲天下谷, 常德乃足, 復歸於樸.
위천하곡, 상덕내족, 복귀어박.

세상의 계곡이 되면, 상덕이 이에 충족되어, 가공하지 않은 목재로 돌아가게 된다.

따라서 백성이 자신의 지도자가 자애롭다고 여겨 신뢰하고 지지하여 따르게 되면, 영원한 '덕'이 이에 조건을 만족하게 되어, 순수한 '덕'으로 나라를 다스리는 세상이 실현된다고까지 말한다.

> **39-1**
>
> 昔之得一者, 天得一以清, 地得一以寧, 神得一以靈, 谷得一以盈, 萬物得一以生, 侯王得一以爲天下貞.
> 석지득일자, 천득일이청, 지득일이녕, 신득일이령, 곡득일이영, 만물득일이생, 후왕득일이위천하정.
>
> 자고로 하나를 얻음에 있어, 하늘이 하나를 얻으면 청명하고, 땅이 하나를 얻으면 평온하며, 오묘함이 하나를 얻으면 영험해지고, 계곡이 하나를 얻으면 넉넉해지고, 만물이 하나를 얻으면 생동하고, 천자와 제후가 하나를 얻으면 세상의 충정이 된다.

그러므로 옛날부터 두 마음(사리사욕을 탐하는 마음)을 품지 않는 순일한 '덕'(오로지 나라와 백성의 안위만을 생각하는 마음)을 얻음에 있어서, 하늘이 순일한 '덕'을 품으면 사념이 없이 맑고도 밝아지고, 땅이 순일한 '덕'을 품으면 고요하고 평안해지며, 오묘함이 순일한 '덕'을 품으면 거룩하고도 슬기로워지고, 자애로움이 순일한 '덕'을 품으면 충만해져 여유가 있게 되며, 만물이 순일한 '덕'을 품으면 생기가 감돌게 되고, 지도자가 순일한 '덕'을 품으면 세상이 충실하고 올바르게 되는 것이다.

39-2

其致之, 天無以淸將恐裂, 地無以寧將恐發, 神無以靈將恐歇, 谷無以盈將恐竭, 萬物無以生將恐滅, 侯王無以貴高將恐蹶。

기치지, 천무이청장공열, 지무이녕장공발, 신무이령장공헐, 곡무이영장공갈, 만물무이생장공멸, 후왕무이귀고장공궐.

그것을 그만두게 되어, 하늘이 청명하지 않으면 무너질 것이고, 땅이 평온하지 않으면 흩어질 것이며, 오묘함이 영험하지 않으면 멈출 것이고, 계곡이 넉넉하지 않으면 사라질 것이며, 만물이 생동하지 않으면 멸망할 것이고, 천자와 제왕이 귀히 여기고 숭상하지 않으면 와해될 것이다.

하지만 두 마음을 품지 않는 순일한 '덕'을 얻지 못하여, 하늘이 맑고도 밝지 않으면 무너질 것이고, 땅이 고요하고 평안하지 않으면 흩어질 것이며, 오묘함은 거룩하고 슬기롭지 않으면 멈출 것이고, 자애로움은 충만하여 여유가 있지 않으면 사라질 것이며, 만물에 생기가 감돌지 않으면 멸망할 것이고, 지도자가 백성을 귀히 여기고 숭상하지 않으면 나라가 와해될 것이다. 그러므로 노자는 41장에서도 다음과 같이 말하고 있다.

41-6

上德若谷, 大白若辱。
상덕약곡, 대백약욕.

높은 덕은 마치 계곡과 같고, 대단히 깨끗한 것은 마치 욕된 듯하다.

이처럼 고상한 '덕'을 지닌 지도자는 밑에 처해 있는 계곡과도 같이 자신을 백성 아래에 놓고, 때 묻지 않고 순박한 지도자는 욕보이는 듯이 백성을 위해 수치스러움을 감수한다고 말이다.

45-2

大盈若沖, 其用不窮。
대영약충, 기용불궁.

아주 가득 찬 것은 마치 비어 있는 듯하지만, 그 쓰임에는 다함이 없다.

따라서 자애로움의 '덕'으로 충만하여 아낌없이 베푸는 지도자는 백성을 위하여 자신은 아래에 처해 사리사욕을 채우려 들지 않으므로, 언뜻 보기에는 텅 비어 있는 듯하다. 하지만 마치 사랑과도 같이 백성에게 베풀수록 더 끊임없이 용솟음치므로, 오히려 끊임없이 샘솟는 것이다.

2) 수(水): 겸손과 자애로움의 메타포

아마도 노자를 떠올렸을 때 인구에 회자되는 가장 유명한 구절은 다음의 것이 아닐까? 노자는 [도덕경] 8장에서 다음과 같이 운을 떼고 있다.

> 8-1
>
> **上善若水, 水善利萬物而不爭。**
> **상선약수, 수선리만물이부쟁.**
>
> 최고의 선은 물과 같으니, 물은 만물을 편리하게 하지만 그들과 다투지 않는다.

상위에 있는 선함이란 물과 같이 부드럽고도 자애로운 것이니, 이러한 물은 항상 아래로 흐르기 때문에 만물에게 큰 도움을 주지 결코 방해하거나 다투지 않는다.

'물'의 가장 대표적인 특징 중 하나는 다름 아닌 아래로 흐른다는 점이다. 그리고 아래라는 것은 모든 이들이 싫어하는 위치이기도 하다. 그렇다면 물은 왜 아래로 흐르는 것일까? 만약 BC 6세기(대략 2500년 이전)를 살아가던 노자가 AD 21세기에서 살고 있는 지금의 우리들에게 이러한 질문을 한다면, 이는 그리 어려운 질문이 아닐 것이다. 왜냐하면 만유인력의 법칙(law of universal gravity) 즉 중력 때문이라고 대답할 수 있기에. 문제는 이 만유인력의 법칙 즉 중력이 언제 누구에 의해서 발견되었느냐는 것인데, 주지하다시피 만유인력의 법칙은 1680년대 영국의 물리학자인 뉴턴에 의해서 처음 소개되었다.

그럼 당시 노자 역시 물이 아래로 흐르는 것을 보고, 그 이유가 중력 때문이라고 생각했을까? 그건 결코 아닐 것이다. 만일 그랬다면 중력의 최초발견자는 중국의 노자가 되어야 할 터이니까. 결국 노자는 물이 아래로 흐르는 모습을 보면서, 이것이 자연(自然: 스스로 그러한 천성)의 섭리라고 생각했을 것이다. 그리고 그렇게 흐르는 물을 바라보면서, 참된 지도자는 백성의 위가 아닌 아래에 있어야 한다는 만고의 진리를 접목시켰을 것이고.

그런데 사실, 이러한 지도자의 통치이념을 물에 빗대어 설명한 것은 노자가 처음이 아니다. [상서] 등을 보면, 지도자가 마땅히 갖춰야 할 이러한 자세를 '물'로 빗대어 설명한 구절이 적잖이 나온다. 따라서 이 구절 역시 노자 고유의 독창적인 레토릭(Rhetoric)이라고 보기는 어렵다는 것이 필자의 주관적 판단이기도 하다.

아무튼 그러므로 노자는 계속해서 다음과 같이 말하고 있다.

8-2

處衆人之所惡, 故幾於道。
처중인지소오, 고기어도.

많은 이들이 싫어하는 곳에 머물기에, 그러므로 도에 근접한다.

많은 사람들이 아래에 있는 것을 싫어한다. 하지만 물과 같은 부드러움과 자애로움의 덕치를 추구하는 대동사회의 지도자들은, 오히려 백성을 어려워하고 자신을 그들의 아래에 두었기 때문에, 진정한 대동사회의 통치이념을 깨닫고 실천할 수 있었던 것이다.

그리고 바로 여기서 명확하게 드러나는 것이, '노블레스 오블리주' 이른바 지도자의 솔선수범(率先垂範) 덕목이다.

8-4

夫唯不爭, 故無尤。
부유부쟁, 고무우.

무릇 다투지 않기에, 그러므로 과오가 없다.

대동사회를 이끈 지도자들은 항상 자신을 백성 아래에 두고 삼가여 성실하게 나라를 다스렸기 때문에, 타인이 비방하거나 불만을 가지지 않았거니와 과오를 저지르지 않았던 것이다.

그리고 노자는 비단 8장에서뿐만 아니라, [도덕경] 곳곳에서 이러한 논조를 일관되게 이어가고 있다.

32-5

譬道之在天下, 猶川谷之於江海。
비도지재천하, 유천곡지어강해.

비유컨대 도가 세상에 존재하는 것은, 마치 하천과 계곡이 강과 바다로 유입되는 것과도 같다.

지도자가 대동의 통치이념으로 백성의 천성에 따라 다스리게 되면, 백성이 그 지도자를 믿고 의지하여 따르게 되니, 이러한 도리를 비유적으로 말하자면, 마치 높은 곳에 있는 하천과 계곡의 물이 아래쪽에 있는 강과 바다로 흘러들어가는 것과도 같은 것이다.

66-1

江海所以能爲百谷王者, 以其善下之, 故能爲百谷王.
강해소이능위백곡왕자, 이기선하지, 고능위백곡왕.

강과 바다가 모든 계곡의 우두머리가 될 수 있는 것은, 그것이 능숙하게 그 아래에 있기 때문이니, 그러므로 모든 계곡의 우두머리가 될 수 있다.

계곡에서 나오는 모든 물줄기가 강이나 바다로 흘러들어가는 이유는 바로 강과 바다가 계곡 아래에 처해있기 때문이니, 그럼으로써 강과 바다는 모든 계곡의 우두머리가 될 수 있는 것이다.

66-2

是以欲上民, 必以言下之; 欲先民, 必以身後之.
시이욕상민, 필이언하지; 욕선민, 필이신후지.

이 때문에 백성의 위에 처하려면, 반드시 말을 함에 있어 그에게 낮춰야 하고; 백성을 영도하려면, 반드시 몸을 백성들 뒤에 두어야 한다.

이러한 까닭에, 지도자가 백성을 통치하려면 말과 명령을 함부로 하지 않음으로써 그들을 두려워하고 공경해야하며, 지도자가 백성 앞에서 이끌려면 반드시 백성의 뜻을 자신의 뜻보다 앞에 두어야 하는 것이다.

66-3

是以聖人處上而民不重, 處前而民不害。是以天下樂推 而不厭。以其不爭, 故天下莫能與之爭。
시이성인처상이민부중, 처전이민불해. 시이천하락퇴 이불염. 이기부쟁, 고천하막능여지쟁.

이 때문에 성인은 위에 처하지만 백성이 무겁다고 하지 않고, 앞에 처하지만 백성이 해롭다고 여기지 않는다. 이 때문에 세상이 기쁘게 추대하고 싫어하지 않는다. 그가 다투지 않기 때문에, 세상에는 감히 그와 서로 다툴 이가 없다.

이러한 까닭에, 대동사회를 이끈 지도자들은 백성 위에서 통치 했지만 백성이 부담스러워 하지 않았고, 백성 앞에서 이끌었지만 방해가 된다고 생각하지 않았다. 이러한 까닭에, 세상 모든 이들이 그를 지도자로 기꺼이 추대하고 저버리지 않았던 것이다. 지도자가 사리사욕을 탐하거나 억지로 백성을 누르지 않아서 불만이 없게 되었으니, 세상 어느 누구 하나 감히 그에게 시비를 걸지 못하게 되어 따르게 되었던 것이다.

따라서 노자가 [도덕경] 전반에서 언급하고 있는 '물'은, 다름 아닌 '겸손'의 메타포가 되는 것이다.

그런데 노자는 또 다른 개념을 설명할 때, 역시 '물'로 빗대어 설명하고 있음을 발견하게 된다.

> **78-1**
>
> **天下莫柔弱於水, 而攻堅強者莫之能勝, 其無以易之。**
> **천하막유약어수, 이공견강자막지능승, 기무이역지.**
>
> 세상에는 물보다 연약한 것이 없지만, 강경한 것을 공격하는 것으로는 그것을 이길 수 있는 것이 없으니, 그것을 대체할 수 있는 것이 없다.

대동사회의 통치이념인 자애로운 '덕'은 마치 물처럼 그 어떤 것보다도 더 부드럽지만 백성이 따르고, 형벌이나 제도 등 강경한 수단으로 통제하면 오히려 백성이 등을 돌리기 때문에, 덕치로 백성을 다스리는 것이 가장 이상적이다.

이 구절을 통해서 이해할 수 있는 '물'의 또 다른 대표적 특징 중 하나가, 바로 부드러움이라는 점이다. 이제 이 구절의 함의를 보다 구체적으로 이해하기 위해서, 예를 하나 들어서 설명해보자.

바다 가운데 있는 바위로 이루어진 섬. 그리고 그 단단한 바위섬에 누군가 구멍을 내어놓았다. 과연 누구의 작품일까? 물론 우리는 잘 알고 있다. 바로 침식작용과 풍화작용의 힘이라고. 하지만 과연 노자 역시 이 과학적 사실을 이해하고 있었을까? 그에 대한 대답은 역시 아닐 것이라는 것이다. 그저 노자는 역시 이러한 자연의 모습을 보면서, 부드러움이 강경함을 이긴다는 지도자의 통치이념을 떠올렸을 따름이다.

노자의 이러한 논법은 계속된다.

78-2

弱之勝强, 柔之勝剛, 天下莫不知, 莫能行。
약지승강, 유지승강, 천하막부지, 막능행.

약한 것이 강한 것을 이기고, 연약한 것이 강경한 것을 이기는 데, 세상에는 모르는 이가 없지만, 능히 행하는 자가 없도다.

자애로운 '덕'으로 백성을 다스리는 것이 제도로 통제하는 것보다 더 이상적이라는 것을 모르는 지도자가 없지만, 실제로는 덕치가 과연 실현 가능한지 반신반의하여 행하는 이가 없다.

따라서 노자가 말하는 '물'은 앞에서 설명한바 있는 '계곡'과 마찬가지로 '자애로움'의 메타포가 되기도 하는데, 특히 '도'라는 것은 아는 것보다 부단히 노력하는 실천하는 것이 더욱 중요하다고 강조한다. 그리고 이러한 도리는 다음의 기록에도 보이고 있다.

> 說拜稽首曰: 非知之艱, 行之惟艱, 王忱不艱, 允恊于先王成德, 惟說不言有厥咎。
>
> 부열이 절하고 머리를 조아리며 말했다: "아는 것이 어려운 것이 아니라, 행하는 것이 어려운 것입니다. 임금께서 정성껏 하여 어렵다고 여기지 않으시면, 능히 선왕이 이루신 덕을 따를 것이니, 저 부열이 말씀드리지 않는다면 (저에게) 허물이 있는 것입니다." [尙書(상서)] 〈說命(열명)〉

이처럼 노자는 '물'로서 '도'의 중요한 구성요소인 '겸손'과 '자애로움'을 피력하고 있는데, 한 가지 흥미로운 것은, 61장을 보면 이 두 가지 리더십의 요소를 심지어 국가 대 국가의 외교적인 차원으로 확대하여 설명하기도 했다는 점이다.

61-1

大國者下流, 天下之交, 天下之牝。
대국자하류, 천하지교, 천하지빈.

대국은 하류이므로, 세상의 교착점이요, 세상의 모성이다.

마치 강물의 하류가 모든 줄기의 물을 수용하는 것과도 같이, 큰 나라는 긍정적인 것과 부정적인 것을 다 뒤섞어 포용하니, 이는 바로 부드러움과 자애로움의 결정체이다.

61장에 관해서는 화(和) 부분에서 자세히 언급한 바 있으므로, 여기서는 생략하기로 한다.

13. 신(愼): 삼가는 태도

노자는 '도'의 구조를 "도는 하나를 낳고, 하나는 둘을 낳으며, 둘은 셋을 낳고, 셋은 만물을 낳는다."고 설명했다. '도'에 도달하기 위해서는 '덕'을, 그리고 '덕'을 이루기 위해서는 '중'과 '화'가 필요하다. 또 '중'과 '화'에 이르기 위해서는 '검소함'과 '겸손함' 그리고 '자애로움'이 필요하다고. 하지만 이것만으로 온전한 '도'를 완성시킬 수는 없으니, 노자는 [도덕경]에서 '도'를 이루는 중요한 구성요소 중 하나로 신(愼) 즉 신중함의 태도에 대해서 자주 거론하고 있다.

15-3

豫焉若冬涉川。
예언약동섭천.

주저하니 마치 겨울철 강을 건너는 듯하다.

주저하니, 이는 마치 덩치가 대단히 큰 코끼리가 한 걸음 한 걸음 옮길 때마다 겨울철 강을 건너는 듯 신중하고도 또 신중하다.
예(豫)는 본래 '덩치가 매우 큰 코끼리'를 가리킨다. 겨울철 꽁꽁 얼어붙은 강을 건너려는 코끼리는 과연 성큼성큼 강을 건널까, 아니면 한 걸음 한 걸음 조심스레 발걸음을 뗄까? 따라서 노자는 "주저하니, 이는 마치 덩치가 대단히 큰 코끼리가 한 걸음 한 걸음 옮길 때마다 겨울철 강을 건너는 듯 신중하고도 또 신중하다."고 말하는 것이다. 아울러서 이처럼 [도덕경]의 거의 모든 구절은 직설화법이 아니라, 수사법(修辭法)을 최대한 활용하여 독자들의 이해를 돕고 있음을 알 수 있다.

15-4

猶兮若畏四鄰。
유혜약외사린.

망설이니 마치 사방을 두려워하는 듯하다.

망설이니, 이는 마치 의심이 많고 조심스러운 원숭이가 주변을 살필 때마다 사방을 두려워하는 듯 신중하고도 또 신중하다.
유(猶)에는 원숭이라는 의미가 있다. 주지하다시피 원숭이는 하루의 대부분을 나무 위에서 지내고, 거의 땅으로 내려오는 경우가 없다. 하지만 가령 땅바닥에 바나나가 떨어져 있고, 원숭이 한 마리가 그것을 발견했다고 가정해보자. 그 원숭이는 태연자약하게 나무에서 내려와 아무 거리낌 없이 그 자리에서 바나나를 까먹을까, 아니면 끊임없이 주변을 살피며 다가가 조심스레 바나나를 집고는 재빨리 다시 나무에 오를까? 따라서 노자는 말한다. 망설이니, 이는 마치 의심이 많고 조심스러운 원숭이가 주변을 살필 때마다 사방을 두려워하는 듯 신중하고도 또 신중하다고.
나아가 위의 유(猶)와 예(豫)를 합치면 오늘날의 '유예' 즉 "신중하여 함부로 결정하지 못하다."라는 뜻이 되니, '집행유예' 판결이 지니는 신중함의 취지를 다시금 이해할 수 있을 것이다.

26-1

重爲輕根, 靜爲躁君, 是以聖人終日行, 不離輜重。
중위경근, 정위조군, 시이성인종일행, 불리치중.

진중함은 경솔함의 뿌리이고, 고요함은 조급함의 군주라서, 이 때문에 성인은 온종일 길을 가지만, 군수물자를 실은 무거운 수레를 떠나지 않는다.

    진중함이라는 것은 경솔함의 바탕이 되고, 고요함이라는 것은 조급함을 지배하고 있기 때문에, 대동사회를 이끈 지도자들은 일생동안 진중함을 떠나지 않고 삼가여 지낸다.
    군수물자를 실은 무거운 수레는 전쟁에 있어서 매우 중요한 존재이다. 왜냐하면 그 안에는 밥을 짓는 도구들과 무기가 실려 있기 때문이니, 군인이 굶주리며 싸울 수 있을까? 무기 없이 싸울 수 있을까? 따라서 노자는 여기서도 수사법을 통해서 말하고 있다. 진중함이라는 것은 경솔함보다 중요하므로 모든 일의 바탕이 되고, 고요함이라는 것은 조급함보다 중요하므로 모든 일을 지배한다. 따라서 참된 지도자들은 이처럼 일생동안 진중함을 떠나지 않고 삼가여 지내는 것이라고.

26-2

雖有榮觀, 燕處超然。
수유영관, 연처초연.

설령 영화로운 환경이 있더라도, 편안하게 처하여 초연하다.

대동사회를 이끈 '성인'들은 최고지도자의 지위에 올랐지만, 그 지위나 부귀영화에 집착하지 않고 하늘이 부여한 천성에 따라 마음을 편하게 하여 초연한 삶을 살았다.

26-3

奈何萬乘之主, 而以身輕天下?
내하만승지주, 이이신경천하?

어찌 대국의 군주일진데, 그런 신분으로 세상을 경솔히 대하겠는가?

대동사회를 이끈 '성인'들은 이처럼 신중에 신중을 기해서 나라를 다스렸는데, 사방을 다스리는 천자의 자리에 있는 지도자가, 어찌 세상을 경솔하게 다스릴 수 있겠는가?

노자는 이 구절을 통해서 상고시대 지도자들의 치세 태도를 설명하고 있을 뿐만 아니라, 노자가 처한 주나라의 혼란스러움을 간접적으로 시사하고, 나아가 지도자를 신랄하게 비판하고 있는 것으로 이해할 수 있다.

26-4

輕則失本, 躁則失君。
경즉실본, 조즉실군.

경솔하면 근본을 잃고, 경박하면 군주의 지위를 잃는다.

나라를 다스리는 지도자가 경솔하면 근본 즉, 진중함을 잃게 되고, 경박하면 고요함을 잃게 되어서, 결국 그 지위마저도 잃게 되는 것이다.

따라서 노자는 역사적 경험의 축적을 통해서, 지도자가 항상 노력하고 삼가지 않으면 군주의 자리를 잃게 될 뿐만 아니라 심지어 나라를 잃을 수 있음을 깨닫고, 이와 같이 경고하고 있음을 알 수 있다.

58-2

禍兮福之所倚, 福兮禍之所伏, 孰知其極?
화혜복지소의, 복혜화지소복, 숙지기극?

화는 복이 의지하는 바이고, 복에는 화가 숨어있는 바이니, 누가 그 끝을 알겠는가?

"재앙과 복은 따로 떨어져 있는 것이 아니라 항상 뒤섞여 있기 때문에, 어느 누구도 함부로 예측할 수 없는 것이다." 이 말은 재앙 속에서도 복이 오고, 복이 있는 와중에도 재앙이 올 수 있다는 말이니, 바로 '새옹지마(塞翁之馬)'와도 같은 도리를 설명하고 있다. '새옹지마'는 [淮南子(회남자)]에 기록되어 있는데, 그 내용을 간략하게 소개하면 다음과 같다. 중국 변방에 한 노인이 살고 있었는데, 어느 날 그가 기르던 말이 달아나 버렸다. 이에 마을 사람들이 위로하자, 노인은 오히려 덤덤하게 복이 될지 누가 알겠느냐고 말했다. 몇 달이 지나 그 말이 준마와 함께 돌아왔고, 마을 사람들이 이에 축하하자 노인은 뜻밖에도 재앙이 될지 누가 알겠느냐며 오히려 불안해했다. 어느 날 노인의 아들이 그 준마를 타다가 떨어져 다리가 부러졌는데, 마을 사람들이 이에 노인을 위로하자 노인은 또 복이 될지 누가 알겠느냐며 태연하게 말했다. 후에 전쟁이 발생하고 마을 젊은이들이 징집되어 대부분 전쟁터에서 죽었으나, 노인의 아들은 낙마하여 절름발이가 되었기 때문에 전쟁에 나가지 않게 되어 죽음을 면했다. 이 '새옹지마'라는 성어는 세상만사 어느 것이 재앙이 되고, 어느 것이 복이 될지 알 수 없다는 말로, 길흉화복은 변화가 많아 사람이 함부로 판단할 수 없다는 뜻으로 통용된다.

58-3

其無正, 正復為奇, 善復為妖, 人之迷, 其日固久.
기무정, 정복위기, 선복위요, 인지미, 기일고구.

그것에는 표준이 없어서, 올바름도 기이함이 되고, 선함도 요상함이 되니, 사람들이 미혹됨은, 그 시간들이 이미 오래되었도다.

이처럼 재앙과 복은 언제 어떻게 온다는 고정된 기준이 없기 때문에, 때로는 객관적이고 공정하게 조화를 이뤄 나라를 다스려도 재앙이 오기도 하고, 자애로운 '덕'을 베풀어도 재앙이 오기도 하니, 이에 지도자들은 길을 잃고 헤맨 지 오래되었다. 이는 "하늘은 일정함이 없다."라는 맥락으로 해석할 수 있는데, 이와 관련하여 다음의 기록들을 살펴보자.

> 伊尹申誥于王曰, 嗚呼! 惟天無親, 克敬惟親, 民罔常懷, 懷于有仁, 鬼神無常享, 享于克誠, 天位艱哉. 德惟治, 否德亂. 與治同道, 罔不興. 與亂同事, 罔不亡. 終始愼厥與, 惟明明后.
> 이윤(伊尹)이 거듭 임금에게 고하였다: "아! 하늘은 친한 이가 없어서, 능히 공경하는 이만을 친근히 대하고, 백성들은 항상 그리워하는 사람이 없어서, 어진 이를 그리워하며, 귀신은 항상 흠향하는 사람이 없어서, 능히 정성스러운 사람에게 흠향하니, 하늘이 준 지위는 어렵습니다."[尙書(상서)] 〈太甲下(태갑하)〉

> 嗚呼! 天難諶, 命靡常, 常厥德, 保厥位, 厥德匪常, 九有以亡.
> 아! 하늘을 믿기 어려운 것은, 천명이 항구하지 않기 때문이니, 그 덕이 항구하면, 그 지위를 보존하고, 그 덕이 항구하지 못하면, 구주가 망하게 됩니다. [尙書(상서)] 〈咸有一德(함유일덕)〉

위의 내용들을 정리해보면, 천명(天命)이라는 것은 한결같지 않기 때문에 덕(德)과 선(善)을 베풀어 '一(일: 순일한 덕)'을 지켜야 한다는 뜻이니, 하늘은 이렇듯 한결같고도 끊임없이 '덕'과 '선'을 베푸는 이만을 지켜준다고 본 것이다.

58-4

是以聖人方而不割, 廉而不劌, 直而不肆, 光而不耀.
시이성인방이불할, 렴이불귀, 직이불사, 광이불요.

이 때문에 성인은 바르지만 남을 상하게 하지 않고, 청렴하지만 남을 다치게 하지 않으며, 솔직하지만 제멋대로 하지 않고, 빛나지만 과시하지 않는다.

따라서 대동사회를 이끈 '성인'들은 반듯했지만 백성에게 피해가 가지 않았고, 삼가 검소하게 생활했지만 백성에게 상처를 입히지 않았으며, 굳세고 당당하게 몸을 폈지만 방자하지 않았고, 모든 '긍정적인 것'과 '긍정적이지 못한 것'들의 기세를 조화롭게 했지만 자신의 업적을 드러내지 않았다.

특히 "바르지만 남을 상하게 하지 않고, 청렴하지만 남을 다치게 하지 않았다."는 말은 바로 지도자로서 섬세한 배려심을 갖췄다는 의미로 이해해야 한다. 예를 들어서 두 여인이 우아한 카페에서 차 한 잔을 마시며, 밖에서 사진을 찍는 사람에게 손을 흔들어 인사하고 있다. 과연 이 두 여인의 행위는 타인에게 피해를 끼치는 것일까? 언뜻 보기엔, 이들의 행위는 그 누구에게 어떠한 피해도 끼치지 않는 것처럼 보인다. 하지만 만약 그 카페의 창 바로 아래에 드러누워 잠을 청하는 한 노숙자가 있다면, 그리고 그 노숙자가 이 두 여인을 부러운 눈빛으로 바라보고 있다면 이야기는 조금 달라진다. 즉 이는 상대적 박탈감에 대한 언급이니, 상고의 참된 지도자들은 행여나 자신의 의도치 않는 태도로 인해 백성이 피해를 입을까봐 더욱 신중을 기했다는 의미가 되는 것이다. 따라서 노자는 지도자란 무릇 다음의 태도로 일관하여 임해야 한다고 말한다.

> **60-1**
>
> **治大國若烹小鮮, 以道莅天下, 其鬼不神。**
> **치대국약팽소선, 이도리천하, 기귀불신.**
>
> 대국을 다스리는 것은 작은 생선을 굽는 것과 같으니, 도를 가지고 세상에 임하면 흉계가 오묘해지지 못한다.

큰 나라를 통치하는 것은 마치 작은 생선을 구울 때처럼 신중에 신중을 기해야만 한다. 생선을 급하게 익히려 들면 태우기 십상이므로, 천천히 세심하게 구워야 골고루 제대로 익힐 수 있다. 따라서 규모가 큰 나라는 섣불리 달려들었다가는 마치 생선이 타버리듯 일을 그르칠 수 있기 때문에, 신중에 또 신중을 기울여야 하니, 이러한 대동의 통치이념으로 나라를 다스리면 간사한 계략이 통하지 않는다.

노자는 여기서도 수사법을 활용하는데, 지도자의 신중한 태도를 생선 굽기에 빗대어 설명하기도 한다. 이처럼 지도자가 섬세하게 백성을 살피지 않으면 결국 큰 화를 모면하지 못하게 되니, 노자는 63장에서 다음과 같이 경고한다.

63-5

夫輕諾必寡信, 多易必多難.
부경낙필과신, 다이필다난.

무릇 쉬이 승낙하면 반드시 신용이 적어지고, 지나치게 쉽게 보면 반드시 재난이 많아진다.

마찬가지의 도리로, 지도자가 쉬이 승낙하게 되면 나중에 백성이 그를 믿지 못하게 되고, 일을 하찮게 여기면 나중에 더 큰 재난이 계속해서 발생하게 된다.

63-6

是以聖人猶難之, 故終無難矣.
시이성인유난지, 고종무난의.

이 때문에 성인은 오히려 그것을 어려워하니, 그러므로 시종 어려움이 없다.

대동사회를 이끈 지도자들은 결코 일이 작거나 쉽다고 해서 얕보지 않고 신중하게 처리했기 때문에, 항상 큰 어려움 없이 나라를 오랫동안 평온하게 할 수 있었던 것이다.

이렇듯 지도자는 신중한 자세를 잃어서는 안 되니, 바로 이러한 모습이 대동사회를 이끈 지도자 즉 '성인'의 참모습인 것이다. 다시 말해서, '성인'은 부단히 노력하여 자신을 갈고 닦은 결과이지, 한

순간에 하늘이 낸 인물이 아닌 것이다.

이제 신(愼)을 다음의 두 부분으로 나눠서 보다 구체적으로 설명하기로 한다.

1) 유비무환(有備無患): 일이 작을 때 해결하는 신중함

노자는 신중함을 지키는 자세로서, 또 유비무환의 태도를 언급하고 있다.

64-1

其安易持, 其未兆易謀, 其脆易泮, 其微易散, 爲之於未有, 治之於未亂。
기안이지, 기미조이모, 기취이반, 기미이산, 위지어미유, 치지어미란.

그것이 안정적일 때 유지하기 쉽고, 그것이 징조를 보이지 않을 때 도모하기가 쉬우며, 그것이 무를 때 해소하기가 쉽고, 그것이 미약할 때 없어지기가 쉬우니, 있기 전에 그것을 처리하고, 혼란스럽기 전에 그것을 다스려야 한다.

상황이 안정적일 때 유지하기 쉬운 법이고, 사건이 징조를 보이지 않을 때 도모하여 준비하기가 쉬우며, 사물이 아직 굳지 않고 무를 때 녹이거나 풀기가 쉽고, 일이 아직 커지지 않고 미약할 때 사라지기가 쉬우니, 사건이 발생하기 전에 그것을 처리하고, 세상이 동요하기 전에 그것을 다스려야 한다.

64-2

合抱之木, 生於毫末。九層之臺, 起於累土。千里之行, 始於足下。

합포지목, 생어호말. 구층지대, 기어누토. 천리지행, 시어족하.

아름드리의 큰 나무는, 지극히 작은 것에서 생겨난다. 구층의 누각은, 흙을 쌓는 데에서부터 시작된다. 천리 길을 가는 것은 발아래에서 시작되는 것이다.

둘레가 한 아름이 넘는 큰 나무는 작은 묘목에서부터 크는 것이다. 높은 누각은 흙을 쌓아 기초를 다지는 데서 시작되는 것이다. 천리 길을 가려면 먼저 첫 걸음을 떼어야 하는 것이다.

여기서 구층의 구(九)는 여기서 구체적인 숫자를 지칭하는 것이 아님에 유의할 필요가 있다. 중국은 예로부터 삼(三), 구(九), 십(十), 백(百), 천(千), 만(萬)으로 '많을 다(多)' '높을 고(高)' 그리고 '클 대(大)'라는 의미를 간접적으로 드러냈으니, 널리 알려진 공자의 "三人行, 必有我師.(삼인행, 필유아사)" 구절 역시 사실상 "세 명이 걸어가면, 그 안에 반드시 나의 스승이 있다."가 아니라, "많은 이들이 함께 있으면, 그 안에는 반드시 내가 스승으로 삼을 만한 이들이 있기 마련이다."라는 뜻으로 풀이된다. 우리는 알고 있지 않은가? 많은 이들과 함께 있으면, 그 안에는 내가 닮고 싶어 하는 '정면교사(正面教師)'와 닮고 싶지 않은 '반면교사(反面教師)'가 반드시 공존한다는 사실을. 아울러서 우리에게 너무나도 잘 알려진 "천릿길도 한 걸음부터"라는 격언이 어디에서 유래했는지 역시 살펴볼 수 있을 것이다.

그렇다면 노자의 이러한 신(愼) 즉, 삼감의 도리는 노자가 스스로 깨우쳐 만들어낸 개념일까? 이와 관련하여 다음의 기록들을 살펴보기로 하자.

> 無輕民事惟難, 無安厥位惟危, 愼終于始。
> 백성의 일을 가벼이 여기지 말고 어려움을 생각하며, 그 지위를 편안하게 여기지 말고, 끝을 삼가려면 시작부터 삼가야 합니다. [尙書(상서)]〈太甲下(태갑하)〉

> 君子之道, 辟如行遠必自邇, 辟如登高必自卑。
> 군자의 도는, 비유컨대 멀리 가려면 반드시 가까운 데서 시작해야 하는 것과 같고, 비유컨대 높이 올라가려면 반드시 낮은 데서 시작해야 하는 것과도 같다. [禮記(예기)]〈中庸(중용)〉

이윤(伊尹)은 상(商)나라 탕(湯) 임금을 보필하여 세상을 안정시킨 인물이다. 결국 이를 통해서, 우리는 노자가 피력하고자 한 도리는 기실 노자에게서 시작된 것이 아니라, 이미 노자 이전부터 널리 알려진 도리임을 다시 한 번 확인할 수 있다. 즉 노자의 [도덕경]을 통해서 드러나는 일련의 가치관들은 노자에게서 시작된 것이 아니라, 단지 노자라는 인물을 통해서 재정리되어 후대로 전해진 것임을 알 수 있는 것이다.

2) 불언(不言): 함부로 말하지 않는 신중함

노자는 [도덕경] 5장에서 다음과 같이 말하고 있다.

> **5-4**
>
> **多言數窮, 不如守中。**
> **다언삭궁, 불여수중.**
>
> 말이 많으면 누차 곤궁해지니, 중간을 지키는 것이 낫다.

지도자가 덕을 닦지 않아서 함부로 말하거나 명령을 내리게 되면, 나라를 다스리는 데 있어 항상 어려운 문제들이 발생하게 된다. 따라서 어느 한 쪽으로 치우치지 않고 객관적이고도 공정한 태도를 유지하는 자세를 취하는 것이 대단히 중요한 것이다.

여기서 노자는 두 가지를 언급하고 있으니, 하나는 불언(不言)의 태도이고, 또 하나는 중(中)의 태도이다. 이미 '중'이 지니는 함의에 대해서는 앞에서 설명한 바 있는데, 이를 통해서 '불언'의 신중한 자세가 '중'을 이루는데 얼마나 많은 비중을 차지하는지 대략적으로나마 이해할 수 있을 것이다.

17-1

太上, 下知有之。
태상, 하지유지.

가장 훌륭한 지도자는 그가 존재함을 안다.

대동사회에서는 백성이 지도자의 존재를 알고 있었을 뿐, 통치 시기에는 그의 뛰어난 지도력에 대해서 절실하게 느끼지 못했다.

이제 이와 관련하여 다음의 기록을 다시 한 번 살펴보면, 그 의미를 보다 쉬이 이해할 수 있을 것이다.

> 治天下五十年, 不知天下治歟, 不治歟, 億兆願戴己歟, 不願戴己歟。問左右, 不知, 問外朝, 不知, 問在野, 不知。乃微服, 游於康衢, 聞童謠曰: 立我烝民, 莫非爾極, 不識不知, 順帝之則, 有老人, 含哺鼓腹, 擊壤而歌曰: 日出而作, 日入而息, 鑿井而飮, 耕田而食, 帝力, 何有於我哉。
>
> 세상을 다스린 지 50년, 세상이 다스려지는지 다스려지지 않는지, 억조(수많은 백성)가 자기를 원하는지 원하지 않는지 알 수가 없었다. 좌우에 물었으나, 알지 못하고, 조정 바깥으로 물었으나, 알지 못했으며, 재야에 물었으나, 알지 못했다. 이에 미복하고, 큰 거리로 나아가니, 동요가 들렸는데 이르기를: 우리 많은 백성을 일으킴에, 그대의 지극함이 아닌 것이 없네. 알지 못하는 사이에, 임금의 법을 따른다고 하였다. 한 노인이 있어, 입에 음식을 잔뜩 물고 배를 두드리며, 땅을 치며 노래하기를: 해가 뜨면 일하고, 해가 지면

쉬며. 우물을 파서 마시고, 밭을 갈아서 먹으니, 임금의 힘이, 어
찌 나에게 있을까라고 하였다. [十八史略(십팔사략)] 〈五帝篇(오제
편)〉

위의 기록은 오늘날 '고복격양가(鼓腹擊壤歌: 배를 두드리고 땅을
치며 부른 노래)'로 더 유명한데, 이처럼 요임금이 통치하던 태평성
대에는 백성들이 "임금이 자기를 위해서 한 것이 무엇이 있느냐?"
며 불만을 표출했다고 하니, 이는 바로 그러한 상황을 표현한 것이
아니겠는가? 그런데 여기서 의문점이 생기지 않을 수 없으니, 그렇
다면 과연 백성은 정말로 이러한 지도자의 노고를 몰라주는 우매한
존재인가? 이와 관련하여 또 다음의 기록을 살펴보자.

二十有八載, 帝乃殂落。百姓如喪考妣, 三載, 四海遏密八音。
28년이 지나고, (요)임금이 죽었다. 귀족들이 마치 부모상을 하는
것과 같았고, 3년 동안 사방에서 팔음을 끊고 삼갔다. [尙書(상서)]
〈堯典(요전)〉

따라서 백성이란 잠시 지도자의 노력을 인지하지 못할 수는 있
으나, 그 숨겨진 덕을 언제까지고 몰라주는 그런 우매한 존재는 아
닌 것이다.

17-2

其次, 親而譽之。其次, 畏之。其次, 侮之。
기차, 친이예지. 기차, 외지. 기차, 모지.

그 다음가는 지도자는 그와 친근하고 그를 칭찬한다. 그 다음가는 지도자는 그를 두려워한다. 그 다음가는 지도자는 그를 경멸한다.

그보다 못한 지도자는 백성이 그를 친하다고 여기고 가까이하여 칭찬한다. 또 그보다 못한 지도자는 엄격한 법률과 형벌로 억압하기 때문에, 백성이 그를 두려워하고 피한다. 가장 하등의 지도자는 백성이 그를 깔보아 업신여긴다.

7-3

信不足焉, 有不信焉。
신부족언, 유불신언.

신용이 부족하면, 불신이 생긴다.

지도자가 가장 기본적으로 갖춰야 할 미덕이 신뢰인데, 그러한 지도자가 백성에게 믿음을 보이지 못하면, 백성은 지도자를 믿고 따르지 않게 된다.

이미 앞에서 한 번 언급했던 것처럼, '믿을 신(信)'은 '사람 인

(人)'과 '말씀 언(言)'이 합쳐져서 이뤄진 회의(會意)문자이므로, 사람이 말하는 것은 모두 믿음이 되는 것이다. 아울러서 '정성 성(誠)'은 '말씀 언(言)'과 '이룰 성(成)'이 합해진 형성(形聲)문자이니, 다름 아닌 내뱉은 말은 반드시 이룬다는 의미인 것이다. 그러므로 허신은 [설문해자]에서 "'믿을 신(信)'과 '정성 성(誠)'은 사실상 같은 의미를 지닌다."라고도 설명한 바 있고. 더불어 이와 관련하여, [논어]에 기록된 공자의 관점을 잠시 짚고 넘어가기로 하자.

5-9

宰予晝寢。子曰:"朽木, 不可雕也; 糞土之墻, 不可杇也。於予與何誅?" 子曰:"始吾於人也, 聽其言而信其行。今吾於人也, 聽其言而觀其行。於予與改是。"
재여주침. 자왈: "후목, 불가조야; 분토지장, 불가오야. 어여여하주?" 자왈: "시오어인야, 청기언이신기행. 금오어인야, 청기언이관기행. 어여여개시."

미언: 재여가 낮잠을 잤다. 공자가 이르시기를 "썩은 나무는, 조각할 수 없고; 썩은 흙의 담장은, 흙손질을 할 수 없다. 여에게 어떠한 벌을 주겠는가?" 공자가 이르시기를 "당초에 나는 다른 사람에게 있어, 그 말을 들으면 그 행실을 믿었다. 이제 나는 다른 사람에게 있어, 그 말을 듣고 그 행실을 본다. 여로부터 쫓아서 이를 고치게 된 것이다."

대의: 재아가 낮잠을 잤다. 공자가 이르시기를 "나는 부단히 노

력해야 함과 신뢰를 강조했는데, 그러한 본바탕이 바르지 않으면 더 이상 나아갈 수 없다. 기본이 갖춰지지 못하면 인재가 되어 정치에 참여할 수 없으니, 재아에게 벌을 준들 무슨 소용이 있겠는가?" 공자가 또 이르시기를 "당초에 나는 다른 사람이 말을 하면 반드시 그가 그대로 실천할 것이라고 믿어왔다. 그 이유는 믿음(信)과 성실함(誠)이 본디 사람이 말하는 것은 모두 믿을 수 있다는 뜻에서 유래했기 때문이다. 하지만 이제 나는 사람이 말을 하면 그가 실천하는지를 반드시 확인하는데, 바로 재아가 나에게 불신감을 주었기 때문이다."

따라서 노자는 말한다. 지도자가 가장 기본적으로 갖춰야 할 미덕이 신뢰인데, 그러한 지도자가 백성들에게 믿음을 보이지 못하면, 백성들은 지도자를 믿고 따르지 않게 된다고. 그러므로 노자는 또 다음과 같이 말한 바 있다.

31-3

君子居則貴左, 用兵則貴右。
군자거즉귀좌, 용병즉귀우.

군자는 자리함에 곧 왼쪽을 귀히 여기고, 전쟁을 쓰는 이는 곧 오른쪽을 귀히 여긴다.

상고시대의 예의와 풍습에서 왼편은 양(陽: 삶)을, 오른편은 음(陰: 죽음)을 나타냈다. 따라서 참된 지도자는 길함을 나타내는 왼편을 중시하고, 전쟁을 일삼는 지도자는 불길함을 나타내는 오른편을 중시한다.

31-7

吉事尚左, 凶事尚右。
길사상좌, 흉사상우.

좋은 일은 왼쪽을 존중하고, 불행한 일은 오른쪽을 존중한다.

왼편은 양(陽: 삶)을, 오른편은 음(陰: 죽음)을 나타내기 때문에, 길한 일은 왼쪽을 중시하고, 불길한 일은 오른쪽을 중시한다.

31-8

偏將軍居左, 上將軍居右。
편장군거좌, 상장군거우.

편장군은 왼쪽에 있고, 상장군은 오른쪽에 있다.

전쟁이란 본래 해서는 안 되지만, 상대방이 침략해 오는 등의 특수한 상황에서는 전쟁을 부득이한 경우로 여기고 최선을 다해 싸운다. 따라서 전쟁터에 직접 나가 싸우는 9품 하위직의 편장군은 왼편에 서서 부득이한 전쟁에서 최선을 다해 싸우는 것이다. 반면에 군대를 통솔하여 명령하는 1품 고위직의 상장군은 오른편에 서서, 이 전쟁을 매우 불행한 것으로 여기고 조의를 표하고 있다는 상징적인 역할을 하는 것이다.

그렇다면 노자는 왜 왼쪽은 길(吉)한 반면에, 오른쪽은 흉(凶)한 것이라고 말할까? 이제 이와 관련하여 [설문해자]의 설명을 살펴보기로 하자.

이는 오른손을 나타내는 '또 우(又)'와 물건을 만들 때 사용하는 도구인 '장인 공(工)'이 합쳐져 만들어진 회의문자이다. 왼쪽에서 기록하는 사관(史官)은 임금의 규격 즉 행동을 기록함으로써 돕는다는 뜻이다.

그리고 여기서 '장인 공(工)'도 함께 살펴보기로 하자.

이는 사람이 손가락으로 도구를 쥔 모습을 형상화한 상형문자이다. 따라서 '장인'이란 사각형이나 동그라미 등을 그릴 때 공구를 써서 만들었으니, 이는 바로 고정된 규격을 의미한다.

이는 오른손을 나타내는 '또 우(又)'와 '입 구(口)'가 합쳐져 만들어진 회의문자이다. 오른쪽에서 기록하는 사관은 임금의 '말'을 기록함으로써 돕는다는 뜻이다.

따라서 왼쪽은 '행동'을 의미하는 반면 오른쪽은 '말과 명령'을 뜻하는데, 예로부터 참된 지도자는 말보다 행동이 먼저 앞서야 한다고 누차 강조하고 있으므로, 이것이 바로 "왼쪽은 길하지만, 오른쪽은 흉하다."라는 말의 참뜻이 되는 것이다.

17-4

悠兮, 其貴言。功成事遂, 百姓皆謂我自然。
유혜, 기귀언. 공성사수, 백성개위아자연.

유유하여, 말을 귀히 여긴다. 일이 완성되어도, 백성들은 모두 우리가 본래 이러한 것이라고 말한다.

대동사회의 '성인'들은 침착하고 여유가 있어, 말이나 명령을 함부로 하지 않았다. 이러한 대동사회의 백성은 지도자의 존재를 알고 있었을 뿐, 그의 뛰어난 지도력에 대해서는 절실하게 느끼지 못했기 때문에, 지도자가 삼가 노력하여 일을 완성하여도 백성 스스로 그러한 것이라고 여겼던 것이다.

노자는 이처럼 불언(不言)의 가르침을 중시하여 여기에서도 다시 한 번 말이나 명령을 함부로 하지 말 것을 강조하고 있는데, 이와 관련하여 다음의 기록을 음미해보면 노자의 생각을 더욱 명확하게 이해할 수 있을 것이다.

"惟口出好興戎, 朕言不再."
"입에서 나는 것(말)은 곧잘 전쟁을 일으키니, 나는 다시 말하지 않겠소."[尙書(상서)] 〈大禹謨(대우모)〉

노자는 23장에서도 계속해서 같은 논조로 불언(不言)의 중요성을 피력하고 있는데, 한 가지 주목할 것은 바로 자연현상을 비유로 들어서 표현하고 있다는 점이다. 이처럼 [도덕경] 곳곳에서 노자는 '도'를 설명함에 종종 이러한 수사법(修辭法)들을 쓰고 있음에 유의할 필요가 있다. 그리고 이러한 것들은 우리가 [도덕경]의 진의(眞義)를 파악하는데 왜 수사학이 필요한지를 일깨우는 중요한 단서들이 된다.

23-1

希言自然, 故飄風不終朝, 驟雨不終日.
희언자연, 고표풍부종조, 취우부종일.

말을 드물게 하는 것이 스스로 그러하게 하는 것이니, 그러므로 광풍은 아침까지 불 수 없고, 폭우는 온종일 내릴 수 없다.

말이나 명령을 함부로 하지 않는 것이 바로 하늘이 부여한 천성에 따르는 것이다. 광풍이나 폭우 같은 자연의 난폭함조차도 오래 지속될 수는 없는데, 하물며 사람이 만든 법률과 제도로 누르면 오래갈 수 있겠는가? 즉 억지로 작위하면 일시적으로 작용할 뿐, 지속될 수는 없는 것이다.

23-2

孰爲此者? 天地。
숙위차자? 천지.

누가 이렇게 하는가? 바로 천지이다.

어떤 존재가 이처럼 억지로 작위하지 말고, 천성에 따라 스스로 그러하도록 시키는가? 바로 이 세상이다.

23-3

天地尙不能久, 而況於人乎!
천지상불능구, 이황어인호!

천지의 난폭함조차도 오래갈 수 없거늘, 하물며 사람에 있어서야!

이처럼 사람의 능력으로는 어찌할 수 없는 광풍과 폭우조차도 오래갈 수 없는 법인데, 하물며 일개 사람이 만든 법률과 제도로 통제하는 것이야 굳이 말할 나위가 있겠는가!

23-4

**故從事於道者, 道者同於道, 德者同於德, 失者同於失。
同於道者, 道亦樂得之; 同於德者, 德亦樂得之; 同於失
者, 失亦樂得之。**
고종사어도자, 도자동어도, 덕자동어덕, 실자동어실.
동어도자, 도역락득지; 동어덕자, 덕역락득지; 동어실
자, 실역락득지.

그러므로 도를 따르는 사람은 도에 부합되고, 덕을 따르는 자는 덕에 부합되며, 잃음을 구하는 자는 실에 부합된다. 도에 부합되는 사람은, 도 역시 기꺼이 그를 얻으려 하고; 덕에 부합되는 사람은 덕 역시 기꺼이 그를 얻으려 하며; 실에 부합되는 사람은, 실 역시 기꺼이 그를 얻으려 한다.

따라서 삼가여 대동사회의 통치이념을 이해하고 실천하려고 노력하는 지도자는 결국 그렇게 된다. 덕치를 이해하고 실천하려고 노력하는 지도자는 결국 그렇게 된다. 억지로 작위하여 천성에 따르지 않는 지도자는 결국 모든 것을 잃게 된다. 삼가여 대동사회의 통치이념을 실천하는 지도자는 결국 대동사회를 이룰 수 있게 되고, 삼가여 덕치를 실천하는 지도자는 결국 백성에게 '덕'을 베풀게 되며, 억지로 작위하여 천성에 따르지 않는 지도자는 결국 모든 것을 잃게 되는 것이다.

23-5

信不足焉, 有不信焉.
신부족언, 유불신언.

믿음이 부족하면, 불신이 생긴다.

지도자가 가장 기본적으로 갖춰야 할 미덕이 신뢰인데, 그러한 지도자가 백성에게 믿음을 보이지 못하면, 백성들 역시 지도자를 믿지 못해서 따르지 않게 된다. 그리고 17-3에서 이미 나왔던 표현이 여기서 다시 중복되니, 노자가 얼마나 지도자의 신뢰를 강조했는지 새삼 깨달을 수 있다. 그러므로 노자는 말한다. 지도자가 가장 기본적으로 갖춰야 할 미덕이 신뢰인데, 그러한 지도자가 백성에게 믿음을 보이지 못하면, 백성 역시 지도자를 믿지 못해서 따르지 않게 된다고.

34-2

以其終不爲大, 故能成其大.
이기종불위대, 고능성기대.

시종 위대하다고 여기지 않기 때문에, 그러므로 위대함을 이룰 수 있다.

항상 자만하지 않고 삼가여 노력하는 겸손한 자세를 취하기 때문에, 오히려 세상이 믿고 따르는 위대함을 이룰 수 있는 것이다.

그런데 이러한 신중함의 자세를 보이는 것은 결국 겸(謙) 즉, 겸손함과 불가분의 관계에 놓여 있음을 확인할 수 있다. 이처럼 '도'라는 것은 그것을 구성하는 요소 어느 한둘을 갖춰서 실천한다고 이룰 수 있는 것이 아니다. 모든 구성요소들이 유기적으로 연결되어 있으므로, 반드시 구성요소들을 조화롭게 모두 실천해야 하는 것이다. 따라서 다음의 구절처럼, '불언'의 신중함은 노자의 궁극적 이상향인 '무위자연'의 대동사회와 역시 깊은 관계를 맺게 된다.

43-4

不言之敎, 無爲之益, 天下希及之.
불언지교, 무위지익, 천하희급지.

불언의 가르침, 무위의 이로움, 세상에는 이에 미치는 것이 드물다.

주(周)나라 사관(史官)의 신분으로 역사적 고증을 통해 깨달은 대동의 통치이념은, 말이나 명령을 함부로 하지 않고 스스로 그러할 수 있도록 환경을 조성해주는 것이다. 세상에는 이러한 대동의 통치이념과 견줄 수 있는 것이 없다.

이제 노자는 56장과 69장에서 다음과 같이 정리함으로써, 지도자가 어떠한 자세를 견지해야 하는지 제시하고 있다.

56-1

知者不言, 言者不知。
지자불언, 언자부지.

아는 이는 말하지 않고, 말하는 이는 알지 못한다.

대동사회의 통치이념인 '도'를 이해하고 묵묵히 실천하는 지도자는 함부로 말하거나 명령을 내리지 않고, 함부로 말하거나 명령을 내리는 지도자는 태평성대를 이끌었던 지도자들의 참된 통치이념인 '도'를 이해하지 못하는 인물이라고 말이다.

결국 이 구절을 통해서도, '불언'이란 말을 함부로 하지 않는 신(愼) 즉, '신중함'을 뜻하므로, '믿음'의 신(愼)과 '정성'의 성(誠)과도 깊은 관련을 맺고 있음을 다시 한 번 확인할 수 있다.

69-1

用兵有言; 吾不敢爲主而爲客, 不敢進寸而退尺。
용병유언; 오불감위주이위객, 불감진촌이퇴척.

군대를 부리는 이가 말하기를: 나는 감히 전쟁을 일으키지는 못하고 응전할 뿐이며, 감히 한 치를 나아가지는 못하고 한 자를 물러난다.

참된 지도자는 말한다. "나는 상대방을 무력으로 누르는 전쟁을 감히 일으키지는 못하고, 단지 부득이하게 전쟁이 발생한 경우에는 방어할 뿐이며, 자애로운 마음으로 상대방을 얕보지 않아서 늘 신중한 자세를 취한다."

69-2

是謂行無行, 攘無臂, 扔無敵, 執無兵。
시위행무항, 양무비, 잉무적, 집무병.

이는 행할 전투태세가 없고, 걷어붙일 팔이 없으며, 무찌를 적이 없고, 잡을 무기가 없음을 이르는 것이다.

이처럼 대동사회를 이끈 '성인'들은 근본적으로 전쟁에 반대했기 때문에, 상대방을 치기 위한 전투태세를 갖추지 않고, 싸우려고 팔을 걷어붙이지 않았으며, 무기를 잡지 않고 오히려 자애로운 덕을 베푼 것이다.

69-3

禍莫大於輕敵, 輕敵幾喪吾寶。
화막대어경적, 경적기상오보.

화는 적을 가벼이 여기는 것보다 큰 것이 없고, 적을 가벼이 보다가는 하마터면 나의 보물을 잃게 된다.

대동사회를 이끈 지도자들은 백성을 대하는 태도로 제후국이나 외부 부족국가를 대했기 때문에 그들을 얕보거나 함부로 대하지 않았으니, 만약 지도자가 그렇게 행동하면 자애로움과 검소함 그리고 감히 세상의 앞에 서지 않음의 자세를 잃는 것이다.

　　여기서 노자는 나라의 통치이념을 외부로까지 확대하고 있다. "화는 적을 가벼이 여기는 것보다 큰 것이 없다."는 말의 의미는 상대방을 항상 두려워하고 신중해야 한다는 뜻이니, 노자는 이를 어기면 나의 보물인 "자애로움, 검소함, 감히 세상의 앞에 서지 않음"을 잃게 된다고 보았다. 이 세 가지 보물을 잃게 되면 백성을 아끼고 사랑하는 자세를 잃게 되는 것이니, 결국에는 패망에 이르게 되는 것이다. 이러한 마음가짐은 '전전긍긍(戰戰兢兢)'과도 밀접한 관련을 맺고 있는데, 이 "전전긍긍"이라는 말은 본래 [詩經(시경)]의 〈小雅(소아)·小旻(소민)〉편에 나오는 표현으로, 오늘날의 쓰임과는 달리 "두려워서 벌벌 떨며 조심한다."는 의미를 지니고 있다. 또한 [논어] 〈泰伯(태백)〉편에서도 증자(曾子)가 이 시구를 인용하여, 반성하며 두려워한다는 의미로 썼으니, 모두 이 문장과 맥락상 서로 통하게 되는 것이다.

69-4

故抗兵相加, 哀者勝矣.
고항병상가, 애자승의.

그러므로 필적하는 군대가 서로 가해지면, 자애로운 쪽이 이긴다.

따라서 실력이 비등한 군대가 서로 충돌하게 되면, 자애로운 덕으로 상대를 대하는 군대가 이기게 된다.

즉 세 가지 보물이 되는 '자애로움, 검소함, 감히 세상의 앞에 서지 않는 겸손함'은 바로 매사에 삼가는 '신중함'을 기본으로 하는 것이다.

14. 상(常): 변치 않는 자세

지금까지 노자의 사상에 대해서 살펴보았는데, 이를 정리하자면 다음과 같다: 어느 누구 하나 버리지 않고 모두가 함께 하는 상생(相生) 공생(共生)의 화(和), 솔선수범(率先垂範)의 자세, 법을 세분화하여 일일이 통제하려 들지 않는 무위자연(無爲自然)의 자세, 계곡(谷)과 물(水)를 메타포로 하는 자애로움(慈), 나를 버리고 타인의 뜻을 따르는 겸손함(謙), 사리사욕에 집착하지 않는 검소함(儉), 함부로 말하지 않고(不言) 원숭이와 코끼리를 메타포로 하는 신중함(愼), 그리고 오직 나라와 백성의 안위만을 걱정하는 순일(純一)함의 덕(德). 그렇다면 노자는 지도자가 이것들만 행하면 나라를 태평성대로 이끌 수 있다고 말하는 것일까? 그리고 '덕'으로 다스리는 덕치를 행하면 나라가 태평성대에 이를진데, 왜 '덕'과 '도'는 같은 개념이 아닐 뿐더러, '덕'은 '도'보다 한 단계 아래에 있는 것일까?

이제 [도덕경]의 첫 장 첫 구절을 다시 한 번 음미해보자.

1-1

道, 可道, 非常道; 名, 可名, 非常名。
도, 가도, 비상도; 명, 가명, 비상명.

도라는 것은, 말할 수 있으면, 영원한 도가 아니고; 이름이라는 것은, 부를 수 있으면, 영원한 이름이 아니다.

대동(大同)사회의 통치이념은 말로 형용할 수 있는 것이 아니라, 삼가고 노력하며 몸소 실천하는 모습을 통해서 실현되는 것이다. 따라서 만약 이를 우리가 이해할 수 있는 말로 쉽게 정의할 수 있다면, 그것은 변치 않고 오랫동안 유지할 수 있는 통치이념이 아니다. 대동사회의 나라를 다스리고 유지하는 제도는, 말로 쉽게 설명할 수 있는 것이 아니다. 따라서 만약 이를 오늘날과 같이 보편타당한 개념으로 설명할 수 있다면, 그것은 변치 않고 오랫동안 유지할 수 있는 제도가 아니다.

앞에서도 거론했듯이 [도덕경]은 연역법으로 서술되어 있다. 따라서 바로 1장 첫 구절에서 상(常)과 도(道)의 관계에 대해서 언급하고 있으니, 중간에 변하면 그것은 노자가 추구하는 도에 부합되지 않는다는 점이다.

그렇다면 상(常) 즉 '변치 않음'의 구체적인 함의는 과연 무엇일까? 이에 대해서, 노자는 16장에서 보다 구체적으로 서술하고 있다.

16-5

復命曰常, 知常曰明; 不知常, 妄作, 凶。
복명왈상, 지상왈명; 부지상, 망작, 흉.

복명을 "상(변치 않음)"이라고 하고, "상"을 아는 것을 "명(덕을 밝힘)"이라고 하는데; "상"을 알지 못하면, 경거망동하게 되고 불행해진다.

하늘이 부여한 천성에 따르는 것을 두 마음을 품지 않고 일관하는 변치 않음이라고 하고, 이러한 일관하여 변치 않음의 원리를 이해하는 것이 바로 '덕'을 밝히는 것이다. 변치 않고 일관되게 '덕'을 밝히는 원리를 이해하지 못하면, 백성을 평안하게 다스리지 못하여 나라를 장구히 보존하지 못하게 되고, 결국에는 나라와 지도자의 끝이 불행해지는 것이다.

16-6

知常容, 容乃公, 公乃王, 王乃天, 天乃道, 道乃久.
지상용, 용내공, 공내왕, 왕내천, 천내도, 도내구.

"상(변치 않음)"을 알면 포용하고, 포용하면 이에 공정하고, 공정하면 이에 군주가 되고, 군주가 되면 이에 하늘에 순응하게 되고, 하늘에 순응하면 이에 도를 따르게 되고, 도를 따르게 되면 이에 장구하게 된다.

변치 않고 일관되게 '덕'을 밝히는 것을 이해하게 되면, 모두를 포용하여 함께 하게 된다. 어느 누구 하나 버리지 않고 함께 하게 되면, 감정에 휘둘리지 않고 객관적이고도 공정하게 일을 처리하게 된다. 객관적이고도 공정하게 일을 처리하게 되면, 나라를 이끄는 지도자가 된다. 공정하게 나라를 이끄는 지도자가 되면, 하늘이 부여한 천성에 따라 백성을 다스리게 된다. 하늘이 부여한 천성에 따라 백성을 다스리게 되면, 대동의 통치이념을 따르게 된다. 대동의 통치이념을 따르게 되면, 나라를 오랫동안 평안하게 유지하게 되는 것이다.

따라서 노자가 강조하는 상(常)의 '변치 않는 자세'란 바로 지도자가 위에서 열거한 '도'의 구성요소들을 변치 않고 일관되게 행하는 것을 뜻하니, 이는 다름 아닌 초지일관의 자세가 되는 것이다. 처음부터 일을 그르치고자 하는 이는 없다. 그저 처음의 그 마음가짐을 끝까지 가져가지 못하는 사람들만이 있을 뿐.

> 天命之謂性, 率性之謂道, 修道之謂敎。道也者, 不可須臾離也, 可離, 非道也。是故君子, 戒愼乎其所不睹, 恐懼乎其所不聞。莫見乎隱, 莫顯乎微, 故君子愼其獨也。
>
> 하늘이 명한 것을 성(性)이라 하고, 성을 따르는 것을 도(道)라 하며, 도를 닦는 것을 교(敎)라고 한다. 도라는 것은, 잠시도 떠날 수 없는 것이니, 떠날 수 있다면, 도가 아니다. 이 때문에 군자는, 보이지 않는 바를 조심하고 삼가며, 들리지 않는 바를 두려워한다. 숨기는 것보다 더 드러나는 것이 없고, 미세한 것보다 더 잘 나타나는 것이 없으니, 따라서 군자는 그 홀로 있음을 삼가는 것이다 (혼자 있을 때나 타인과 같이 있을 때의 모습이 한결같다). [禮記(예기)] 〈中庸(중용)〉

이처럼 '상'은 '도'를 이루는 데 있어서 없어서는 안 될 중요한 구성요소이기에, 공자 역시 이처럼 강조했던 것이니, 노자나 공자 모두에게 있어서 '덕'에 '상'을 더해야 비로소 '도'가 되는 것이다.

다시 말해서, 도(道)는 '쉬엄쉬엄 갈 착(辶)'과 '머리 수(首)'가 합쳐져서 만들어진 회의문자로서, '쉬엄쉬엄 걸으면서 머리를 향하는 곳이 바로 사람이 마땅히 걸어가는 길'이라는 뜻이니, '도'는 결코 일순간에 완성되는 것이 아니라, 일생동안 변치 않고 곁에 두면서 묵묵히 걸어가야 한다는, '상'의 의미를 함께 지니는 것이다. 다시 말해서 지도자가 '덕'으로 나라를 다스리더라도 '상'의 자세를 견지하지 못하면, 태평성대는 오래 지속될 수 없는 것이다.

이제 계속해서 노자가 '상'에 대해 얼마나 강조하고 있는지 살펴보기로 하자.

27-3

是以聖人常善救人, 故無棄人; 常善救物, 故無棄物。
시이성인상선구인, 고무기인; 상선구물, 고무기물.

이 때문에 성인은 항상 사람을 잘 구제하여, 그러므로 버려지는 사람이 없고; 항상 사물을 잘 바로잡아, 그러므로 버려지는 사물이 없다.

이처럼 대동사회를 이끈 성인들은 변치 않는 자세로 어느 누구 하나 버리지 않고 함께 했기 때문에, 모든 백성들이 조화롭게 살았다. 또한 변치 않고 하늘이 부여한 천성에 따라 다스렸기 때문에, 만물이 조화를 이루게 되었다.

28-2

為天下谿, 常德不離, 復歸於嬰兒。
위천하계, 상덕불리, 복귀어영아.

세상의 개울이 되면, "상덕(영원한 덕)"이 흩어지지 않으니, 순수함을 지니는 상태로 돌아가게 된다.

모든 백성이 그를 지지하고 따르게 되면, 변치 않고 영원한 '덕'이 흩어지지 않고 머무르게 되니, 순일한 '덕'으로 나라를 다스리는 대동사회가 실현되는 것이다.

참고로 앞에서 설명한 박(樸) 즉 '순박함의 덕'과 관련하여서 이제 다음 기록을 살펴보면, 노자가 왜 '순수함'을 이처럼 강조하는지 이해할 수 있을 것이니, 이는 바로 '사심이 없이 정성을 다하는 자세'이기 때문이다.

> 康誥曰:"如保赤子。"心誠求之, 雖不中, 不遠矣。未有學養子而后嫁者也。
>
> 〈강고〉에 이르기를 "갓난아이를 보살피듯 하라."고 하였다. 마음을 정성스럽게 하여 구하면, 비록 맞추지 못해도, 멀지 않을 것이다. 자식 기르기를 배운 후에 시집가는 이는 있지 아니하다. [禮記(예기)] 〈大學, 傳(대학, 전)〉

28-4

爲天下式, 常德不忒, 復歸於無極。
위천하식, 상덕불특, 복귀어무극.

세상의 규범이 되면, "상덕(영원한 덕)"이 지나치지 않게 되어, 무극으로 돌아가게 된다.

백성이 지도자의 뜻을 따르게 되어 세상의 기준으로 삼게 되면, 영원한 '덕'이 오차 없이 제자리를 찾게 되어, 나라가 오랫동안 평안해진다.

　무극(無極)이란 양 끝단으로 치우치지 않음을 말하는 것이니, 이는 결국 '덕'이라는 것이 어느 한쪽으로 치우치거나 버리지 않는 객관적이고도 공정한 태도인 '중'과 어느 하나 버리지 않고 함께 하려는 태도인 '화'를 뜻하고 있음을 다시 한 번 확인할 수 있다.

28-6

為天下谷, 常德乃足, 復歸於樸。
위천하곡, 상덕내족, 복귀어박.

세상의 계곡이 되면, 상덕이 이에 충족되어, 가공하지 않은 목재로 돌아가게 된다.

　백성이 모두 그를 자애롭다고 여겨 신뢰하고 지지하여 따르게 되면, 영원한 '덕'이 이에 조건을 만족하게 되어, 순수한 '덕'으로 나라를 다스리는 대동사회가 실현되는 것이다.

32-1

道常無名, 樸雖小, 天下莫能臣也。
도상무명, 박수소, 천하막능신야.

도는 영원히 이름 지을 수 없으니, 질박하여 비록 미약하지만, 세상이 굴복시킬 수는 없다.

대동의 통치이념이라는 것은 그 어떤 것으로도 정의할 수 없는데, 소박해서 비록 작게 보이지만, 세상 그 어떤 것에도 종속되지 않는다.

34-1

大道氾兮, 其可左右。萬物恃之而生而不辭, 功成不名有。衣養萬物而不爲主, 常無欲, 可名於小。萬物歸焉而不爲主, 可名爲大。
대도범혜, 기가좌우. 만물시지이생이불사, 공성불명유. 의양만물이불위주, 상무욕, 가명어소. 만물귀언이불위주, 가명위대.

큰 도는 두루 미치기 때문에, 그가 지배할 수 있다. 만물은 그에 의지하여 발생하지만 아무 말도 하지 않고, 공을 이루지만 있다고 일컫지 않는다. 만물을 기르지만 스스로 주재한다고 여기지 않고, 늘 욕망이 없으니, 보잘것없다고 할 수 있다. 만물이 따르지만 스스로 주재자가 되지 않으니 위대하다고 할 수 있다.

대동사회의 통치이념은 모든 만물에 퍼져 있기 때문에, 세상 모든 것들을 다스릴 수 있다. 만물은 대동사회의 통치이념에 기대어 각자의 천성에 따르기 때문에 원망이나 불평하지 않고, 나라를 오랫동안 평안하게 유지하지만 자신의 공로라고 자처하지 않는다. 세상 만물을 이끌지만 각자의 천성에 따르는 것일 뿐이기에 자신이 이끈다고 자만하지 않고, 오직 삼가고 노력하여 사리사욕을 추구하지 않기 때문에 어쩌면 미약해 보일 수도 있다. 그리하여 세상이 모두 대동의 통치이념을 따르지만 또 자기가 통제한다고 생각하지 않으니 진정 위대하다고 할 수 있는 것이다.

37-1

道常無爲而無不爲, 侯王若能守之, 萬物將自化。
도상무위이무불위, 후왕약능수지, 만물장자화.

도는 항상 행하는 바가 없으나 행하지 않는 바도 없으니, 천자와 제왕이 만약 이를 지킬 수 있다면, 만물이 장차 스스로 변화할 것이다.

대동의 통치이념은 백성이 원하는 바대로 따르는 것이기 때문에, 억지로 그 천성을 거스르지 않는 '무위'로 다스리는 것이다. 따라서 언뜻 보았을 때 특별히 하는 것이 없어 보이지만, 사실 그 천성을 이해하고 삼가여 겸손하게 노력하는 것이니 최선을 다 하는 것이다. 지도자가 만약 이러한 대동의 통치이념을 실천할 수 있다면, 세상의 모든 백성이 지도자를 믿고 따르게 되어 순박해질 것이다.

46-3

禍莫大於不知足, 咎莫大於欲得。故知足之足, 常足矣。
화막대어부지족, 구막대어욕득. 고지족지족, 상족의.

재앙은 만족할 줄 모르는 것보다 더 큰 것이 없고, 환난은 얻고자 하는 욕망보다 더 큰 것이 없다. 그러므로 만족의 넉넉함을 알면 영원히 넉넉하다.

지도자가 자신의 자리에 만족하지 않으면 전쟁과도 같은 엄청난 재앙을 일으키게 되고, 자꾸만 사리사욕을 탐하면 결국 백성이 등을 돌려서 그 자리조차도 지킬 수 없게 되는 것이다. 따라서 지도자가 자신의 자리를 지키고 욕심을 가지지 않게 되면, 백성이 믿고 따르게 되어 오랫동안 나라를 평온하게 다스릴 수 있다.

48-1

為學日益, 為道日損。損之又損, 以至於無為, 無為而無不為。取天下常以無事, 及其有事, 不足以取天下。
위학일익, 위도일손. 손지우손, 이지어무위, 무위이무불위. 취천하상이무사, 급기유사, 부족이취천하.

배움에 종사하면 날로 늘어나고, 도에 종사하면 날로 줄어든다. 줄어들고 또 줄어들어, 무위에까지 도달하는데, 무위하지만 행하지 않은 것이 없다. 세상을 다스림에 늘 일을 만들면 안 되니, 일을 만들게 되면, 세상을 다스리기에 부족하다.

작은 앎이나 얕은꾀를 추구하게 되면 점점 백성을 통제할 궁리가 많아지게 되어, 더 많은 제도를 만들고 강화하여 통제하려 든다. 하지만 대동의 통치이념으로서 다스리면, 백성을 통제하는 제도가 갈수록 필요 없게 된다. 스스로 그러할 수 있는 환경을 조성해주기만 하면 되므로, 명령이 자연스럽게 줄어들게 되어 결국 무위의 통치를 할 수 있게 되는 것이다. 이러한 무위의 통치는 천성에 따라 스스로 그러하도록 하는 것이라서, 지도자가 행하는 바가 없는 것 같지만 사실은 항상 삼가여 노력하는 것이라서 행하지 않는 바도 없다. 이처럼 억지로 작위하여 제도로 백성을 통제해서는 안 되니, 억지로 통제하려 들면 백성이 지도자를 따르지 않는다.

49-1

聖人常無心, 以百姓心爲心。
성인상무심, 이백성심위심.

성인은 늘 의지가 없어서, 백성의 마음을 의지로 삼는다.

대동사회를 이끈 '성인'들은 주관적인 생각이나 의지를 주장하지 않고, 백성의 뜻을 깊이 헤아려서 실천하였다. 이처럼 백성이 바라는 바를 본인이 바라는 바로 삼아서 그들의 뜻에 따르는 것이 바로 주어진 천성에 따르는 것이다.

51-3

道之尊, 德之貴, 夫莫之命而常自然。
도지존, 덕지귀, 부막지명이상자연.

도가 존중받고, 덕이 귀히 여겨지니, 무릇 명령하지 않고 항상 스스로 자연스럽게 한다.

이처럼 대동의 통치이념이 숭상을 받고 순일한 '덕'이 중시되니, '성인'들은 함부로 말하거나 명령하지 않고, 항상 만물이 타고난 천성에 따라 스스로 그러하도록 한 것이다.

52-6

用其光, 復歸其明, 無遺身殃, 是爲習常。
용기광, 복귀기명, 무유신앙, 시위습상.

그 광채를 발휘하고, 그 밝음으로 돌아가면, 자신에게 재앙을 남기지 않으니, 이것이 변치 않음을 익히는 것이다.

모든 '긍정적인 것'과 '긍정적이지 못한 것'들의 기세를 조화롭게 하여 발휘하고, 순일한 '덕'을 밝혀서 천성에 따라 다스리게 되면, 백성이 그 지도자를 믿고 따르게 되어 오랫동안 나라를 평안하게 다스릴 수 있으니, 이것이 바로 변치 않고 오랫동안 평안하게 나라를 다스리는 대동의 통치이념을 따르는 것이다.

앞에서 노자가 강조하는 상(常)의 '변치 않는 자세'란 바로 지도자가 위에서 열거한 '도'의 구성요소들을 변치 않고 일관되게 행하는 것을 뜻하니, 이는 다름 아닌 초지일관의 자세가 되는 것이라고 설명한 바 있다. 그리고 노자는 55장에서 이제 이에 대해서 보다 구체적으로 풀이하고 있다.

55-5

知和曰常, 知常曰明, 益生曰祥, 心使氣曰强。
지화왈상, 지상왈명, 익생왈상, 심사기왈강.

조화로움을 아는 것을 "상(늘 그러함)"이라고 하고, 상을 아는 것을 "명(덕을 밝힘)"이라고 하며, 생을 이롭게 하는 것을 "상(상서로움)"이라고 하고, 마음이 기백을 따르는 것을 강함이라고 한다.

어느 누구 하나 버리지 않고 함께 하는 것을 아는 것이 바로 변치 않는다는 것이고, 그러한 변치 않음을 깨닫는 것이야말로 순일한 '덕'을 밝히는 것이며, 백성의 생계를 이롭게 하는 것을 상서로움이라 하고, 마음속의 의지가 기백을 따르는 것을 이르러 자애로움이 내포된 단호함이라고 한다.

따라서 상(常)의 '변치 않는 자세'는 단순히 초지일관을 말하지 않고, 화(和) 및 덕(德)과도 깊은 관련을 맺고 있음을 알 수 있다.

55-6

物壯則老, 謂之不道, 不道早已。
물장즉로, 위지부도, 부도조이.

사물이 강대해지면 곧 쇠퇴하니, 그것을 일컬어 도에 부합되지 않는다고 한다. 도에 부합되지 않으면 일찌감치 사라진다.

달이 차면 기우는 법인데, 이러한 현상은 대동의 통치이념에 부합되지 않는다고 말한다. 변치 않고 장구히 유지하는 것이 대동의 통치이념인데, 이처럼 강대해지면 곧 쇠퇴하는 것은 대동의 통치이념에 부합되지 않으니 일찌감치 사라지게 되는 것이다.

61-2

牝常以靜勝牡, 以靜爲下。
빈상이정승모, 이정위하.

모성이 항상 고요함으로 부성을 제압하는 것은, 고요함으로 아래에 처하기 때문이다.

백성은 법과 제도로 억압하여 통제하는 지도자보다 항상 말과 명령을 함부로 하지 않고 자애로운 '덕'을 베푸는 지도자를 더욱 따르는데, 그 이유는 바로 지도자가 말과 명령을 함부로 하지 않고 항상 자신을 백성 아래에 두기 때문이다.

64-5

民之從事, 常於幾成而敗之, 愼終如始, 則無敗事。
민지종사, 상어기성이패지, 신종여시, 즉무패사.

사람들이 일을 함에, 항상 거의 완성될 즈음에 그것을 그르치니, 시작할 때처럼 끝까지 신중하면, 곧 일을 그르치지 않는다.

사람들이 일을 처리할 때 종종 거의 끝에서 망치는 경우가 생기는데, 이처럼 초지일관하여 신중에 신중을 기하면 결코 일을 망치지 않는다.

이와 관련하여 [시경]의 〈大雅(대아)·蕩(탕)〉에 나오는 다음과 같은 시구를 보면, 옛 중국 사람들이 얼마나 초지일관의 자세를 강조했는지 이해할 수 있을 것이다.

"靡不有初, 鮮克有終.(미불유초, 선극유종)"
처음이 없지 않은 것은 아니나, 끝이 있을 수 있기는 드물구나.

65-3

故以智治國, 國之賊; 不以智治國, 國之福。
고이지치국, 국지적; 불이지치국, 국지복.

그러므로 기민함으로 국가를 다스리는 것은, 국가의 재앙이요; 기민함으로 국가를 다스리지 않는 것은, 국가의 복이다.

따라서 천성을 어기고 사리사욕과 제도로 억압하는 통치는 결국 나라에 재앙을 불러일으키게 되고, 대동의 통치이념으로 백성을 다스리면 결국 나라를 오랫동안 평온하게 유지할 수 있는 것이다. 즉 통제하는 정치는 망하고 순리에 따르는 정치는 흥한다는 이 두 가지를 이해하는 것 역시 준칙이 되는 것이니, 변치 않고 항상 이러한 준칙을 잊지 않고 실천하는 것을 심오한 '덕'이라고 하는 것이다.

74-1

民不畏死, 奈何以死懼之?
민불외사, 내하이사구지?

백성이 죽음을 두려워하지 않는데, 어찌 죽음으로 그들을 위협하겠는가?

백성의 천성에 순응하여 다스리는 것이 정치이다. 지도자가 형벌과 제도를 강화하여 억압하니, 백성의 불만이 최고조에 달하여 죽음조차도 두려워하지 않는데, 더 이상 어떠한 형벌과 제도를 더 강화하여 백성을 억압할 수 있겠는가?

백성의 천성에 순응하여 다스리는 것이 정치이다. 지도자가 형벌과 제도를 강화하여 억압하니, 백성의 불만이 최고조에 달하여 죽음조차도 두려워하지 않는데, 더 이상 어떠한 형벌과 제도를 더 강화하여 백성을 억압할 수 있겠는가? '도'를 이해하는 '성인'이 천성에 따라 다스림으로써 백성이 죽음을 두려워하게 하고, 또 나라의 기강을 어지럽히는 이들을 모두가 수긍하는 범위 내에서 정당하게 처벌한다면, 어느 누가 감히 또 그러하겠는가? 형벌이라는 것은 태평성대를 이끈 '성인'들처럼 백성이 믿고 따르는 지도자가 공정하게 판단하여 내려야 모두가 수긍하는 것이니, 만약 백성이 따르는 지도자가 아닌데 형벌을 내린다면, 이는 마치 전문 목수를 대신하여 나무를 베는 것과도 같다. 태평성대를 이끈 '성인'들처럼 백성이 믿고 따르는 지도자가 아닌데도 함부로 형벌을 내리고 또 모두가 수긍하지 못하면, 이는 마치 전문 목수를 대신하여 나무를 베면 손을 다치게 되듯이, 백성의 원성을 사게 된다. 따라서 정치는 반드시 정치그릇이 있는 자가 해야 하는 것이다.

이제 위의 문장과 관련하여, 다음의 기록들을 살펴보자.

> 於是舜歸而言於帝, 請流共工於幽陵, 以變北狄; 放驩兜於崇山, 以變南蠻; 遷三苗於三危, 以變西戎; 殛鯀於羽山, 以變東夷: 四罪而天下鹹服。

이에 순은 돌아와 임금에게 말하여, 공공을 유릉으로 유배시킴으로써 북적을 변화시키고; 환두를 숭산으로 추방함으로써, 남만을 변화시키며; 삼묘를 삼위로 내쫓음으로써, 서융을 변화시키고; 곤을 우산에서 죽임으로써 동이를 변화시키기를 청했으니: 넷을 벌주니 세상이 모두 복종했다. [史記(사기)]〈五帝本紀(오제본기)〉

> 舜登用, 攝行天子之政, 巡狩。行視鯀之治水無狀, 乃殛鯀於羽山以死。天下皆以舜之誅爲是。

순이 등용되어, 천자의 정치를 대신하여, 순시했다. 그는 곤이 물을 다스리는 데 공적이 없음을 보고, 이에 곤을 우산에서 처형했다. 세상이 모두 순의 형벌이 옳다고 여겼다. [史記(사기)]〈夏本紀

《하본기》

따라서 노자는 줄곧 당시의 정치상황에 대해 불만을 지녔으니, 자신과 같은 생각을 가진 이들 즉, 태평성대를 이끈 '성인'들과 같이 '도'를 이해하고 실천하는 이들로 하여금 정치를 하게 하면, 더 좋은 사회 즉 태평성로 복귀하게 되어 보다 나은 안녕을 가져다 줄 수 있다고 피력하고 있다.

79-4

天道無親, 常與善人。
천도무친, 상여선인.

하늘의 도리는 편애함이 없으니, 항상 선한 이와 함께 한다.

천성에 따르는 통치이념은 공정하고도 객관적이니, 항상 순일한 '덕'을 베푸는 지도자와 더불어 존재한다.

이와 관련하여, 다음의 기록을 살펴보자.

> 伊尹申誥于王曰, 嗚呼! 惟天無親, 克敬惟親, 民罔常懷, 懷于有仁, 鬼神無常享, 享于克誠, 天位艱哉。德惟治, 否德亂。與治同道, 罔不興。與亂同事, 罔不亡。終始愼厥與, 惟明明后。
> 이윤(伊尹)이 거듭 임금에게 고하였다: "아! 하늘은 친한 이가 없어서, 능히 공경하는 이만을 친근히 대하고, 백성들은 항상 그리워하는 사람이 없어서, 어진 이를 그리워하며, 귀신은 항상 흠향하는

사람이 없어서, 능히 정성스러운 사람에게 흠향하니, 하늘이 준 지위는 어렵습니다. 덕으로 다스려야 하니, 덕을 부정하면 어지러워집니다. 바로잡음을 베풀어서 함께 이끌면, 흥하지 않을 수 없고, 무도함을 베풀어서 함께 부리면, 망하지 않을 수 없습니다. 시종 베풂에 신중하면, 훌륭한 임금을 밝힐 것입니다." [尙書(상서)] 〈太甲下(태갑하)〉

노자가 이 문장에서 밝히는 바는 사실 동서고금을 막론하고 존재하는 고전적인 도리인 것이니, 항상 변치 않는 자세로 일관되게 어질고 선량하며 정성을 다하고 '덕'으로 바로잡아야 한다고 주장하고 있는 것이다.

59-2

重積德則無不克, 無不克則莫知其極。
중적덕즉무불극, 무불극즉막지기극.

덕을 쌓는 것을 중시한다는 것은 곧 이기지 못할 것이 없다는 것이니, 이기지 못할 것이 없다는 것은 곧 그 끝을 알 수 없다는 것이다.

'덕'을 쌓는 것을 중시한다는 것은 바로 극복하지 못할 것이 없다는 것이니, 극복하지 못할 것이 없다는 것은, 변치 않고 오랫동안 나라를 평안하게 할 수 있다는 뜻이다.

따라서 노자는 '덕'을 바탕으로 하는 대동의 통치이념을 실천하면 무궁무진해진다고 본 것이다.

59-3

莫知其極, 可以有國。
막지기극, 가이유국.

그 끝을 알지 못하면, 나라를 가질 수 있는 것이다.

덕치를 펴서 나라를 변치 않고 오랫동안 평안하게 할 수 있는 이는, 나라를 책임질 지도자가 될 수 있는 것이다.

59-4

有國之母, 可以長久。
유국지모, 가이장구.

나라를 가질 수 있음의 근본은, 장구히 보존할 수 있는 것이다.

나라를 책임질 지도자에게 요구되는 근본적인 자질이, 바로 오랫동안 평안하게 유지하는 것이다.

> #### 59-5
>
> **是謂深根固柢, 長生久視之道。**
> 시위심근고저, 장생구시지도.
>
> 이를 일컬어 기초가 튼튼하다고 하니, 오랫동안 유지하는 도리이다.

이것을 일컬어서 지도자에게 요구되는 근본적인 자질이 탄탄하다고 하는 것이니, 바로 나라를 오랫동안 평안하게 유지하는 도리인 것이다. 이처럼 상(常)이라는 것은 얼마나 중요하고, 또 얼마나 실천하기가 어려운 것인지 깨달아야 할 것이다. 따라서 노자는 55-6의 구절을 반복함으로써 이처럼 경고한다.

> #### 30-6
>
> **物壯則老, 是謂不道, 不道早已。**
> 물장즉로, 시위부도, 부도조이.
>
> 사물이 강대해지면 곧 쇠퇴하니, 이는 도에 부합되지 않는다고 일컫는다. 도에 부합되지 않으면 일찌감치 사라진다.

달이 차면 기우는 법인데, 이러한 현상은 대동의 통치이념에 부합되지 않는다고 말한다. 변치 않고 장구히 유지하는 것이 대동의 통치이념인데, 이처럼 강대해지면 곧 쇠퇴하는 것은 대동의 통치이념에 부합되지 않으니 일찌감치 사라지게 되는 것이다.

| 나오면서

이제 그간 단편적으로 설명해온 노자의 사상을 정리해 보면 다음과 같다.

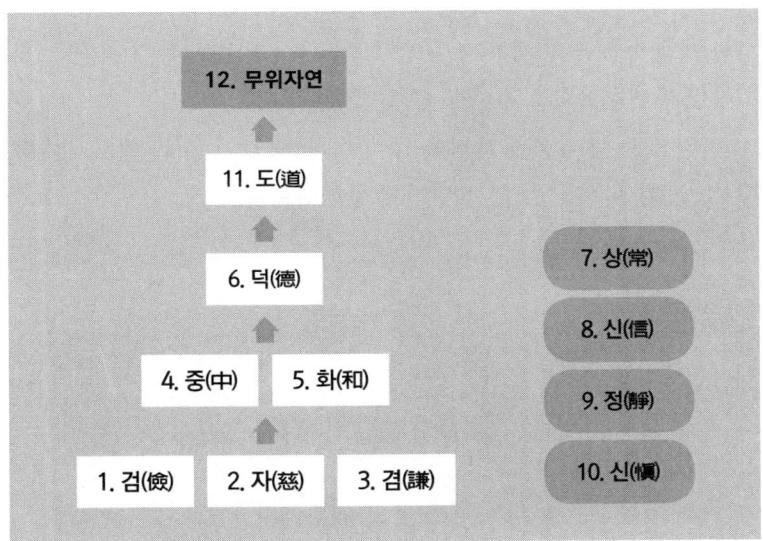

먼저 지도자가 ① 사리사욕을 탐하지 않고 나라의 물자를 아껴 쓰는 검소함을 실천하고, ② 백성을 너그러운 마음으로 포용하는 자애로운 태도로, ③ 백성의 밑에 처하여 백성의 마음을 지도자의 마음으로 삼으려는 겸손한 자세를 갖추게 되면, 이에 ④ 한쪽으로 치우치지 않고 공변된 객관적이고도 공정한 태도와, ⑤ 어느 누구도 버리지 않고 모두가 함께 하려는 조화로움을 갖추게 되며, 그렇게 되면, ⑥ 자기에게는 엄격하고 타인에게는 관대한 강함과 부드러움

으로 오로지 나라와 백성의 안위만을 생각하는 순일한 덕치를 베풀 수 있게 된다. 하지만 이 정도의 경지에서 멈춘다면 그저 일시적인 현상으로 그칠 것이니, 여기에 ⑦ 처음의 마음을 변치 않고 끝까지 견지하는 초지일관의 태도와, ⑧ 내뱉은 말은 반드시 지키는 신뢰와 성실함, ⑨ 함부로 말하지 않는 태도, ⑩ 신중하게 생각하여 판단하는 태도를 갖추게 되면, ⑪ 태평성대를 이끈 성인들의 통치법을 이해하려 실천하게 되므로, ⑫ 이에 세상은 다시금 법과 제도를 세분화하여 백성들을 통제하지 않고 스스로 그 천성을 누리게 하는 무위자연의 대동사회로 돌아갈 수 있게 된다는 것이다.

따라서 이제 상술한 개념을 토대로 하여, 앞의 '서론'에서 언급했던 [도덕경] 70장을 좀 더 세밀하게 분석해보자.

70-1

吾言甚易知, 甚易行; 天下莫能知, 莫能行。
오언심이지, 심이행; 천하막능지, 막능행.

나의 말은 이해하기가 매우 쉽고 실행하기가 매우 쉬운데; 세상은 이해하지 못하고, 실행하지 못한다.

내가 말하는 대동의 통치이념이라는 것은, 지도자가 자애로움과 검소함 그리고 감히 세상의 앞에 서지 않는 겸손함을 바탕으로 하여, 객관적이고도 공정한 태도로 어느 누구 하나 버리지 않고 함께 함으로써, 딴 마음을 품지 않고 순일한 '덕'으로 세상을 다스리는 것이다. 이는 이해하기도 쉽고 실천하기도 어렵지 않은데, 세상 사람들은 이해하지도 실천하지도 못한다.

　이는 원칙을 중시하는 그리고 얕은 꾀를 부리지 않고 당당하게 큰 길(大道)을 걸어가는 태도를 뜻하니, 여기서 노자의 '도'가 그간 보편적으로 받아들여져 왔던 그저 막연하고도 모호한 개념을 지칭하는 것이 아님을 여실히 보여주고 있다. 만일 노자가 주장하는 바가 막연하고 애매모호한 그저 뜬구름과도 같은 것이라면, 오늘날까지도 일반인들의 상식으로 노자의 가치관을 이해할 수 없어야 한다(사실 지금까지 그러했다). 노자가 이처럼 자신의 말이 이해하기 쉽고 실행하기 쉽다고 한 이유는 '소강'을 버리고 '대동'으로 복귀하기만 하면 된다고 판단했기 때문이다. 또 "세상은 이해하지 못하고, 실행하지 못한다."고 하였는데, 이는 세상 사람들이 무지하다고 얕본 것이 아니라 노자와 당시 사람들 사이에 이미 사상적 괴리감이 상당히 존재하였음을 나타내는 것이니, 당시 대부분의 사람들이 이미 '소강'만을 외치는 상황에서 노자는 '대동'을 주장하였음을 간접적으로 엿볼 수 있다.

　시기적으로 보았을 때 노자와 공자는 동일한 시대를 살고 있었으니 이는 동주(東周) 즉 춘추시대였고, 이때는 비록 겉으로는 여전히 천자의 존재를 인정하였지만, 사실상 모든 제후국들이 하나같이 자신의 이권과 세력만을 확장하기 위해 애쓰던 시기 즉 '소강'마저도 무너진 상황이었기 때문에, 천자의 지위는 서주(西周) 때와 확연히 달랐다. 당시 주나라의 사관(史官)이었던 노자가 보기에는 하늘의 '도'가 이미 땅에 떨어졌고 또 모두가 '소강'으로의 복귀를 외치기에만 급급했기 때문에, 말을 아끼고 나라를 떠나 서쪽으로 향하여 세상을 유유히 떠돌려고 했던 것이리라.

70-2

言有宗, 事有君。
언유종, 사유군.

말에는 요지가 있고, 일에는 주체가 있다.

    대동사회를 이끈 지도자들은 항상 신중하게 말을 함으로써 백성들에게 믿음을 주었고, 나랏일을 처리할 때는 자애로움과 검소함 그리고 감히 세상의 앞에 서지 않는 겸손함을 바탕으로 하여, 객관적이고도 공정한 태도로 어느 누구 하나 버리지 않고 함께 함으로써, 딴 마음을 품지 않고 순일한 덕으로 세상을 다스렸다.

70-3

夫唯無知, 是以不我知。知我者希, 則我者貴。
부유무지, 시이불아지. 지아자희, 칙아자귀.

무릇 모르니, 이 때문에 나를 이해하지 못한다. 나를 이해하는 이가 드무니, 나를 본받는 이가 귀하다.

    이러한 대동의 통치이념을 모르니, 내가 전하는 대동사회 '성인'들의 말씀들을 이해하지 못한다. 내가 전하는 말을 이해하는 사람이 드무니, 내가 실천하고자 하는 대동사회의 통치를 배워서 실천하려는 이들이 귀해진다.
    노자가 살던 당시는 동주(東周) 즉 춘추시대로서, 이는 역사상 전

무후무한 대혼란기였다. 따라서 지도자는 그저 제도와 형벌로 통제하고, 무력으로 상대방을 제압하려 하였으며, 개인의 사사로운 이익만 추구하는 세상이었다. 그리고 그것이 너무나도 당연한 시대였던 것이니, 어떻게 노자의 '대동'을 외치는 모습이 눈에 들어올 수가 있었겠는가!

70-4

是以聖人被褐懷玉。
시이성인피갈회옥.

이 때문에 성인은 겉에는 베옷을 걸치고 있지만 속에는 옥을 품고 있다.

그러한 까닭 때문에, 오늘날 대동의 통치이념을 깨달은 이들은 마치 대동사회의 '성인'들이 검소하게 지낸 것처럼 거친 베옷을 걸치므로 초라해 보이지만, 사실 이들이야말로 속으로는 아름다운 옥을 품은 것처럼 대동의 통치이념을 깨달은 사람들이다.

이 문장은 일단 문맥상의 의미를 살펴보면 겉은 보잘것없는 듯하지만, 실제로는 대단히 훌륭하다는 뜻인데, 그 구체적인 함의를 이해하기 위해서 다음의 기록들을 살펴보자.

> 封人曰: 天生萬民, 必授之職, 多男子而授之職, 何懼之有, 富則使人分之, 何事之有, 天下有道, 與物皆昌, 天下無道, 脩德就閒, 千歲厭世, 去而上僊, 乘彼白雲, 至于帝鄕, 何辱之有.

봉인이 말했다: 하늘이 만백성을 낳으면, 반드시 그 직분을 부여하니, 아들이 많은데 직분을 주면 무슨 근심이 있고, 부유한데 사람들로 하여 그것을 나누게 하면, 무슨 일이 있으며, 세상에 도가 있으면, 만물과 더불어 모두 번창하고, <u>세상에 도가 없으면, 덕을 닦으며 한가로이 지내다가</u>, 오랜 세월이 지나고 세상에 염증이 나면, 버리고 위로 올라가, 저 흰 구름을 타고, 제향(하느님이 있다는 곳)에 이르니, 무슨 욕될 일이 있겠습니까. [十八史略(십팔사략)] 〈五帝篇(오제편)〉

老子曰: "子所言者, 其人與骨皆已朽矣, 獨其言在耳。且君子得其時則駕, 不得其時則蓬累而行。吾聞之, 良賈深藏若虛, 君子盛德, 容貌若愚。"
노자가 말했다: "그대가 말하는 바는, 그 육신과 뼈가 모두 이미 썩었고, 오직 그 말만이 있을 따름이오. 게다가 <u>군자는 때를 만나면 마차를 타지만, 때를 만나지 못하면 떠도는 것이오.</u> 내가 들으니, 훌륭한 장사꾼은 깊숙이 숨겨 마치 비어 있는 듯하고, 군자가 덕이 가득차면 용모가 우매한 것처럼 보인다고 하오."[史記(사기)] 〈老子韓非列傳(노자한비열전)〉

是故居上不驕, 爲下不倍, 國有道, 其言足以興, 國無道, 其默足以容。
이 때문에 위에 있어도 교만하지 않고, 아래가 되어도 등지지 않는다. 나라에 도가 있으면, 그 말은 족히 흥하고, <u>나라에 도가 없으면, 그 침묵은 족히 용납된다.</u> [禮記(예기)] 〈中庸(중용)〉

당시에는 나라에 '도'가 있으면 더불어 함께 하고, '도'가 없으면

344 노자의 수사학

말을 아끼고 나라를 떠나 세상을 유유히 떠도는 것이 하나의 불문율이었는데, 노자가 처한 동주(東周)는 이미 천자(天子)의 지위가 땅에 떨어지고, 전쟁이 빈번히 발생하였으며, 하나같이 자신의 사리사욕만을 다투어 '도'를 이야기하는 이들이 거의 없었다. 이에 당시의 '성인'들 즉 노자와 뜻을 같이 하는 이들은 괜히 무도한 지도자에게 충언을 하려다 죽임을 당하지 않기 위해서, 세속을 떠나 걸인이나 우둔한 이의 행색을 하고 정처 없이 떠돌았으니, 이에 노자는 이처럼 표현한 것이다.

하지만 노자는 [도덕경] 61장에서 또 다음과 같이 서술하고 있다.

62-1

道者萬物之奧, 善人之寶, 不善人之所保。
도자만물지오, 선인지보, 불선인지소보.

도는 만물의 오묘함으로서, 선량한 이의 보물이고, 선량하지 못한 이가 지켜야 하는 바이다.

대동의 통치이념은 만물에 퍼져서 오묘하게 작용하기 때문에, 덕을 쌓는 지도자가 보물로 여기고, 그렇지 못한 지도자는 반드시 지켜야 한다.

> 62-2
>
> 美言可以市, 尊行可以加人。
> 미언가이불, 존행가이가인.
>
> 아름다운 말은 예복에 청색과 검은색을 반반씩 수놓은 꽃무늬일 수 있고, 고귀한 행동은 남에게 보탬이 될 수 있다.

아름다운 말이란 대동사회를 이끈 지도자들의 도리와 일월성신을 관찰하여 얻은 정화이니, 세상 사람들을 아름답게 수식하여 이롭게 할 수 있다. 대동사회를 이끈 '성인'들의 삼가여 순일한 '덕'을 베풀었던 자세는 지도자가 올바른 길을 걷도록 인도할 수 있다.

이 구절을 자세히 살펴보면, '아름다운 말: 꽃무늬=고귀한 행동: 보탬'의 대구 관계를 지니고 있음을 알 수 있다. 즉 아름다운 말과 고귀한 행동이 대구가 되듯이 꽃무늬는 남에게 보탬이 된다는 것과 역시 대구를 이루는 것이다.

특히 불(市)의 해석에 주의해야 하는데, 즉 이는 '슬갑 불(韍)'과 통용되는 글자로서 '예복(禮服)에 청색과 검은색을 반반씩 수놓은 꽃무늬' 즉 관복 앞뒤에 수놓은 흉배(胸背)라는 의미를 지닌다. 그렇다면 노자는 과연 어떠한 의미로 이처럼 표현한 것일까? 다음의 기록을 살펴보자.

曰: "后克艱厥后, 臣克艱厥臣, 政乃乂, 黎民敏德。" 帝曰: "俞! 允若茲, 嘉言罔攸伏, 野無遺賢, 萬邦咸寧。 稽于衆, 舍己從人, 不虐無告, 不廢困窮, 惟帝時克。"

(우가) 말했다: "임금이 능히 그 임금 자리를 어려워하고, 신하가 능히 그 신하 자리를 어려워하면, 정치가 이에 다스려지고, 수많은 백성들이 덕에 힘쓰게 될 것입니다." (순)임금이 말했다: "그렇소! 진실로 이와 같다면, 좋은 말이 숨겨지는 바가 없고, 현명한 이들이 모두 등용되어 민간에 인물이 없게 되어, 만방이 모두 평안할 것이오. 여러 사람에게 상의하고, 자기를 버리고 남을 따르며, 의지할 곳이 없는 이들을 깔보지 않고, 곤궁한 이들을 버리지 않는 것은, 오직 (요)임금만이 늘 해내셨소."[尚書(상서)] 〈大禹謨(대우모)〉

여기서 주목할 것은 "좋은 말이 숨겨지는 바가 없다."는 말이니, 또 다음의 기록을 살펴보자.

禹曰: "於, 帝! 愼乃在位, 安爾止, 輔德, 天下大應。淸意以昭待上帝命, 天其重命用休。"帝曰: "吁, 臣哉, 臣哉! 臣作朕股肱耳目。予欲左右有民, 女輔之; 余欲觀古人之象, 日月星辰, 作文繡服色, 女明之; 予欲聞六律五聲八音, 七始咏, 以出入五言, 女聽。予卽辟, 女匡拂予。女無面諛, 退而謗予。敬四輔臣。諸衆讒嬖臣, 君德誠施皆淸矣。"禹曰: "然, 帝卽不時, 布同善惡則毋功。"

우가 말했다: "아, 임금이시여! 신중하여 이에 재위하시면, 임금님의 거동이 편안하실 것이고, 덕을 도우면, 세상이 크게 응할 것입니다. 맑은 뜻으로 인도하여 하늘의 명을 기다리시면, 하늘이 명을 삼가여 관대함을 베풀 것입니다." 순임금이 말했다: 아! 신하로다, 신하로다! 신하는 짐의 다리 팔 귀 눈(중신)이다. 나는 좌우에 백성이 있기를 원하니, 그대가 도와주시오; 나는 옛사람의 도리와 일월

성신을 관찰하여, 의복의 양식을 수놓고자 하니, 그대는 명확히 하시오; 나는 여섯 가지의 소리와 음률의 다섯 가지, 여덟 가지의 악기의 가락, 일곱 가지의 시가로써, 오언(仁, 義, 禮, 智, 信)을 전달하고자 하니, 그대는 경청하시오. 내가 만약 벗어나면, 그대는 나를 바로 잡으시오. 그대는 앞에서는 아첨하다가, 물러나서 나를 비방해서는 안 되오. 사방의 보좌하는 신하들을 공경하시오. 아첨으로 총애를 받는 수많은 신하들에 대해서는, 임금의 덕이 성실하게 베풀어지면 모두 깨끗해질 것이오." 우가 말했다: "그렇습니다, 임금께서 만약 때를 맞추지 않으시면, 선과 악이 함께 베풀어져, 공적을 이룰 수 없습니다."[史記(사기)] 〈夏本紀(하본기)〉

이는 백성을 다스림에 신중하게 '덕'을 펴고, 사방의 신하들을 공경하면 자연스레 하늘도 역시 그에 응한다는 도리를 설명한 것인데, 여기서 바로 "옛사람의 도리와 일월성신을 관찰하여, 의복의 양식을 수놓고자 한다."는 말에 주목할 필요가 있다. 즉 노자는 이러한 표현에 근거하여 "아름다운(훌륭한) 말은 예복에 청색과 검은색을 반반씩 수놓은 꽃무늬일 수(아름답게 수놓을 수) 있다."고 한 것이니, 이는 다시 말해서 "옛사람의 도리와 일월성신을 관찰하여 얻은 정화(精華)는 아름다운 말씀이므로, 관복에 '흉배'로 수놓아서 임금과 신하가 항상 그 말씀을 잊지 않도록 일깨운다."는 뜻이 되는 것이다. 그러므로 다음 구절의 "고귀한 행동은 남에게 보탬이 된다."와 대구의 관계를 이룬다.

62-3

人之不美, 何棄之有。
인지불미, 하기지유.

사람이 아름답지 못하다고 해서, 어찌 그를 버릴 수 있겠는가.

지도자가 이러한 대동의 통치이념을 깨닫지 못했다고 해서, 어떻게 그를 포기하여 배척할 수 있겠는가?

62-4

故立天子, 置三公, 雖有拱璧以先駟馬, 不如坐進此道。
고립천자, 치삼공, 수유공벽이선사마, 불여좌진차도.

따라서 천자를 세우고, 삼공(周代의 太師, 太傅, 太保)을 설치함에, 비록 공벽이 앞에 가고 사마가 뒤따르는 것이, 앉아서 이러한 도를 진상함보다 못하다.

따라서 천자를 옹립하고 또 그를 보좌하는 최고의 벼슬인 삼공을 설치하는 데 있어서, 진귀한 옥을 앞에 내세우고 그 뒤로 성대한 규모의 진상을 하는 등의 형식적인 예절을 중시하는 것보다, 내실을 기하여 훌륭한 인물을 관리로 등용하고, 그들이 곁에서 이러한 대동의 통치이념을 충언으로 아뢰게 하는 것이 더 중요하다.

62-5

古之所以貴此道者何?
고지소이귀차도자하?

예부터 이러한 도를 귀히 여김은 어찌된 것인가?

왜 예로부터 대동의 통치이념을 그토록 중시했던 것일까?

62-6

不曰以求得, 有罪以免邪!
불왈이구득, 유죄이면사!

(아름다운 말을) 말하지 않아도 얻음을 구할 수 있고, 고귀한 행동을 하지 않아도 재앙을 면할 수 있는 것이다!

대동사회를 이끈 지도자들의 도리와 일월성신을 관찰하여 얻은 정화 같은 훌륭한 말을 하지 못해도 버려지지 않고, 이러한 '성인'들의 삼가여 순일한 '덕'을 베풀었던 태도를 실천하지는 못해도 위험을 피할 수 있다.

62-7

故爲天下貴。
고위천하귀.

그러므로 세상이 귀히 여긴다.

    따라서 세상이 이처럼 대동의 통치이념을 중시하고 따르는 것이니, 노자는 말한다. 아름다운 말씀과 존귀한 행동은 그 무엇보다 중요하지만, 그렇게 하지 못해도 버리지 않고 모두가 함께 살아야 하니, 이것이 바로 조화로운 대동사회라고.
    이처럼 노자는 분명히 [도덕경]을 통해서 우리에게 대동으로 돌아가는 방법을 일러주고 있으니, 이제 남은 과제는 우리가 과연 그의 뜻을 이해하고, '도'를 구성하는 요소들을 유기적으로 조화롭게 실천할 수 있느냐의 문제일 따름이다. 대동사회는 완성되는 것이 아니다. 그저 묵묵하게 도를 이해하고 부단히 실천하는 지도자가 있는 한 그 자체가 대동사회일 뿐.

노자의 수사학
성인의 리더십과 인성론

초판 1쇄 발행일 2018년 8월 9일

지은이 안성재
펴낸이 박영희
편집 김영림
디자인 조은숙
마케팅 김유미
인쇄·제본 태광인쇄
펴낸곳 도서출판 어문학사
　　　서울특별시 도봉구 해등로 357 나너울카운티 1층
　　　대표전화: 02-998-0094/편집부1: 02-998-2267, 편집부2: 02-998-2269
　　　홈페이지: www.amhbook.com
　　　트위터: @with_amhbook
　　　블로그: 네이버 http://blog.naver.com/amhbook
　　　　　　다음 http://blog.daum.net/amhbook
　　　e-mail: am@amhbook.com
　　　등록: 2004년 7월 26일 제2009-2호

ISBN 978-89-6184-476-5 93140
정가 20,000원

이 도서의 국립중앙도서관 출판시도서목록(CIP)은 e-CIP홈페이지(http://www.nl.go.kr/ecip)와
국가자료공동목록시스템(http://www.nl.go.kr/kolisnet)에서 이용하실 수 있습니다.
(CIP제어번호: CIP2018022252)

※ 잘못 만들어진 책은 교환해 드립니다.